경북의 종가문화 6

마르지 않는 효제의 샘물,
상주 소재 노수신 종가

경북의 종가문화 6

마르지 않는 효제의 샘물,
상주 소재 노수신 종가

기획 | 경상북도 · 경북대학교 영남문화연구원
지은이 | 이종호
펴낸이 | 오정혜
펴낸곳 | 예문서원

편집 | 유미희
디자인 | 김세연
인쇄 및 제본 | 주) 상지사 P&B

초판 1쇄 | 2011년 12월 23일

주소 | 서울시 성북구 안암동 4가 41-10 건양빌딩 4층
출판등록 | 1993. 1. 7 제6-0130호
전화 | 925-5914 / 팩스 | 929-2285
홈페이지 | http://www.yemoon.com
이메일 | yemoonsw@empas.com

ISBN 978-89-7646-274-9 04980
ISBN 978-89-7646-268-8(전10권)

값 22,000원

경북의 종가문화 6

마르지 않는 효제의 샘물, 상주 소재 노수신 종가

이종호 지음

예문서원

[정오표]

위치	원문	정정
33쪽 아래에서 5째줄	도시조都始祖	시조始祖
67쪽 본문 위에서 8째줄	여봉노인茹峰老人	여지노인茹芝老人
138쪽 〈도표〉	┬ 석명碩命 ┬ 사영思永 ├ 준명峻命 ├ 사성思聖 ├ 경명景命 ├ 사겸思兼 └ 우명佑命 └ 천주天籌	┬ 석명碩命 — 사영思永 ├ 준명峻命 — 사성思聖 ├ 경명景命 — 사겸思兼 └ 우명佑命 — 천주天籌
183쪽 위에서 10째줄	손녀사위	외손자
215쪽 아래에서 12째줄	봉산서원 향사	소재선생 묘사
255쪽 위에서 10째줄	석봉 한호가 비문을 썼다	아계 이산해가 비문을 썼다

지은이의 말

근래에 들어 종가를 둘러싼 논의들이 풍성해졌다. 그중에서도 종가의 음식문화는 웰빙 바람을 타고 연일 매스컴을 유혹한다. 이론적으로는 누구나 종가를 가질 수 있다. 조상 없는 후손이 없지 않은가? 하지만 현실적으로는 특정한 사람들만이 종가를 말할 수 있다. 한곳에서 유명한 조상을 정점으로 수백 년 동안 전통을 유지해 온 집안이 많지 않기 때문이다.

이 책자는 경북 상주 화령에 있는 광주노씨光州盧氏 소재穌齋 노수신盧守愼(1515~1590) 종가의 역사와 문화를 간추린 것이다. 소재 노수신은 선조宣祖의 지우知遇를 받아 일인지하一人之下 만인지상萬人之上이라는 영의정까지 오른 분이다. 그는 을사사화에 희생되어 19년 동안 전라남도 진도珍島에서 격리된 삶을 살았다. 선조의 즉위와 동시에 홍문관 교리로 복관하여 7년 만에 정승의 자리에 올랐다. 그리고 동인과 서인으로 사림이 나뉘어 쟁투하는 시기에 정국의 안정을 위해 노력했다. 편당을 하지 않고 중도를 지켜 가며 나라의 안정을 최우선 과제로 삼았다.

많은 인재를 천거했으나 기축옥사가 일어나자 정여립을 추천한 죄로 관직이 삭탈되었다. 그리고 쓸쓸한 죽음을 맞았다. 선조가 그토록 신임하고 존경했던 그였다. 그러나 광해군은 만년의 흠결을 트집 잡아 그를 선조 묘정에 배향하자는 건의를 거부했다. 그리고 한동안 잊혀졌다. 숙종 대에 이르러 '문의文懿' 란 시호가 내려졌다가 1693년 '문간文簡' 으로 시호가 고쳐졌다. 정치적 복권이 이루어진 것이다.

소재 노수신은 두보의 시를 좋아한 시인이었다. 남들이 모두 이태백이 좋다고 모방하는 동안 그는 진도 유배지에서 오롯이 공자의 『논어』와 함께 두보의 시를 읽고 또 읽어 횟수가 2천 번에 이르렀다. 삼당시인 이달李達이 원주의 손곡산장에 틀어박혀 10년 동안 이태백 시집을 읽고 또 읽은 것보다도 더 치열하게 두보를 익혔다. 두보는 말했다. "만 권의 책을 읽은 후 붓을 들면 신들린 듯 글을 지을 수 있다." 신이 내릴 때까지 두보의 기운과 정신을 익혔다. 마침내 소재는 두보의 시혼을 자신의 붓 속에 불어넣었다. 소재의 시는 생활이며 시대이다. 지금 읽어도 귀신이 조

화를 부리듯 거침없이 써 내려간 언어 구사가 부러울 정도이다.

그는 대과大科 삼장三場에서 내리 장원한 천재였다. 모든 사상은 나를 향해 열려 있다고 믿은 그였다. 육상산의 이론이나 왕양명의 학설을 자유롭게 이야기하고 자신의 신념체계에 융합시켰다. 그 결과 퇴계 이황을 비롯하여 당시 주자 성리학을 신봉하는 학자들로부터 선학禪學에 물들었다는 비판을 받았다. 고고한 학은 무리 짓지 않고 만 리를 나는 붕새는 뒤를 돌아보지 않는다. 소재는 늘 귀를 열어 놓기는 했으나 남의 눈치는 보지 않았다. 주변의 비난을 귓등을 스치는 바람으로 여겼다. 때로는 광야에 홀로 서서 온몸으로 거친 바람을 맞기도 했다.

필자는 조선 역사에서 소재를 만날 수 있어 즐거웠다. 타고난 천재성을 문학과 철학과 정치를 통해 유감없이 발휘해 주었기 때문이다. 선조 연간을 '목릉성세穆陵盛世' 라고 한다. 조선의 유교문화가 정점에 도달한 시기라는 표현이 '목릉성세' 다. 탁월한 인물들이 수없이 배출되었고, 주옥같은 시편들이 무수히 창작되었으며, 성리학의 정치精緻한 변증논리가 확산되었다. 그중에서 소재는 특이한 존재였다.

그는 주류 학설을 따르지 않고 자기만의 길을 걸어갔다. 그는 군자였고 거인이었다. 너무나 많은 것을 알고 너무나 세상사에 투철했기에 시정이나 산림에서 이끗을 다투는 자잘한 논쟁에 끼어들지 않았다. 당파나 학파에 속하지도 않았고 또한 그런 것을 만들지도 않았다. 그에게는 내세울 만한 제자나 친구가 거의 없다. 그가 '소재 노수신의 삶' 에 충실했기 때문이다. 이런 당당한 삶을 당쟁으로 얼룩진 17세기 이후 조선에서 다시 만날 수 있을까? 그래서 필자에게 소재는 매력적이다. 시간이 되면 그의 '평전' 을 쓰고 싶다.

소재는 사후에 국가로부터 '문간' 이란 시호를 받아 영원히 제향을 받는 '불천위不遷位' 가 되었다. 종법상에서 제향을 받드는 봉사손이 종손이므로 그 종손들을 중심으로 '소재종가' 가 유지되어 오늘에 이르렀다. 종가가 소재로 말미암아 형성되었다는 점에서, 소재는 종가의 중심이다. 종가의 역사는 소재 사후에 만들어졌기에 소재 후손들의 행적이 중심이 된다. 필자는 후손들의 행적을 추적하여 종가의 역사를 자세히 들여다보고자 했다. 그러나 종가의 역사를 상세히 논하기에는 자료가 충분치 못했다. 공자도 문헌이 없으면 역사를 기술하지 말라 했고, 퇴계도 행장이 부실하면 비문을 쓸 수 없다고 했다. 잘못하면 두찬杜撰이 되기 십상이기 때문이다. 없는 자료를 통해서 종가의 역사를 그려 보려 했지만 역부족이다. 간략하게 스케치하는 것도 필자의 역량 밖이었다. 이 점을 감안하고 책자를 읽어 주었으면 한다.

다산茶山 정약용丁若鏞(1762~1836)은 이중환李重煥(1690~1752)의 『택리지擇里志』 발문에서 이렇게 말했다. "우리나라에서 별장이나 농장이 아름답기로는 오직 영남이 최고이다. 그러므로 사대부가 당시에 화액을 당한 지가 수백 년이 되었으나, 그 존귀하고 부유함은 쇠하지 않았다. 그들의 풍속은 가문마다 각각 '한 조상'을 추대하여 '한 터전'을 점유하고서 '일가들이 모여 살아' 흩어지지 않았는데, 이 때문에 '조상의 업적을 공고하게 유지'하여 '기반'이 흔들리지 않은 것이다."

정약용은 종가의 요건을 잘 제시해 놓았다. 이름이 드러난 '한 조상'(인물)이 있어야 하고, 대대로 살아오는 '한 터전'(지역)이 있어야 하며, 그 후손들의 '모듬살이'(문중)와 조상의 업적을 유지시키는 '전통'(문화)이 있어 '기반'(정체성)이 흔들리지 않아야 한다. 인물, 지역, 문중, 문화, 정체성을 완벽하게 만족시키는 종가를 만나기는 정약용 시대에도 힘들었다.

정약용은 이어서 종가를 잘 유지해 오고 있는 집안을 열거했다. 예안 도산의 진성이씨(이황), 풍산 하회의 풍산류씨(류성룡), 임하 내앞의 의성김씨(김성일), 내성(봉화) 닭실의 안동권씨(권벌) 등 11곳의 종가를 예로 들었다. 그런데 그 속에 상주 화령의 광주노씨(노수신)는 빠져 있다. 같은 상주 우산에 있던 진양정씨(정경세)는 소개하면서 왜 화령의 광주노씨는 언급하지 않았을까? 여기에는 그럴 만한 사정이 있었으리라 본다.

정약용이 화령의 소재종가를 모르고 있었을까? 근기남인으로 영남사족에 대해 훤히 꿰뚫어 알고 있던 그가 아니던가? 뿐만 아니라 『택리지』에서 이중환이 소재의 고향이 화령이라고 말하지 않았던가? 그런데도 정약용은 왜 상주 화령을 돌아보지 않았을까? 대답은 간단하다. 정약용이 활동하던 18~19세기에 소재종가는 없었다. 아니 있었지만 제 기능을 수행하지 못했다고 봐야 한다.

소재는 혈손을 봉사손으로 두지 못했다. 아우의 아들을 양자로 들여 후사를 잇도록 했고, 그 이후로도 소재의 제사를 받드는 종손 절반 정도가 양자로 들어왔다. 조선시대 어느 집안이든 적파嫡派와 서파庶派 사이의 갈등은 있게 마련이었다. 소재종가의 경우도 예외가 아니었다. 다음은 현 종손의 숙부인 노서구盧瑞九(74세) 선생으로부터 들은 이야기이다.

지금부터 2백여 년 전 불만을 품어 오던 한 서파 쪽에서 종가에 불을 놓았단다. 그로 인해 종가와 사곡루沙谷樓가 불에 타고 소재 이래 누대에 걸쳐 수호되어 오던 가전 유물이 모두 소실되었다. 소재의 수택手澤이 고스란히 배어든 서책이며 서화고동書畵古董이 죄다 오유烏有(무)로 돌아가고 만 것이다. 필자가 이 책에서 소개한 유물들은 그때 화마火魔를 피해 겨우 살아남은 것들이다. 정약용은 소재종가가 없던 시절을 살았으므로 소재종가를 말할 수 없었다. 만일 광주노씨들이 '조상의 업적을 공고하게 유지' 하여 '기반' 을 흔들리게 하지 않았더라면, 소재종가도 영남 12종가의 하나로 당당히 들어갔을 것이다.

필자는 부끄러운 가문의 역사를 들려준 노서구 선생에게 경의를 표한다. 자신의 부끄러운 부분을 남에게 보이려 하지 않는 것이 인지상정인데, 선생은 담담하게 그 시절을 추억해 주셨다. 아마 지난 역사를 직시할 때만이 희망찬 미래를 말할 수 있다고 생각하신 듯하다. 자랑스러운 역사가 있는 반면 부끄러운 역사도 있다. 그것이 역사의 속성이다. 무엇보다 중요한 것은 '소재 노수신'의 빛나는 역사를 어떻게 이어서 이 시대의 역사로 승화시켜 갈 수 있는가이다.

필자는 소재의 인간상을 '효제孝悌' 두 자로 표현하고 싶다. 부모를 잘 섬기고(효도하고) 어른을 잘 섬기는(공경하는) 일이 효제이다. 공자의 제자 유자有子는 이 효제야말로 인仁을 실천하는 근본이라고 했다. 효제를 모르면 사람이 아니라 금수라는 말이다. 소재는 효제의 실천을 나라에 대한 충성보다 앞세웠다. 이 세상에 효제보다 높은 가치가 없다고 생각했기 때문이다. 그는 「효제부孝悌賦」를 지어 자신의 인생관을 분명히 밝혔고, 전 생애에 걸쳐 중단 없이 효제를 실천했으며, 오늘날까지 그 후손들도 소재가 가던 길을 그대로 따라 걸어왔다. 그래서 필자는 이 책자의 부제를 '마르지 않는 효제의 샘물'이라고 한 것이다.

화령의 광주노씨들은 지난 2백 년 동안 잃어버린 종가의 영광을 되찾기 위해 노력해 왔다. 이제 어느 정도 종가의 터전을 회복했다. 종가의 미래를 말할 차례이다. 종손은 종가를 통해 무언가를 얻고자 하지 않는다. 종가를 이용한 돈벌이에는 애초부터 관심이 없다. 스스로 땀 흘려 일하고 분수에 맞게 살아가는 것을 미덕으로 여긴다. 필자는 그에게서 종가의 내일을 본다. 어느 종가에서는 문회에 참석하는 종인들이 수백을 헤아린다고 자랑한다. 또 어느 종가에서는 전래의 세절의례細節儀禮를 고치지 않고 지켜 내려온 것을 자랑한다. 또 어느 종가에서는 '재물, 사람(양자), 글' 이 세 가지를 남에게 빌리지 않는다는 '삼불차三不借' 를 가풍이라고 해서 크게 자랑한다. 필자는, 이러한 자랑들은 소중한 것이며 앞으로도 그대로 지속되기를 바란다. 그러나 변화되어 가는 현실 조건은 더 이상 그러한 자랑을 용납하지 않을 기세이다.

그렇다면 어떻게 할 것인가? 전통을 지키는 것만이 능사가 아니다. 그런 자랑들을 보물단지 열어 놓듯 계속 늘어놓는 한 종가의 미래는 없다. 이제 종가는 만들어 가야 한다. 끊임없이 진화해야 한다. 이미 만들어진 전통이 현실과 소통할 수 없다면 그 종가의 수명은 다한 것이다. 집도 오래되면 고치고 부재部材도 갈아내야 지탱할 수 있듯이, 종가도 리모델링(구조변경)을 해야 수명을 연장할 수 있다. 새로운 전통의 창조가 필요한 이유이다. 지금 화령의 광주노씨 소재종가는 지난 시절의 폐허를 딛고 새로운 백년의 종가문화를 일구어 내고 있다. 그렇게 기대해도 좋다.

그동안 소재종가는 외로웠다. 여러 연구자들이 명문 종가를 취재하면서도 유독 소재종가를 다루지 않았다. 또한 국립문화재 연구소에서 편한 「종가의 제례와 음식」에도 소재종가는 들어 있지 않았다. 심지어 상주시청 홈페이지에서조차 소재종가는 소개되어 있지 않았다. 필자가 본 것으로는 대구매일신문에서 종부를 인터뷰한 기사가 유일하다. 지난 시절, 소외되었다고 화낼 일은 아니다. 모두가 그럴 만한 요인과 사정이 있었을 것이다. 굳이 미주알고주알 말하고 싶지 않다. 앞으로가 문제이다. 그래서 필자는 이번 작업을 중요하게 생각하고 있다. 소재종가를 종합적으로 이해하기 위한 최초의 노력이면서도 종가 소개의 새로운 양식을 창출해 내는 시도라는 점에서 더욱 그렇다.

거듭 말하거니와 소재 연구와 소재종가는 아직 미완성이다. 소재의 문집은 번역되지 않았다. 번역되지 않은 고전은 고물에 불과하다. 번역되어야 현대인과 호흡하고 대화할 수 있다. 일부 관련 연구자들이 논문에 필요한 대목만 골라 번역했으나 그 번역조차 온전하지 않다. 오역도 많다. 머지않아 공공기관에서 국민의 세금으로 『소재집』 번역을 완료할 것이다. 그렇다고 손을 놓고 마냥 기다릴 수는 없다.

향후 문중에서는 소재를 위한 학술회의를 정기적으로 개최하겠다고 한다. 좋은 소식이다. 계획대로 이루어지기를 빈다. 그와 동시에 중요한 자료를 골라서 번역하고 주석을 단 『소재문선 穌齋文選』이 출간되었으면 한다. 번역과 연구는 두 수레바퀴와 같이 함께 이루어져야 하기 때문이다. 또한 소재종택의 확충은 물론이거니와 유장각의 운영과 봉산서원의 활용 방안을 시급히 강구해야 한다. 유장각 앞에 빈 공간을 어떻게 활용할 것인지도 한번쯤 생각할 때가 되었다. 뜻있는 이들이 지혜를 모아 모든 일을 순조롭게 이루어 나가리라 믿는다.

이 글을 탈고하기까지 여러분의 도움을 받았다. 먼저 노서구 선생께 고마움을 전한다. 바쁘신 가운데서도 여러 차례 인터뷰에 응해 주셨을 뿐 아니라 필자가 요구하는 자료를 바로 구해 주셨다. 아마 노 선생의 도움이 없었다면 이 글은 엮어지기 어려웠을 것이다. 진도 유배지 답사는 오로지 진도 토박이 박병익 박사의 안내로 이루어졌다. 박 선생 댁에서 하루를 묵으며 들었던 파도소리와 안치리 너머 세방리細方里에서 본 낙조落照는 잊을 수 없을 것이다. 아울러 귀한 말씀을 들려주신 박주언 선생과 진도 문화원에도 감사드린다.

한겨울 험한 산길을 돌아 괴산 연화동을 찾았다. 소재 적거지가 그렇게 아름다운 곳에 있을 줄 누가 알았을까? 이 역시 오로지 연하구곡을 발견한 괴산문화지킴이 이상주 박사의 안내에 힘입어 가능했다. 이어진 탄수 선생 유적지 답사에 동행하여 좋은 사진을 찍어 준 장호중 선생, 식산 이만부와 소재 집안의 관계에 대해 충언을 해 준 김주부 박사에게도 사의를 표한다. 또한 「노승영정」과 「오현도」 등 귀중한 유물을 촬영하도록 협조해 준 상주박물관 김호종 관장님과 김유희 학예사에게도 감사드린다. 끝으로 거듭된 번거로운 부탁을 기탄없이 수용해 준 백운용 선생과 종가문화팀에게 미안함을 전한다.

2011년 4월 하순 서울 강남 일묵재一默齋에서

필자는 삼가 기록한다.

차례

제1장 소재종가의 입지 조건과 형성 과정

1. 소재종가의 인문지리적 환경

소재는 1539년 금강산 유람을 떠났는데, 길에서 만난 고향 사람이 시를 한 수 청했다. 그때 지어 준 시가 바로 「고향 사람이 시를 청하다」(鄕人乞詩)이다. 소재는 시에서 "사랑스런 내 고향은 상주 고을 화령이라네. 황산의 들은 기름지고 사곡의 물은 맑게 흐른다"(可愛我鄕里, 尙州縣化寧, 黃山原膴膴, 沙谷水泠泠)라고 했다. 소재의 고향은 상주 화령이었다. 황산의 들이 펼쳐지고 사곡의 물이 맑게 흐르는 곳이었다.

'화령'은 신라 경덕왕 때부터 조선시대 말까지 불리던 유서 깊은 행정구역 명칭이다. 1895년 상주군으로 개편될 때 중화의 서쪽에 위치한다 해서 '화서면'이라 고쳐 부르게 되었다. 하지만 지금도 많은 이들이 화령으로 부르고 싶어 한다. 화서는 상주의 서부에 위치하여 동으로는 내서면, 서로는 화남면, 남으로는 화동면, 북으로는 외서면과 인접해 있다.

소재는 1545년 10월에 지은 「흑석음黑石吟」에서 "길이 우리 어버이를 생각하노니, 형제가 서울에서 살았다네. 어찌하여 홀로 먼 길을 떠나나? 화령에 우리 집안 선영이 있기 때문"(永懷我父母, 兄弟居王京, 胡爲獨遠遊, 化寧吾世塋)이라고 했다. 조상의 묘역이 상주 화령에 있기에 성묘하러 먼 길을 나섰다는 말이겠다. 그래서 이중환은 『택리지』에서 말했다. "상주 서쪽은 화령이고 화령 서쪽은 충청도 보은 땅이다. 화령은 소재 노수신의 고향이다."

이처럼 조선시대 상주목 화령현은 광주노씨 경평공파 후손들의 세거지였다. 소재에게 7대조인 노상인이 입향하여 정착한 이래 세거世居와 세장世葬을 거르지 않은 곳이었다. 소재 형제뿐 아니라 그 후손들은 상주와 서울을 오가며 조상의 묘역을 보살피고 과거를 통해 문호를 빛내기 위해 노력했다. 그러니까 조선조 16세기 이래로 소재 집안은 경저京邸(서울 집)와 향저鄕邸(시골집)를 오가는 사대부 가문의 전형을 보여 주고 있었던 것이다.

1) 소재의 고향 화령: 봉황산, 원통산, 천택산, 수봉으로 둘러싸인 분지

근래 소재 문중에서 펴낸 『옥연지玉淵誌』에서는 이렇게 말한다. "소백산小白山의 큰 한줄기가 우뚝 멈추어진 곳이 속리산俗離山 천황봉天皇峰이요. 그 줄기가 남으로 굽이치다 떨어져 뭉친 한 봉峰이 봉황산鳳凰山이다. 이 산이 다시 봉이 나래를 펴듯이 서쪽을 감돌아 솟아오른 산이 천탁산天卓山이고, 동쪽을 병풍같이 순하게 둘러선 산이 원통산圓通山이다. 화령化寧(혹은 옛 이름 化嶺)은 이 산들에 둘러싸여 고원을 이룬다. 또한 '한들' 이라는 15리 남짓한 들판이 펼쳐져 있어 이 지방 주민들 생계의 원천을 이루는데, 가운데로 흐르는 내는 금강으로 흘러가며, 봉황산 뒤로 흐르는 물은 낙동강의 지류가 된다. 그런데 본 고장 사곡沙谷은 천탁산의 동편 자락을 등지고 있는 마을이며, 소재종택이 있는 옥연은 그 끝자락을 깔고 봉황산과 앞으로 수봉秀峰을 향해 위치해 있다. 이 지방은 기후가 냉하고 토질이 기름지지 못하여 가난이 세전되어 왔다." 소재종가가 입지한 지리적 상황을 잘 묘사하고 있다.

필자가 과문한 탓인지는 몰라도, 소재종가의 풍수지리적 특징을 묘사한 자료를 보지 못했다. 아마 앞서 인용한 『옥연지』가 유일한 듯하다. 조선조 선비들은 자신이 거주하는 공간에 대한 자세한 기록을 남기는 취미를 가지고 있다. 대체로 기문記文 형식을 빌려 거주지의 풍수지리적 특성을 설명하는 방식을 취한다. 퇴계 이황의 「도산기陶山記」를 보라. 얼마나 상세한 정보를 담고 있는가? 도산이란 공간의 미학적 질서뿐 아니라 그 속에 살아가는 인간의 세계관과 인생 태도까지 깊이 있게 서술하고 있지 않은가? 아쉽게도 소재나 그의 후손들은 그 같은 기록을 남기지 않았다. 따라서 이 글에서는 종가의 입지 조건을 현재의 관점에서 주변 산천을 중심으로 간략하게 그려 보는 것으로 그친다.

보통 집터를 잡을 때 손쉽게 따져 보는 것이 '배산임수背山臨水'의 조건을 만족시키는가의 여부이다. 산을 등지고 앞에 물을 바라보는 형국이면 집터로서의 기본 요건을 갖춘 셈이다. 소재종가는 뒷산과 앞내가 있지만 규모가 작아서 크게 언급할 것이 없다. 다만 종가를 둘러싸고 솟아 있는 봉황산, 천택산, 원통산, 수봉에 대해 알아보면 다음과 같다.

먼저 봉황산은 화서면 상현리와 화남면 동관리 사이에 있다. 높이는 740m인데, 1,300여 년 전 봉황새가 날아들어 30여 년을 살았다는 전설이 있다. 정상이, 봉황이 머리를 빼어 올리고 양 날개를 펼친 모양을 하고 있다고 하여 '봉황'이라는 이름이 붙여졌다. 소재종가에서 바라볼 때 가장 높은 산이다. 백두대간을 종주하는 이들이 봉황산을 거쳐 윤지미산(538m)으로 향해 갈 때 중간에 만나는 언덕이 화령재(320m)이다. 화서면 상곡리에 있는 화령재는 낙동강과 금강의 분수령이 되기도 한다.

천택산天澤山은 소재종가 뒤로 크게 솟은 산이다. 천택산을 『옥연지』에서는 '천탁산' 이라고 했는데, 일제 때 나온 지도에는 '천택산川澤山' 이라고 적은 경우도 있다. 천택산은 현재 사산리와 화남면 임곡리 사이에 있으며, 높이가 683m다. 산꼭대기에 연못이 있었다고 하나 현재는 볼 수 없다. 과거에 국사봉 봉수대도 있었다고 하지만 그마저 헬기장을 만들면서 흔적조차 사라졌다. 산 밑 임실 안골에서는 지금도 우복동牛腹洞이라 하여, 우복 길지

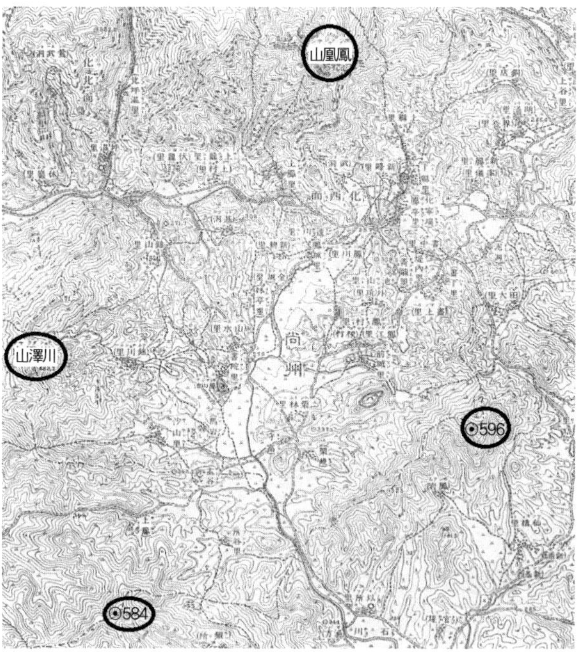

1918년
조선총독부 지도.
봉황산, 천택산,
수봉, 원통산

吉地의 비결을 믿고 사는 사람들이 있다.

『옥연지』에서는 화령 서편에 봉황산이 있고 다시 봉황산 지맥이 서쪽으로 감아 돌아 솟아올라 천택산이 되었다고 했다. 상주 화남면 임곡리, 화서면 사산리에 걸쳐 있는 천택산은 속리산의 남쪽 구병산과 봉황산 두 산의 남쪽으로 솟아 있어, 이들 산과 확실하게 연결된 부분이 없다. 그래서인지는 몰라도 필자의 눈에 비친 천택산은 평지돌출한 듯한 느낌을 준다. 주변 산들과 서로 연계되어 있다기보다 홀로 선 듯한 단절감이 강해 보이는 산이었다.

원통산은 화동면 선교리, 판곡리와 화서면 봉촌리 경계에 있는 산으로 높이는 596m이다. 화남면 중눌리中訥里에는 584m의 수봉秀峯이 있다. 이와 같이 사방으로 500m가 넘는 산들로 둘러싸여 분지를 이루는 지역이 화령이었다. 그 분지 안에 '한들' 이 있다. 큰 들이라는 뜻이어서 이를 '대평大坪' 이라고도 한다. 한들은 화서면 달천리達川里 새말(봉성) 동남쪽에 펼쳐져 있다. 좁은 산골 마을인 화령에서 그나마 활개지의 탁 트인 맛을 느낄 수 있는 곳이다. 예전에는 토질이 척박하여 소출이 적었다고 한다. 그래서 소쩍새(두견새)도 벼가 여물지 못하고 바람결에 빈 이삭만 '흔들' 거리는 것을 보고 울며 사라졌다 하여 '한들' 혹은 '흔들' 이라는 마을 이름이 생겨났다는 것이다. 지금은 경지정리를 하여 화서면의 곡창지대가 되었고, 이곳에서 나오는 '한들 쌀' 은 질이 높고 밥맛이 좋아 많은 이에게 사랑을 받고 있다.

분지로 되어 있는 화령의 모습. 중간에 넓은 들이 전개되고 있다. (위성사진)

2) 봉황산에서 내린 물이 소재종가 앞을 지나 금강으로 흘러들다

조선시대 지도를 펼쳐 놓고 보면, 상주의 전반적인 지세는 서 · 북 · 남쪽이 높아 동쪽의 낙동강으로 여러 가지 지류가 흘러 들어간다. 또한 서북쪽의 화북면 일대는 한강 수계이고, 서남쪽의 화령창化寧倉과 중모창中牟倉 일대는 금강 수계에 속하여 낙동강 수계와 갈라진다. 그리고 한강 · 금강 수계와 낙동강 수계가 갈라지는 곳으로 백두대간이 지나가고 있다. 화령 서편 30리쯤에 속리산이 있다. 속리산에서 발원한 물은 세 갈래로 흐른다. 하나는 동쪽으로 흘러 낙동강에 들어가고, 하나는 서쪽으로 흘러 달천이 되어 한강으로 들어가고, 하나는 남쪽으로 흘러 금강에 들어간다.

상주의 하천은 대체로 이렇듯 한강, 낙동강, 금강으로 갈래지어 흐른다고 볼 수 있다. 그중 화령 서편의 시내는 금강으로 흘렀다. 『옥연지』에서 말했듯이, 소재종가 앞으로 흐르는 물은 봉황산에서 발원하여 금강으로 흘러가는 중모천中牟川 상류다. 중모천은 봉황산에서 소재종가 앞을 지나서 내려오다, 옥하대玉河臺에서 화동의 설락산雪落山에서 내려오는 물줄기와 만나 미천彌川이 되어 흐르고, 다시 신천新川과 합하여 백옥봉을 지나 냉천冷川으로 흐른다. 중모천은 석천石川이라고도 표기하는데, 흐름을 이어 가다가 마침내 금강 본류에서 몸을 푼다.

우리는 언제부터인지는 모르겠으나 낙동강이 '영남'을 상징한다고 생각해 왔다. 이런 생각은 성호 이익이 영남의 강과 호남의 강을 비교해서 논한 글을 보면 확연히 드러난다. 영남에서 터를 잡아 살아갔던 조선의 선비들에게 낙동강이 주는 의미는 매우 컸다. 태백산에서 발원하여 흐르던 낙천이 도산서원을 지나 안동의 귀래정 앞에서 반변천과 합류하고 다시 예천군 풍양면 삼강리에서 금천, 내성천과 합수한다. 낙동강 상류는 이렇게 하여

효자 정재수 기념관 쪽이 옥연이다. 상주보다 보은 쪽이 더 가깝다. 옥연 앞으로 흐르는 물은 모동면으로 내려가 금강으로 들어간다.

형성된다. 상주는 바로 상류와 하류의 내륙 양안을 이어 주는 뱃길로 영남의 대동맥과 같았다. 그럼에도 불구하고 소재의 선조들은 터를 잡을 때 낙동강을 크게 의식하지 않은 것 같다. 이는 우복 정경세를 비롯한 고가세족들이 거의 대부분 낙동강으로 흐르는 물줄기를 골라 터 잡은 것과는 대조적이다.

소재종가는 행정적으로 경상도 상주 관할이지만, 충청도 보은 접경지에 더 가까웠다. 일직선상 거리로 보면 상주읍치보다 보은읍치가 더 가깝다고 할 수 있다. 조선시대에는 어떠했는지 몰라도 지금은 교통망의 발달로 소재종가에서 서울로 올라갈 때

보은 방면을 거치는 길이 훨씬 편하고 빠르다. 이 점 또한 흥미롭다. 소재의 처가가 충주에 세거했고, 일부 후손이 충주와 괴산 등지에 산 것을 보면, 화령—보은—괴산—충주—서울로 이어지는 상경 노선을 그려볼 수 있다.

3) 광주노씨의 터전: 사곡, 황산, 옥연

소재종택의 현주소는 상주시 화서면 사산리 286번지이다. 종택 입구 문기둥에는 상주시청 문화재 담당자가 달아 놓은 '옥연사 방문을 환영합니다'란 글씨가 보이고, 우편함 밑에는 새로운 주소 '사산길 20-3'이 붙어 있다. 필자가 구해 본 지도에도 '소재종택'이라는 표시가 없다. 대신 마암馬巖(말바우)을 지나 폐교된 사산분교장 자리에 들어선 효자 정재수 기념관에서 서쪽으로 가다 보면 '옥연사'가 보일 뿐이다.

'사산리沙山里'는 조선시대 화령현 지역이었다. 후에 상주군 화서면 지역이 되었다. 1914년 일제가 전국의 행정구역을 개편할 때, 사곡리沙谷里, 용강리龍岡里, 우산리牛山里, 황산리黃山里, 마암리馬岩里를 합해 사산리가 되었다. '사산'이란 '사곡沙谷'과 '황산黃山'에서 한 자씩 따서 만든 마을 이름이다. 소재가 "황산의 들은 기름지고 사곡의 물은 맑게 흐른다"고 한 그 사곡과 황산이 오늘날 사산리가 된 셈이다. 사산리는 전형적인 농촌 마을로, 질

누루미(황산), 사래실(사곡), 옥연사, 봉산이 보인다.(위성사진)

현재 사산리에 있는
옥연사 앞 종택
(『대동보』에서 옮김)

좋은 감자 · 포도 · 쌀 · 사과 · 곶감 등을 생산하는 곳으로 유명하다. 화서면에 속한 '리' 가운데서 가장 규모가 작다.

'사곡' 은 현재의 사산 2리 일원이다. 옥연사의 북서쪽에 있던 마을로 사산리에서는 가장 규모가 큰 마을이었다. 마을 사람들은 사곡을 '사래실' 이라고 부른다. '모래 사' (沙) 자에서 유추할 수 있듯이, 예전에는 황산의 모래가 이곳으로 날아들었다고 한다. 뒤편 절골에는 절터에 주춧돌이 남아 있고, 앞 탑 거리에는 탑 터가 있다. '사래실 고개' 를 통해 화남면 중눌리로 넘어간다. 예전엔 사곡에 소재가 세우고 직접 회두시回頭詩 8편을 지었다고 전하는 '사곡루沙谷樓' 가 있었다. 소재의 자취가 남아 있는 곳이어서 상당 기간 광주노씨 소재 후손들이 집성촌을 이루어 살았다고 한다. 또한 사곡은 풍수지리가 좋다고 하여 안동권씨도 여러 가구 살았고, 고가古家도 여러 채 남아 있었다.

'황산' 은 현재의 사산 1리 일원으로, 사곡 북쪽에 있던 마을이다. 예전에는 윗마을을 우산牛山이라고 부르고 아랫마을을 황산이라고 불렀는데, 아랫마을이 더 컸었다고 한다. 마을 뒷산이 청대산青臺山으로 이어지고, 서쪽에는 천택산이 드높이 솟아 있으나, 야산에 황토가 많은 구릉이 있어 황산 또는 '누루미' 라고 했다. '자수고개' 를 통해 사곡(사래실)으로 왕래했거니와 사산 1리에는 옛날부터 감나무가 많았다.

현 소재종택이 있는 옥연玉淵에 대해 설명이 필요할 것 같다.

사곡 동쪽에 있는 옥연을 '영당影堂마을' 이라고도 한다. 옥연에는 파시조派始祖인 경평공敬平公 노숭盧嵩(1337~1414)의 영정을 봉안한 옥연사玉淵祠가 있다. 전하기로 그곳에는 옛날에 연못이 있었다고 하여 '옥연' 이라고 불렀는데, 현재는 못이 농토로 변했다고 한다. 일설에는 봉황산에서 발원하여 금강으로 흐르는 중모천이 화동면 신촌리新村里에 있는 옥하대玉河臺에 이르러 빼어난 경치를 연출하는데, 그 상류에 있다고 하여 '옥연' 으로 불렀다고 한다. 종가 뒷산에 종당鍾堂이란 곳이 있었고, 옥연종택 앞 삼거리를 솟대거리라 불렀다고 한다. 현재 옥연에는 옥연사, 오현영각과 불천위 사당, 강당, 소재에게 조부·부친인 노후·노홍 신도비, 종택, 유물관(유장각) 등이 야산의 남향사면에 배치되어 있다. 그리고 옥연에서 북쪽으로 조금 올라가면 금산리 봉산이 나오는데 그곳에 봉산서원과 소재 묘소, 신도비가 있다.

현재 소재의 후손들은 대부분 외지로 떠나가 사산리에 30여 호가 살다가 지금은 6호 정도가 남았고, 경남 울산에 소재 둘째 증손자 울산 부사 후손들이 50여 호 정도 살고 있으며. 충북 괴산 수월정 인근에 30여 호가 살고 있다고 한다.

2. 소재종가, 입향조의 입향 유래와 종가의 계보

1) 광주노씨의 성립 과정

소재 노수신의 본관은 광주光州(光山)이다. 노씨는 허목의 표현을 빌리자면, '삼한三韓의 대성大姓' 이다. 광주노씨의 성립 과정은 다음과 같다.

광주노씨의 도시조都始祖는 원래 중국 당나라에서 한림학사翰林學士를 지낸 노수盧穗라고 전한다. 노수는 당나라 말년에 아들 9형제를 거느리고 우리나라로 들어왔으며, 9형제가 모두 신라에 등과하고 고려 초년에 공을 세워 9백伯에 봉읍封邑됨으로써 9관노씨(九貫盧氏)의 시조가 되었다. '9백' 은 광산, 교하, 풍천, 장연,

안동, 안강, 연일, 평양, 곡산이다. 비록 9백이 관향은 서로 달라도 시조는 같이한다. 이것이 노수를 '도시조'로 부르는 까닭이다. 광주노씨가 큰집으로 알려져 있다. 그러나 교하노씨와 풍천노씨도 가승家乘에는 각기 큰집으로 나와 있고, 제9자인 곡산노씨도 족보에는 제5자로 기록되어 있다고 한다. 이 글에서는 일단 노해盧垓를 큰아들로 보는 입장에 서기로 한다.

노해는 광산백光山伯에 봉해졌다. 그로 인해 후손들이 본관을 오늘날의 광주광역시인 광산光山으로 하게 된 것이다. 그러나 노해 이후로 이어진 기록이 없어 정확한 계통을 알 수 없다. 다만 노해의 후손은 두 계통으로 갈린다. 하나는 고려조에 정승을 지내고 광주군光州君에 봉해진 노만盧蔓을 1세로 하는 계통이고, 다른 하나는 고려조에서 감문위監門衛 대호군大護軍을 지낸 노서盧恕를 1세로 하는 계통이다. 노만을 중시조로 하는 '만자파蔓字派'와 노서를 중시조로 하는 '노서파盧恕派' 중 어느 쪽이 위인가에 대해서도 논란이 없지 않다. 노만의 후손은 다시 노승조盧承肇를 파조로 하는 규정공파糾正公派와 노승관盧承綰을 파조로 하는 헌납공파獻納公派로 분파된다.

소재는 1581년에 대호군 노서부터 자신까지의 계보를 『광산보략光山譜略』에 담아낸 바 있다. 그 뒤 광주노씨 각 문중에서 펴낸 파보派譜에서부터 최근에 간행한 『광주광산노씨 대동보』에 이르기까지 모든 족보는 소재의 『광산보략』에 기초해 있다.

【광주노씨 선세계도先世系圖】

도시조都始祖
노수盧穗(1세)

- 해垓: 광산백光山伯(2세)······ 서恕(29세)
- 오塢: 교하백交河伯
- 지址: 풍천백豊川伯
- 구坵: 장연백長淵伯
- 만墁: 안동백安東伯
- 곤坤: 안강백安康伯
- 증增: 연일백延日伯
- 판坂: 평양백平壤伯
- 원垣: 곡산백谷山伯

소재 노수신은 대호군 노서의 12세손이다. 그런가 하면, 노무현 전 대통령은 광주군 노만의 후손이고, 노태우 전 대통령은 교하노씨(교하백)의 후손이라고 한다. 보학을 연구하는 이들의 조사에 의하면, 노수를 도시조로 하는 광주노씨는 조선시대에 상신相臣 6명, 대제학 1명, 청백리淸白吏 2명을 배출하였다고 한다. 또 장연노씨의 중시조 노단盧旦(?~1091)은 개성에서 사숙을 열어 후진을 길렀는데, 그것이 12도徒의 하나로 한국 사학의 시초인 광헌

공도匡憲公徒이다. 그리고 교하노씨의 노한盧閈(1376~1443), 노사신盧思愼(1427~1498), 노공필盧公弼(1445~1516), 광주노씨의 노수신, 풍천노씨의 노숙동盧叔仝(1403~1463), 노진盧禛(1518~1578) 등이 대표적 인물로 꼽힌다.

2) 선초에 검교 우의정을 지낸 파시조, 경평공 노숭

노서는 좌우위左右衛 대호군大護軍으로 치사致仕한 노단盧亶을 낳고, 노단은 감찰지평監察持平을 지낸 노준경盧俊卿(?~1343)을 낳았으며, 노준경은 다시 노숭盧嵩(1337~1414)을 낳았다. 노준경과 노숭 부자는 이른바 '충忠' 자 붙는 국왕이 원나라의 간섭을 받아 꼭두각시처럼 고려를 통치하던 시절을 살았다. 그때 마침 원나라가 부마駙馬(사위)의 나라 고려의 국왕을 죽음으로 몰고 간 사건이 벌어졌다.

고려 제28대 왕 충혜왕忠惠王(1315~1344)은 영특하고 슬기로웠으나, 사무역私貿易으로 재화를 모으고 무리한 세금을 강제로 징수하여 유흥에 탕진하며 백성들의 토지와 노비를 약탈하여 보흥고寶興庫에 소속시키는 등 실정이 많았다. 이에 원나라에 가 있던 이운李芸·기철奇轍 등이 왕의 실정과 횡포함을 그곳의 중서성中書省에 알림으로써 원나라에 끌려갔고, 원나라 순제는 충혜왕을 게양揭陽(산동성)으로 귀양 보냈다. 그러나 그는 게양으로 가던 도

중 악양현岳陽縣에서 1344년 정월 30세의 나이로 죽었다. 일찍이 노준경은 1343년 궁중시어사宮中侍御史 감찰지평으로 충혜왕을 호위하고 있었다. 그러던 중 원나라 사신 타적朶赤 등이 황제의 조서도 없이 거짓으로 일본 정벌을 핑계 대며 군대와 말을 요구하였고, 그러다 갑자기 충혜왕을 말에 태워 원나라로 압송하려고 하자, 노준경은 김영후金永煦와 함께 이를 호위하다가 살해되었다. 충혜왕을 위해 순절한 것이다. 이렇게 되자 노숭의 모친 임피군부인臨陂郡夫人 이씨李氏(1308~1400)는 어린 아들 노숭을 등에 업고 전라도지방으로 피신하였다.

그로 인해 노숭은 외가에서 성장했다. 『신증동국여지승람新增東國輿地勝覽』에는 노숭이 전라도 김제에서 우거寓居한 것으로 기록되어 있다. 노숭의 생애에 대해 알아보자. 노숭은 자가 중보中甫, 호가 상촌桑村이다. 그는 고려 공민왕 때에 사마시와 문과를 통과하여 벼슬길에 올랐다. 노숭은 공민왕과 우왕의 조정에서 청요직을 두루 역임했는데 주로 언관으로 활동하여 명성을 얻었다.

전해 오는 이야기에 의하면, 어린 나이에 즉위한 우왕은 놀기만 좋아할 뿐 절제가 없었다. 어느 날 우왕이 신하들과 함께 놀이를 나갔다. 갑자기 내린 소나기로 냇물이 불어나자 수행했던 신하들이 우왕좌왕하며 왕을 제대로 보좌하지 못했다. 이때 노숭이 왕을 업고 냇물을 건너면서 왕에게 절제 있는 행동을 해 줄 것을 청했다고 한다. 1382년 어느 날 우왕이 말을 타고 사냥하다가 우연히 노숭의 집 앞까지 오게 되었다. 주위 사람들에게 이 집이 누구의 집인가를 물었다. 노숭의 집이라고 대답하자, 말이 끝나기도 전에 우왕이 무섭게 집을 빠져 나왔다고 한다. 직간을 서슴지 않는 노숭이 마음에 걸렸기 때문이었다. 당시 노숭은 대사헌이었는데, 평소에 국왕이 자주 놀러 다니는 것을 못마땅하게 여겼다.

노숭은 1389년(창왕 1)에 전라도 관찰사가 되어 익산과 나주에 득성창得成倉과 영산창榮山倉을 각각 세우고 조운漕運을 편리하게 하여, 당시 왜구의 침략으로 황폐화된 주군州郡들을 안정시켰다. 그때의 활동에 대해서는 양촌 권근이 「용안성조전기龍安城漕轉記」에서 잘 설명해 놓은 바 있다. 또한 왜구로 인해 바다에 연해 있는 고을이 텅 비게 되자, 허물어진 기강紀綱을 진작시켜서 위엄威嚴과 은혜恩惠를 함께 베풀었다. 아울러 조정에 청하여 백성들의 조세를 3년 동안 면제토록 하였다.

노숭은 여말선초 권력변동기를 맞이하여 새로운 왕조의 창업에 적극 협력하여 한양윤漢陽尹으로서 1392년 개국원종공신開國原從功臣에 책록되었다. 공신전으로 원주에 있는 30결(약 5만 평)의 밭을 하사받았다고 한다. 태조에게 청렴성과 충직성 그리고 탁월한 재주를 인정받은 까닭이다. 당시에 호정浩亭 하륜河崙(1347~1416)과 교유가 두터웠다고 한다. 그런 연유로 사후에 하륜이 노숭의 묘지명을 찬술하였다.

1395년(태조 4) 개성 유후開城留後를 거쳐 1397년에는 경기좌도 관찰사가 되었다. 이때 경기 내의 땅에 고관들의 별장이 많았는데, 세금을 공평하게 매기고 청탁을 하지 않았다. 태종이 즉위하자 정헌대부正憲大夫 삼사좌사三司左司 지의정부사知議政府事에 임명되었다. 그의 재주와 식견을 중하게 여겼기 때문이었다.

노숭은 노모 이씨에 대한 효성이 뛰어났다. 예순이 넘은 나이에도 아침저녁으로 노모의 진짓상을 직접 들고 들어갔다. 93세로 노모가 세상을 떠나자 매우 애통해 하며 울부짖다가 쓰러지기까지 하였다. 훗날 소재도 효자로 이름이 났거니와 광주노씨 일문이 '효의 실천'에 남달랐던 것은 아마도 노숭의 영향이 컸다고 생각된다.

노숭은 1411년(태종 11) 의정부 참찬參贊에 올랐다. 말년에는 창녕부원군昌寧府院君 성석린成石璘 등 나이와 덕이 함께 높은 수십여 노인과 더불어 기영회耆英會를 결성하여 한가롭게 노닐었다. 1414년 검교檢校 우의정右議政에 올랐으나 병으로 세상을 떠났다. 향년 78세였다. 그가 죽자 조정에서는 3일 동안 조회를 열지 않았으며 사제賜祭와 치부致賻를 통해 슬픔을 표시했다.

『실록』의 졸기卒記는 이렇게 노숭의 사람됨을 논했다.

> 노숭은 품성과 자질이 순수하고 도타웠다. 성품을 그대로 길러 겸손하였다. 관청에서 일을 처리하는 데 일찍이 조금도 게으르지 않았다. 어버이에게 효도하고 임금에게 충성하기를 한

> 곁같이 지성으로 하였다. 벗과는 공경과 신의가 있었고, 자손을 가르치는 데에는 엄하였으나 어질었다. 경전과 역사서 보기를 좋아하고, 세속에서 서로 겨루는 글짓기를 좋아하지 않았다. 집안을 다스리는 데 검약을 힘써 따르고 산업을 경영하는 것은 생각하지 않았다. 놀러 다니기를 좋아하지 않고 귀신이나 부처를 섬기지 않았다. 죽음에 임하여 여러 아들에게 경계하기를, "내가 일찍이 선유先儒들께서 논하신 말씀을 보았기에 죽음과 삶의 이치를 조금 안다. 내가 죽은 뒤에 불사佛事를 쓰지 말라"고 했다.

불사, 즉 불교식 장례풍속을 따르지 말라고 한 유언은, 유가 성리학을 새로운 치세이념으로 삼았던 새 나라 조선의 신민臣民 의식이 물씬 풍겨 나온다.

조정의 명에 의해, 노숭은 그해 10월 부평부에서 동으로 30리쯤 떨어진 수탄면水呑面 천왕리天旺里(현재는 서울 구로구 천왕동 산 39) 경좌庚坐 언덕에 묻혔다. 노숭은 이처럼 국가의 예장禮葬을 받았고 아울러 '경평敬平'이라는 시호諡號도 받았다. 훗날 상주의 옥연사玉淵祠에 제향되었다. 노숭은 본래 문집을 남겼다고 하나 전하지 않는다.

약 6백 년의 세월이 흐른 2009년 6월, 경기도 파주 법원읍으로 노숭의 묘를 옮겼다. 면례緬禮를 할 때, 관을 묻은 구덩이를 파

보니 유골이 잘 보존되어 있었다고 한다. 또한 함께 묻힌 영가군부인永嘉郡夫人 안동김씨의 유골 곁에서 동경銅鏡과 수저가 나왔다. 문중에서는 장차 경평공 상촌 노숭의 신도비와 재실을 마련할 계획이라고 한다.

요컨대, 광주노씨는 광주의 토성土姓으로 고려조에 이족吏族과 사족士族으로 분화되는 과정에서 서울로 올라가 벼슬길에 나아감으로써 중앙의 사족으로 성장했다. 또한 노서의 후손들이 대대로 중앙관인으로 활동하면서 경화(서울지역)에서 광주노씨 일문의 정치적 기반도 다져 나갈 수 있었다. 소재는 광주노씨 가운데 노서를 1세(중시조)로 하는 경평공파敬平公派 출신이다. 소재는 노서의 12세손이며, 현재의 종손 노병학盧炳學은 25세손이다.

【경평공敬平公 종파宗派 제1용방龍房 세계世系】

서恕(1세) → 단亶(2세) → 준경俊卿(3세) → 숭嵩(4세) → 상인尙仁(5세) → 처화處和(6세) → 덕기德基(7세) → 희선熙善(8세) → 경장敬長(9세) → 후珝(10세) → 홍鴻(11세) → 수신守愼(12세) → 대해大海(13세) → 도형道亨(14세) → 석명碩命(15세) → 사영思永(16세) → 하단夏端(17세) → 계업啓業(18세) → 식문式文(19세) → 광석光奭(20세) → 여경輿敬(21세) → 성만性萬(22세) → 재찬載瓚(23세) → 헌구憲九(24세) → 병학炳學(25세)

3) 외가 상산김씨와 처가 화령고씨에 힘입어 상주로 입향한 노상인

노숭은 김선치金先致(1318~1398)의 딸과 혼인하여 광주노씨가 상주에 세거하게 되는 기반을 마련했다. 김선치는 상산(상주)김씨商山金氏로 정당문학政堂文學을 역임한 김득배金得培(1312~1362)의 아우이다. 그는 문무를 겸비한 상주 출신 무장으로, 왜구를 격퇴하고 홍건적을 평정하여 일등공신이 되었다. 만년에 동지밀직사사同知密直司事를 거쳐 1378년에 낙성군洛城君에 봉해지고, 추충보절찬화공신推忠保節贊化功臣이 된 뒤, 1382년 상주로 은퇴하였다.

김선치는 슬하에 5남 1녀를 두었는데, 노숭이 바로 김선치의 고명딸과 혼인하여 역시 5남 1녀를 두었다. 5남은 상인尙仁·상의尙義·상례尙禮·상지尙智·상신尙信이다. 노숭은 높일 '상尙' 을 돌림자로 하여, 유가의 최고 덕목인 오상五常 즉 '인의예지신' 을 가지고 다섯 형제의 서열을 정했다. '상' 자를 돌림자로 쓴 연유는 확실치 않지만, 혹자는 입향하여 세거하게 되는 '상주尙州' 를 염두에 둔 것이 아닐까 하고 추측하기도 한다. 하지만 상호 연관관계가 생각처럼 그렇게 긴밀하다고 볼 수 없을 듯하다. 오상을 '높인다' 는 의미가 보다 강하게 작용했을 것으로 보기 때문이다.

노숭의 맏아들 노상인은 음직으로 양근 군사楊根郡事를 역임했는데, 1453년 계유정난이 일어나자 상주 화령으로 내려와 은거에 들어갔다. 이로부터 상주에서 광주노씨가 세거하게 된다. 노상인은 예의판서禮儀判書 고원高遠의 딸과 혼인했다. 고원은 본관이 상주 화령이었다. 당시는 자식들에게 차별 없는 균분 상속이 이루어지던 시절이었다. 고원이 딸에게 상당한 규모의 재산을 나누어 주었을 것이고, 그 즈음에 노상인의 화령 거주가 시작되었을 것이다. 이렇게 노상인은 외가인 상산김씨와 처가 화령고씨의 지역적 기반에 힘입어 어렵지 않게 서울에서 상주로 낙남落南하여 새로운 터전을 열어갈 수 있었다. 그는 화령고씨 사이에서 아들을 낳지 못했으므로 아우 상례의 아들 노처화盧處和(1359~1449)를 양자로 들여 후사를 잇도록 했다.

【경평공의 후예와 상주 입향조】

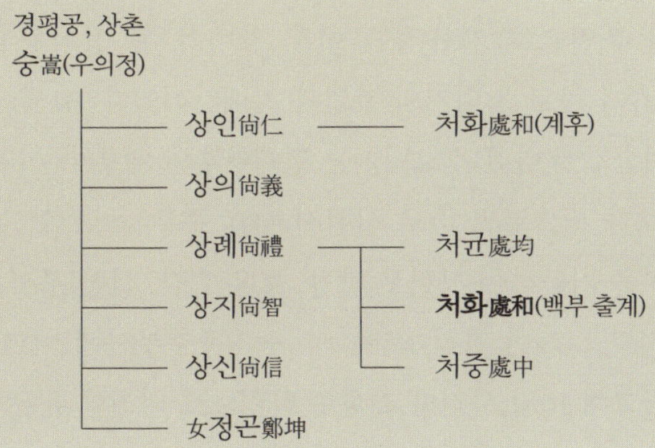

소재 문중에서는 노숭의 아들 5형제를 다섯 용방龍房으로 나누어 부른다. 제1용방 양근공楊根公 '상인' 의 후손은 상주(일부는 평북 정주), 제2용방 참의공參議公 '상의' 의 후손은 전남 함평, 제3용방 사간공司諫公 '상례' 의 후손은 함경남도 함흥, 제4용방 경력공經歷公 '상지' 의 후손은 강원도 양양, 제5용방 판관공判官公 '상신' 의 후손은 경기도 파주를 중심으로 살고 있다고 한다.

4) 세조의 동서로 성종이 어풍을 보내 묏자리를 잡아 준 노덕기

청주목淸州牧의 판관判官을 지낸 노처화는 함창김씨咸昌金氏와의 사이에서 아들 노덕기盧德基(1414~1479)를 얻었다. 노덕기는 파평윤씨坡平尹氏 번璠(1384~1448)의 다섯째 딸과 혼인하였다. 그런데 수양대군의 부인으로 계유정난 이후 왕비가 된 정희왕후貞熹王后(1418~1483)가 바로 노덕기의 부인과 자매간이었다. 31세에 음직을 받아 벼슬길에 나갔던 노덕기는 정희왕후의 제부弟夫이자 국왕의 동서同壻가 됨으로써 바로 사선시司膳寺 주부主簿로 승진했다. 그 후 승진을 거듭하여 사헌부 감찰, 보은 현감, 선산 부사, 공조 참의를 거쳐 1479년 가선대부(종2품) 동지중추부사에 이르렀다. 노덕기는 그해 10월 사직하고 상주 화령으로 내려와 유유자적하며 만년을 보내다 세상을 마쳤다. 노덕기가 죽자 상주 중모현 창주

산에 장사 지냈는데, 국왕이 예관을 보내 조문하고 치제했다고 한다. 또한 노덕기의 묘지墓誌와 묘비명墓碑銘을 선산 부사로 있던 당대의 문장가 점필재佔畢齋 김종직金宗直(1431~1492)이 찬술했다.

김종직이 묘비명에서 "해양海陽(광산의 고호)의 노씨는 대마다 잠영簪纓(고관대작)이 혁혁하도다!"라고 했듯이, 노덕기 당대의 광주노씨는 그야말로 잠영세족으로 일컫기에 부족함이 없을 정도로 가세가 성대했다. 소재 노수신과 같은 큰 인물이 나오게 된 배경에는 아마도 그의 5대조인 노덕기의 영향이 적지 않았을 것이다. 노덕기는 세조와 동서지간이라는 배경을 이용하여 얼마든지 권력을 행사할 수 있었다. 그러나 끝내 권력가로 행세하기를 꺼렸다.

문중에 전하는 일화 하나를 소개해 본다. 어느 날 세조가 목욕을 하기 위해 속리산으로 거둥했다. 이때 노덕기는 속리산 자락과 가까운 상주 화령에서 한가로이 지내고 있었다. 이를 알고 있던 세조는 노덕기를 불렀다. 이에 노덕기는 임금과 신하 사이가 아닌 동서 사이의 만남이어야 한다는 조건을 달아 만나 주었다고 한다. 이처럼 그는 출처에 대절이 있었다. 그리하여 '덕기'라는 이름처럼, 그의 음덕이 광주노씨의 터전을 단단하게 만들어 주었다.

노덕기가 죽자 성종은 국가의 궁전 건립과 능묘陵墓의 선정을 주관하는 어풍御風을 내려보내 묏자리를 잡아 주라고 했다. 그

때 터를 잡은 지관地官이 노덕기의 묏자리가 '상묘上墓'는 안 되고 '중묘中墓'는 된다고 말했다고 한다. 최상급은 아니지만 쓸 만한 묘 터라는 평가였다. 이 '중묘'라는 발음이 차츰 변하여 '중모'가 되었다. 그래서 현재 상주 모동면에 '중모'라는 지명이 생겨났다. 노덕기의 묘 터는 매우 우람한 느낌을 준다. 안목이 있는 사람이면 금방 명당임을 알 수 있다. 그러다 보니, 그동안 투장偸葬(남의 산에 명당이 있으면 훗날 묘를 쓰기 위해여 침탈하는 장법)하는 일이 많았다고 한다.

노덕기는 두 아들을 두었는데, 맏이 희선熙善은 합천 군수, 둘째 희숙熙淑은 금산 군수를 지냈다. 노희선은 인천이씨와 혼인하여 4남을 낳았다. 맏아들 경장敬長은 돈령부敦寧府 참봉을 지냈다. 노경장은 동래정씨東萊鄭氏 목사 난손蘭孫의 딸과 혼인하여 두 아들을 낳았는데, 맏이가 풍저창豊儲倉의 수守를 지낸 후珝(1475~1546)로 소재에게 조부가 된다.

5) 아름다운 신도비의 주인공, 노후와 노홍

소재는 조부의 행장을 써서 아계鵝溪 이산해李山海(1539~1609)에게 신도비문을 청했다. 그리고 그 비문을 돌에 새겨 1589년 8월 화령 원천遠川 묘소 입구에 세웠다. 근년에 와서 노후의 신도비는 노홍의 비석과 함께 사산리 옥연사 경내로 옮겨졌다.

노후의 자字는 공염公琰이다. 그는 어려서 부친을 여의고 외조부인 목사牧使 정난손鄭蘭孫의 집에서 자랐다. 가학을 통해 과거에 응시했으나 뜻을 이루지 못했다. 천거를 받아 상의원 별제尙衣院別提에 보임補任되었으며 참군·감찰을 거쳐 1518년(중종 13)에 전주 통판全州通判이 되었다. 강직하고 청렴하고 삼가며 일을 잘 처리하는 것으로 이름이 났다. 임기가 차서 내직으로 들어와 사의司議가 되었으며 얼마 후 영광 군수靈光郡守가 되었다. 영광은 예로부터 다스리기 어려운 고장으로 일컬어졌는데 정사를 잘 돌보아 열 번의 고과考課(근무평가)에서 모두 최우수 점수를 받았다. 다시 추밀원 도사를 거쳐 괴산 군수槐山郡守에 제수되었는데 부친상을 당하였다. 상제喪制를 마치고 은계 찰방銀溪察訪에 제수되었다가 풍저창 수豊儲倉守로 전보되었다. 후에 간성 군수杆城郡守를 지냈으며 다시 첨정僉正이 되었다. 21년 동안 외직에 있었는데 부임했던 곳마다 치적을 남겼다. 1546년(명종 1) 2월, 병으로 서울 집에서 세상을 떠났고, 9월 화령 원천 선영에 묻혔다.

노후는 성품이 호방하고 개결介潔했다. 어떤 사람에게든 할 말을 다하였기에 좋아하지 않는 사람들이 많았으나 상관하지 않았다. 또한 모친을 극진히 봉양하였다. 집안에는 사사로운 재물이 없었고 관직생활 40여 년에 구업舊業을 유지했을 뿐이었다. 이씨부인(1474~1533)은 태조의 아들인 익안대군益安大君의 현손녀이자 옥계도정玉溪都正 현동賢童의 딸로 단정하고 온순하며 정숙하고

(위) 「증좌찬성노공신도비명贈左贊成盧公神道碑銘」 소재의 조부, 노후의 신도비명이다. 아계 이산해가 비문을 찬술했다.
(아래) 노홍의 신도비

고요하여 시집와서는 가문의 법도를 잘 지켰다. 시어머니인 정씨鄭氏부인은 성품이 엄하여 일찍이 말이나 얼굴빛을 꾸미는 법이 없었다. 그런 시어머니를 이씨부인은 더욱 공경히 받들어 모시며 살림을 경영했다. 음식을 만드는 데 있어 감히 자신의 뜻대로만 하지 않고, 시어머니의 뜻에 맞추려 애썼다. 물러날 때 조심스레 뒷걸음치며 웃어른의 하명을 기다렸으므로 정씨부인이 마음으로 몹시 사랑했다고 한다.

노후와 이씨부인 사이에 태어난 아들이 노홍盧鴻(1496~1568)인데, 노홍은 곧 소재의 부친이다. 소고嘯皐 박승임朴承任(1517~1586)이 소재의 청탁을 받고 행장을 참고하여 노홍의 비문을 찬술했다.

노홍은 자가 백란伯鸞으로, 태어날 때 아버지 노후가 햇빛이 창에 가득한 이적異蹟이 있는 꿈을 꾸었다고 한다. 성장하면서 문장을 익혔으나 과거에 통하지 못했다. 을사사화로 아들 소재가 유배를 당하자 벼슬길에 나가려는 뜻을 접고 은거에 들어갔다. 노홍은 본래 몸이 약했다. 풍습風濕에 걸리면 계속 이어지면서 잘 낫지 않았다. 나이 50세가 넘어서 부친(노후)상을 당했지만 거의 상주 노릇을 감당하지 못할 정도였다. 노후는 1562년(명종 17)에 또 다시 위독한 상태를 겪고서 마침내 고향 화령으로 내려가 노년을 보내기로 한다.

1567년 선조가 즉위하자 소재가 유배에서 풀려나 홍문관 교리로 복관되었다. 소재는 유배살이 20여 년 동안 곁에서 부모를 모시지 못했다. 이러한 소재의 처지를 감안하여 조정에서는 노홍에게 활인서 별제活人署別提를 제수하여 서울로 불러올렸다. 소재가 조석으로 부모를 친히 봉양함에 편리하라는 뜻이었다. 하지만 노홍은 병이 너무 깊어져 직무에 나아갈 수 없었다. 이에 조정에서는 부득이 소재를 상주 화령과 가까운 충청도 관찰사에 임명하였다. 그러나 불행하게도 노홍은 소재를 미처 만나지 못하고 그해 겨울 11월 화령 사곡 옛집에서 향년 73세로 세상을 떠났다.

노홍은 평소에 분수 밖의 일을 추구하지 않았다. 스스로 술을 즐기며 여생을 보내면서, 다른 사람에게는 공손하고 신의가 있었다. 소재가 다시 벼슬길에 나가자, 노홍은 늘 청렴하고 신중할 것을 부탁하면서 한마디도 사사로운 이야기를 하지 않았다고 한다.

6) 소재의 외조부, 성산이씨 이자화 형제들

노홍은 당시 명문名門이었던 성산이씨星山李氏 자화自華의 딸(1497~1581)과 혼인했다. 소재의 모친 이씨부인은 유순함을 몸에 익혀 규범閨範이 있었다. 그녀가 노씨 집안에 시집오자 안팎에서 모두 어진 며느리를 얻었다고 축하했다. 타고난 자질이 온유溫柔하고 공신恭愼하였으며, 시부모를 섬김에 효성을 다했고 남편을 섬김에 어김이 없었다. 재물에 임해서는 불의不義로 얻은 것은 아닐까 하고 두려워했으며, 자식을 가르칠 때는 의방義方을 우선으로 하였다. 아손兒孫을 대할 때에는 편애하는 마음이 없었다. 일 처리가 다른 사람보다 뛰어나 비록 사대부라도 미치지 못했다. 마을에서 식견 있는 이들이 이를 기특하게 여겼다.

세상의 변고를 여러 차례 겪으면서 집안에 어려움이 많았지만, 이씨부인은 눈앞의 부귀영화를 기쁘게 여기지 않았다. 자식들이 일찍이 "시골로 돌아갈 뜻이 있습니까?" 하고 여쭈면, "나는 너희들을 따를 것인데, 어찌 물어보느냐?" 라고 했다. 항상 적자嫡子를 두지 못하고 돌아가신 부친의 제사를 염려했다. 늙을수록 돌아가신 부친 생각에 가끔 눈물을 흘렸다. 나중에 부친의 후사가 된 서남庶娚을 지극히 사랑했다. 향년 85세로 세상을 떠났다.

소재의 외조부는 대사헌을 지낸 이자화李自華(?~1520)다. 소재 집안에서는 이자화를 대헌공이라 부른다. 이자화는 성산이씨로 고려조에서 부원군府院君을 지낸 장경長庚의 후예이며, 조부는 감찰 유侑이고, 부친은 건공장군建功將軍 주湊이다. 이자화는 4형제 가운데 막내로 태어났는데, 셋째인 이자영李自英만 주부主簿를 지냈을 뿐, 나머지 3형제는 모두 사마시와 문과를 통과하여 벼슬길에 나아가 각각 호조 판서, 형조 판서, 예조 참판에까지 올랐다. 4형제 중 3인이 2품 이상의 벼슬에 올라 한 시대를 놀라게 하였다. 그중 첫째 이자견李自堅(1454~1529)과 둘째 이자건李自健(1455~1524) 형제는 판서를 지낸 뒤 기로소耆老所에 들어갔다. 이들 3형제는 연산군 재위 기간에 중앙관인으로 진출했던 관계로 모두 갑자사화에 유배를 당했다가 중종반정으로 풀려난 뒤 고위직으로 승진했다.

특히 이자건은 기절氣節이 있는 인물이었다. 대간臺諫을 시켜서 기생들의 가사歌詞를 지어 올리도록 한 연산군의 명을 성덕聖德에 누가 될 것이라 하여 중지하도록 했는데, 이것이 탈이 되어 갑자사화가 일어나자 곤장을 맞고 선산으로 유배당했다고 한다. 그때 선산의 수령이 죄상으로 보아 이자건의 복직이 어려울 것이라고 여겨, 군졸을 데리고 이자건의 처소로 가서 그를 묶어 꿇어앉히고는 직접 매질까지 가하였다. 그 후 이자건이 황해 감사가 되었을 때, 안악 군수로 옮겨가 있던 예전의 선산 수령은 옛일을 생각하고 보복이 두려웠는지 수령직을 사임하려 했다. 이에 이자건은 안악으로 찾아가 잘 달래어 머물러 있게 했다고 한다. 공조 판서와 지중추부사에까지 이르렀지만, 이자건은 산업 경영을 소홀히 하여 가난하게 살면서 녹미祿米를 아껴 조금씩 술을 빚어 먹는 것으로 낙을 삼았다고 한다.

소재는 어린 시절 모친으로부터 이러한 이자건의 일화를 듣고 자랐을 것이다. 그 영향인지는 몰라도 소재가 진도 유배지에서 당시 원님에게 핍박을 당한 일화와 그 후일담이 이자건의 경우와 너무 흡사하다. 유배지 일화에 대해서는 뒤에서 다시 언급하기로 한다.

이자화의 기절도 보통은 넘었다. 연산군의 생모인 폐비윤씨의 추숭을 반대하여 두 차례나 유배된 적이 있을 정도다. 『실록』에서 사관은 이자화가 해학諧謔을 잘하였기 때문에 동료들에게 받아들여져서 점점 올라가 2품에 이르고 참판과 승지를 역임할 수 있었다고 기록했다. 그는 본래 성품이 호탕하여 풍류와 주색을 즐기고 명예와 절조에 구애 받지 않았으며 해학을 잘하였던 것 같다.

소재 문중에서는 이자화가 명나라에 사신으로 갔다 돌아오면서 「송조오현도宋朝五賢圖」를 가지고 왔다고 말한다. 그래서 외손인 소재에게 「오현도」가 전해졌다고 보는 것이다. 그런데 『실록』 어느 기록에도 이자화가 명나라에 사신으로 파견되었다는 기사는 없다. 다만 그의 형 이자건이 1495년(연산군 1) 사헌부 장령으로 명나라에 다녀왔다는 기록은 있다. 이자건은 평소 무재武才가 있고 중국어에 능하여 항상 선전관과 승문원의 벼슬을 겸하였다고 한다. 소재 외가 쪽에서 「오현도」가 전해졌다면, 혹시 이자건이 「오현도」를 들여온 것이 아닌지 모르겠다.

노홍은 이씨부인 사이에서 2남 1녀를 두었다. 장남은 소재 노수신이고, 차남은 극신克愼이며, 1녀는 이요빈李堯賓에게 시집갔다. 노홍은 측실側室의 몸에서 원룡原龍, 종룡終龍, 복룡伏龍, 응룡應龍, 항룡抗龍, 언룡彦龍의 6남을 낳았다.

1573년(선조 6) 소재가 재상에 올라 귀하게 되자 위로 3세를 추은推恩하는 예에 따라, 돈령부 참봉이던 증조 노경장은 이조 판서에 증직贈職되었으며, 풍저창 수이던 조부 노후는 의정부 좌찬성에 증직되었고, 활인서 별제이던 부친 노홍은 의정부 영의정에 증직되었다.

3. 소재종가 형성의 역사적 과정

소재종가의 형성은 노수신이 광릉이씨廣陵李氏 연경延慶의 딸과 혼인하였으나 아들이 없어 조카 대해大海를 양자로 들여 후사後嗣를 이으면서 시작되었다. 소재는 진도 유배 중 측실側室의 몸에서 3남 1녀를 낳았다. 광주노씨 『대동보』에 의하면, 첫째는 아들로 내사복內司僕 노계래盧戒來(1549~?)인데 전주이씨와 혼인했고, 둘째는 딸로 파주 목사坡州牧使 허징許澂과 혼인했으며, 셋째는 아들로 선무랑宣務郞 노계난盧戒難(1555~?)인데 해평윤씨와 혼인했고, 넷째 역시 아들로 통덕랑 노계후盧戒後(1572~1640)인데 연평이씨와 혼인했다. 이들 세 형제는 모두 화령 원천 선영에 묻혔다. 막내 노계후는 소재가 유배에서 풀려나 복관된 뒤에 태어났는데, 성품이 호방하고 한군데에 얽매이지 않았으며 시부를 벗하며 사방으로 한가롭게 노닐었다. 그의 아들 선교랑宣敎郎 노호盧護(1599~1650) 역시 독서하며 은둔생활을 하다가 세상을 마쳤으며, 노호의 아들 노이명盧履命(1619~1683)은 호가 월고月皐로 강릉康陵(명종과 인순왕후의 능) 참봉을 지냈고, 만년에 상주 산서면山西面 월방산月芳山 아래에 은거했다. 노이명은 문집 7권을 남겼을 정도로 향촌 지식인으로서 상당한 식견을 지닌 인물이었던 것 같다. 산서면에 세거한 후손들이 노이명을 사모하여 월고정月皐亭을 세우면서 이상호李祥鎬(1883~1963)에게 기문을 받아 걸기도 했을 정도이다.

소재의 생애에 대해서는 다음 장에서 논하기로 하고, 여기서는 종가 형성과 관련한 후대의 계승 맥락을 소개하는 것으로 그친다.

1) 소재, 아우 노극신의 아들로 후사를 잇다

종가 형성에 있어 주목해야 할 인물은 소재의 아우 노극신盧克愼(1524~1598)이다. 혈손으로 후사를 잇지 못한 소재에게 양자를 제공한 인물이기 때문이다. 노극신은 자가 무회無悔, 호가 후재厚齋이다. 을사사화로 소재가 유배에 처해진 20여 년간 벼슬길에 나설 수 없었다. 과거 응시를 포기하고 소재를 대신하여 어버이 봉양에 힘썼다. 소재는 진도에서 시를 적어 "아침저녁으로 자네가 어버이를 잘 섬기니, 내 죽은들 다시 무얼 슬퍼하랴!"(晨昏君善事, 我死復何悲)라고 했다. 또한 소재는 아우가 효행을 하고 난 여력으로 독학하는 것을 가상하게 여겨 「숙흥야매잠」을 풀이하여 부쳐 주기도 했다. 노극신은 부모 공양 여가에 간간이 소재를 적소로 찾아가 뵈었다.

그는 명종 말년이 되어서야 벼슬길이 열려 의금부 도사가 되었다가 은진 · 금천 · 증산 · 양성 · 김포 등 다섯 고을의 수령을 역임하고 돈령부 첨정에 이르렀다. 노극신은 덕산이씨德山李氏 청주 목사 증영增榮의 딸(1524~1594)과 혼인하여 슬하에 2남 3녀를 낳았다. 아들로는 대하大河(이천 부사)와 대해大海(영천 군수)를 두었고, 딸은 심희수沈喜壽(좌의정), 김명현金命賢(도사), 김료金璙(백천 군수)에게 시집갔다.

노극신은 1568년 부친상과 1581년 모친상을 당했을 때, 형 소재를 도와 집상하는 데 정성을 다했다. 그 후 갑자기 중풍에 걸려 인사를 사절하고 한가롭게 지내다가 1598년 둘째 아들 대해의 임소에서 세상을 떠났다. 상주 화령 이소원履素院 오향산에 묻혔다. 미수 허목이 묘표 갈음을 지었고 학사 김응조가 묘갈명을 찬했으며 쌍계雙溪 이진철李晉哲이 묘지墓誌를 지었다. 사후 맏아들 대하의 진무원종훈振武原從勳으로 승정원 좌승지에 증직되었다. 이씨부인은 임란 기간인 1594년 박천博川으로 피란하였다가 병으로 세상을 떠났는데, 전란이 끝난 뒤인 1600년 노극신의 묘소 곁으로 반장했다.

노극신의 맏아들 노대하盧大河(1546~1610)는 자가 수오受吾, 호는 소헌素軒이다. 어려서부터 총명하고 박식했다. 19세에 백부에게 가르침을 청하기 위해 진도로 갔을 때, 소재가 그의 손을 잡고 울면서 그의 뜻을 가상하게 여겨 경전과 사서를 가르쳤다고 한다. 1565년 백부를 모시고 진도를 나왔다. 그때 비슷한 또래들이 그의 학문이 크게 진보한 것을 보고 감탄했다. 과거에 응시했으나 예부시(중앙고시)를 통과하지 못했다. 음사로 벼슬에 나가 내외 관직을 역임하고 이천 도호부사利川都護府使에 이르렀다. 가는 곳마다 모두 치적이 있었다. 은진 · 이천에는 유애비遺愛碑(송덕비)가 있다. 임진왜란에 호성원종훈 3등으로 호조 판서에 증직되었다. 묘는 이소원에 있다. 미수 허목이 묘표 갈음을 찬하고 서곡鋤谷 이원규李元圭가 묘지명을 찬했으며 입재立齋 정종로鄭宗魯가 신도비명을 찬술했다. 고령신씨 참찬 담湛의 딸, 함평이씨 병사兵使 각玨의 딸, 경주이씨 종묘서 봉사 득화의 딸 등과 혼인하여 8남 5녀를 낳았다. 노대하의 아들은 도립道立 · 도진道眞 · 도응道凝(주부) · 도일道一(현감) · 도남道南 · 도행道行 · 근謹 · 일逸이고 딸은 이식李栻(진사) · 김인봉金仁鳳 · 허준許遵(생원) · 홍립洪雴(감사) · 이삼근李三近에게 시집갔다.

노극신의 둘째 아들 노대해盧大海(1549~1626)는 자가 용오容五, 호는 난로당難老堂이다. 음서로 감역監役이 된 뒤 6현縣 2군郡의 수령을 역임하여 통정대부 영천 군수榮川郡守에 이르렀다. 고을 주민들이 유애비를 세웠을 정도로 모두 염결廉潔한 정사를 폈다는 칭송을 들었다. 광해조 때 벼슬을 버리고 전원으로 돌아갔다. 향년 78세로 졸하여 화서 옥연 청룡 종당산鍾堂山에 묻혔다. 대사헌 남곡南谷 권해權瑎(1639~1704)가 비명을 찬술했다. 광주이씨 이조 판서 광계군 호약好約의 딸과 혼인했다. 이호약은 이극감李克堪의 4세손으로 이연경李延慶의 아들이며 병마절도사를 지낸 이광악李光岳의 부친이다. 소재의 장인이 이연경이고 노대해의 장인이 이호약이니, 양대에 걸쳐 차례로 광주이씨와 겹사돈을 맺은 셈이다. 노대해는 광주이씨가 죽자 충주최씨 중추부사 선경善慶의 딸과 혼인했다.

노대해는 백부 소재에게 출계했는데 4남을 낳았으니, 도형道亨(군수)·도명道明·도홍道興·도경道慶이 그들이다. 학사鶴沙 김응조金應祖(1587~1667)가 찬술한 노극신 묘갈명에는 2남 3녀 이외에 "내외 증·현손이 수백 인에 이르렀고, 뛰어난 자손이 많다. 군수공郡守公(道亨)의 둘째 아들이 문과에 급제하여 벼슬이 부사府使(峻命)에 이르렀고, 셋째가 지금 봉화 현감奉化縣監(景命)이며, 사마시에 합격한 후손은 더욱 많으니, 하늘이 장차 노씨를 부흥시키려는 것이 아니겠는가! 공이 음덕을 쌓아 생겨난 넉넉한 경사가 아니겠는가!" 라고 적혀 있다.

2) 봉사손 노도형과 증손자 대에 이르러 종가의 기틀이 잡히다

김응조가 말한 '군수공'은 노대해의 아들로 예천 군수를 역임한 노도형盧道亨을 가리킨다. 광주노씨 경평공파의 계통 맥락에서 보면, 후계가 노수신 → 노대해 → 노도형으로 이어진다. 소재종가는 바로 손자 대인 노도형에게 이르러 기틀이 갖추어졌다고 볼 수 있다. 노도형이 해주최씨海州崔氏 좌찬성 황滉의 딸과 혼례를 올리자 동시에 소재의 서울 재산이 상속되었다는 분재기가 이를 반증한다.

또한 소재는 최황을 만날 때마다 훌륭한 딸을 며느리로 보내준 것에 대해 사의를 표했을 정도로 사손嗣孫에 대한 기대가 컸다. 노도형은 3남 4녀를 두었다. 3남은 노석명盧碩命(생원)·노준명盧峻命(안변 도호부사)·노경명盧景命(봉화 현감)이고, 사위는 심대부沈大孚(응교)·류덕구柳德耉(진사)·이항李沆(도사)·이홍석李弘奭(진사)이다.

소재도 그러했거니와 그 후예들도 상당 기간 서울에 거주하며 성묘를 위해 선향인 화령을 출입했다. 그러다 소재처럼 서울에서 생을 마감한 뒤 선향인 화령으로 반장되거나 아니면 과거에 실패하여 출사를 단념하고 낙향하여 만년을 보내다 선영에 묻혔다. 서울과 화령을 왕래하다가 21칸 서울 집을 팔고 주거의 중심을 화령으로 옮긴 것은 증손자 대로 보인다. 그 무렵 경평공의 영정이 서울에서 옥연으로 내려와 봉안되었기 때문이다. 경평공 영정에 대해서는 후술하기로 한다.

증손자 대 이후로 상주 화령이 세거지가 되면서 종가문화와 종손의식이 성장해 갔다고 할 수 있다. 그렇지만 7세손인 노계원盧啓元(1695~1740)이 서울에 살다가 1718년 식솔을 모두 데리고 화령으로 낙향했다는 기록이 보이는 것으로 봐서, 소재 문중에서 18세기 초까지는 과거 준비를 위해서라도 서울에 일정한 거처를 마련하고 있었을 것으로 본다. 이는 소재종가의 흥망성쇠와 관련된 것으로, 1728년 무신란이 일어난 뒤 영남이 반역향叛逆鄕으로 낙인찍혀 남인의 중앙 진출이 어려워진 정황과 연결되어 있다. 그 전에는 과거 응시를 위해 꾸준히 상경했을 것이므로 서울 집이 필요했을 것이다.

노대해와 광주이씨 정선 군수 호약好約의 딸 사이에서 태어난 노도형盧道亨(1571~1615)은 자가 백가伯嘉이고 호는 추담秋潭이다. 1596년 음사로 벼슬길에 나아가 보안 찰방保安察訪 · 예빈 직장禮賓直長 · 한성 참군漢城參軍 · 지례 현감知禮縣監 등을 지냈다. 현감 임기를 마치고는 다시 주부 · 군기령 · 평시서 령을 지내고 예천 군수가 되었다. 고을살이를 할 때는 청렴하고 엄격하게 정사를 행하였다. 군수 임기를 1년 앞두고 교활한 백성이 찾아와서 부당한 요구를 하기에 들어주지 않았다. 그러자 그 백성이 이를 빌미로 자신을 해치려 하자 벼슬을 버리고 돌아왔다. 임진왜란 시 선조를 호종한 공으로 원종공신에 책록되어 가선대부 이조 참판에 증직되었다. 45세로 서울에서 병사하자 화령 선영이 아닌 상주 낙서로 반장하여 묻혔다.

그 후 부인 해주최씨(1570~1639)는 남편 사후 8년 만에 맏아들 석명(1592~1622)이 31세로 요절한 것을 두고 지관이 낙서의 묘 터가 좋지 않기 때문이라고 한 말을 들었다. 그래서 임종 시에 여러 아들에게 낙서에 있는 묘를 이장할 것을 유명으로 남겼다. 그리하여 1639년 노도형의 묘를 중모현 감악촌으로 이장하였다.

노도형의 외가인 광주이씨는 충주에 세거해 온 명족이다. 소재는 이연경의 사위가 된 후 한동안 충주에 거주하며 학문을 익혔으며, 문과에 장원하여 벼슬길에 나가 을사사화로 유배를 당하기 전까지는 충주를 근거지로 하여 서울을 내왕하였다. 또한 진도에서 괴산으로 이배된 것도 처향인 충주와 가까운 거리에 있다는 점이 작용한 것이다. 어찌 되었든 화령의 광주노씨와 충주의 광주이씨가 17세기 이후로 매우 친밀한 척의戚誼를 이어 갔음은 의심할 바 없다. 따라서 양대에 걸쳐 처변妻邊(처가인 광주이씨가)에서 상속 받은 전택田宅이나 노비가 있었을 것이다. 특히 전택의 경우, 주로 충주나 괴산 일대에 산재해 있었을 법한데, 문건이 없어 구체적인 정황을 알 수 없다. 노계원의 문집에 충주에 '옛집'(舊家)이 있었다는 기록이 간혹 보이는 것이나 노성도盧性度(1819~1893)가 괴산으로 이거한 것도 이 같은 정황과 연관되어 있지 않을까 한다.

화령의 광주노씨는 노도형으로부터 종가의 기틀이 마련되었다. 그리고 다음 노석명 형제 대에 이르러 소재의 정신을 잇는 노력이 이어져 가문 전통을 형성해 가지 않았을까 한다. 다만 중간에 계후한 종손이 많았으므로 가문의 전통을 계승하는 데 어려움이 많았을 것으로 짐작된다.

【소재종가의 종손 승계】

수신守愼(1세) → 대해大海(2세, 생부: 克愼) → 도형道亨(3세) → 석명碩命(4세) → 사영思永(5세) → 하서夏瑞(6세, 생부: 思兼) → 계업啓業(7세) → 식문式文(8세, 생부: 悌元) → 광석光奭(9세, 생부: 儀文) → 여경輿敬(10세) → 성만性萬(11세) → 재찬載瓚(12세, 생부: 性玉) → 헌구憲九(13세) → 병학炳學(14세, 생부: 應九)

【종손 계후 양상】

1차 계후: 극신의 제2자

2차 계후: 대해—도형—경명—사겸—하서

3차 계후: 대하—도립—순명—사필—하순—제원—식문

4차 계후: 대하—도립—순명—사필—하순—제원—의문—광석

5차 계후: 대해—도형—경명—사제—하행—두원—술문—광정—무경—성옥—재찬

6차 계후: 대해—도형—경명—사제—하행—두원—술문—광정—무경—성옥—재찬—응구—병학

이처럼 소재의 직계 종후손 13인 중 절반에 가까운 6인이 양자를 들여 후사를 이었다. 그중 노경명의 후손에서 출계한 이가 절반이고 나머지는 후재 노극신 집안에서 들어왔다. 종가의 전통 계승 의지는 사당과 유물을 수호하는 데서 구체화될 것이므로 구체적인 논의는 다음 장에서 이어 가기로 한다.

제2장 소재종가의 역사

1. 소재 노수신의 생애

소재 노수신은 1515년 윤4월 16일 한양의 남부 낙선방樂善坊 건천동乾川洞에서 태어났다. 건천동은 현재 서울 중구 인현동 1가 40번지 부근에 있던 마을이다. '건천동' 은 건천乾川(마른내)이 흘렀기에 붙여진 이름이다. 비가 오지 않는 날에는 바닥이 금세 말라붙었고 비가 내리면 다시 냇가로 변했다고 한다. 건천동은 정인지 · 김종서를 비롯하여 허균 · 허봉 · 이순신 · 원균 · 류성룡 등등 이름난 인물이 많이 탄생하거나 거주한 곳으로 유명하다.

1) '수신'이란 이름과 '과회'라는 자

소재의 이름은 '수신守愼'이다. 필시 조부나 부친이 지어 주었을 것이다. 소재의 자字는 '과회寡悔'이다. 자는 약관이 되어 상투를 틀어 올릴 때 어른으로부터 받는 것이 상례이다. 자를 짓는 방법은 여러 가지가 있지만 이름에서 한 자를 뽑아 두 자로 부연하는 것이 관례이다. 소재의 문집에는 이름과 자에 대한 이야기가 전혀 없다. 다만 그가 진도 유배 시절 우거하고 있던 집을 '소재穌齋'라고 이름 하고 나중에 그의 호로 삼은 것은 분명하다. 소재 이외에도 노수신은 이재伊齋·암실暗室·여봉노인茹峰老人 등의 호를 사용했다고 한다.

소재는 총명을 타고 난 사람이다. 아마 그래서 이 '총명'과 연관된 이름과 자가 지어진 것이 아닐까 한다. 『논어』의 「위정爲政」편에 이런 구절이 나온다.

> 자장子張이 봉록俸祿 구하는 것을 배우려 하자, 공자가 이르기를, "많이 들어서 의심나는 것은 빼 버리고 그 나머지를 신중히 말하면 허물이 적어지고, 많이 보아서 미안한 것은 빼 버리고 그 나머지를 신중히 행하면 뉘우침이 적어진다. 말에 허물이 적고 행실에 뉘우침이 적으면 봉록이 그 가운데 있느니라" 하였다.

多聞厥疑, 愼言其餘, 則寡尤, 多見闕殆, 愼行其餘, 則寡悔.
言寡尤, 行寡悔, 祿在其中矣.

『논어』 원문에 '신언愼言' 과 '신행愼行' 이 보이고, '과우寡尤' 와 '과회寡悔' 가 보인다. 이름 '수신' 은 '신' 을 지키라는 뜻인데, 말을 삼가는 '신언' 과 행동을 삼가는 '신행' 을 가리킨다. 그렇게 하면 삼가는 것을 지키는 것이 된다. 자 '과회' 는 '수신' 했을 때 나타나는 결과를 말한다. 이름의 '신' 자를 부연해서 표덕表德(그 속성을 드러냄)한 것이다. 이름과 자가 의미하는 방향으로 소재의 삶이 이어졌는지는 앞으로의 논의를 통해 알아볼 일이다. 소재는 『논어』를 2천 번 읽었다고 한다. 아마 자신의 이름과 자가 『논어』에서 유래했다는 점에서 『논어』에 대한 사랑이 극진했던 것 같다.

2) 충주사림, 광주이씨 이연경의 딸과 혼인하다

17세에 충주의 유명한 사림학자 탄수灘叟 혹은 용탄자龍灘子라고 부르는 이연경李延慶(1484~1548)의 딸을 아내로 맞았다. 그리고 충주로 가서 살면서 이연경을 스승으로 모셨다. 필자는 소재의 생애를 검토하면서, 문득 소재가 이연경의 광주이씨 집안과 혼반관계를 맺지 않았다면 어떻게 되었을까 하고 생각해 본 적이 있다. 소재의 삶은 이연경 집안의 부침과 연계되어 있다고 믿기 때문이다. 을사사화와 양재역벽서사건에 연루되어 장기간 유배에 처해진 것이나 진도 유배지에서 을묘왜란에 살아남을 수 있었던 것, 그리고 선조 즉위 후 바로 홍문관 교리로 복관할 수 있었던 것은 모두 광주이씨 집안의 성쇠와 긴밀하게 연결되어 있었던 것이다. 이 글에서 이연경과 광주이씨 집안에 대해 조금 상세하게 다루는 이유도 거기에 있다.

이연경은 충청도사인 이수원李守元의 아들로 태어나, 8세에 김굉필의 문하에서 경전과 행실을 익혔다. 이조 판서와 판중추부사를 역임한 이세좌李世佐(1445~1504)는 이연경의 조부인데, 일찍이 형방승지刑房承旨로 있을 때 성종의 명을 받들고 연산군의 모친 폐비 윤씨에게 사약을 전달한 적이 있었다. 추후에 연산군이 왕이 되자 이를 죄목으로 삼아 1503년 이세좌를 함경도 온성으로 유배 보냈다. 이연경은 20세의 나이로 조부를 따라 유배지에 가서 온갖 고생을 다했다. 이듬해(1504) 조부가 잠시 석방되어 서울로 돌아왔으나 얼마 후 다시 거제도로 귀양을 가게 되었다. 그때도 이연경은 조부를 모시고 가다가 광주 수종강 가에서 연산군이 보낸 형리에게 체포되어 해남으로 유배되었다. 이른바 갑자사화에 연루된 것이다. 이때 사촌 아우인 이윤경李潤慶(1498~1562), 이준경李浚慶(1499~1572) 형제도 6~7세의 어린 나이로 괴산에 유배되었다. 조부 이세좌는 거제로 유배 가는 도중 곤양에서 연산군의 명으로 목매어 자결했다.

이연경은 해남 유배지에서 오로지 학문에 몰두했다. 1506년 중종 즉위와 동시에 석방되어 다시 충주로 돌아가 우거했다. 그는 초기 기호사림의 한 사람이었다. 정암靜庵 조광조趙光祖(1482~1519) 등 당대의 이름난 선비들과 교유했다. 사마시에 합격한 후 천거로 선릉 참봉이 되었고 1519년 현량과에 급제하여 교리를 역임했다. 한때는 조광조를 재상으로 추천하기도 했다. 기묘사화가 일어나 조광조 일파로 지목되어 탄핵을 받았으나 중종이 그의 이름을 죄인 명부에서 삭제하여 화를 면했다. 이후 충주 용탄 부근인 토계에 은거하여 이자李耔(1480~1533), 김세필金世弼(1473~1533) 등과 소요하며 지냈다. 나중에 이조 판서로 추증되었다. 소재는 이연경에게서 『소학』을 익혔다. 그로부터 학문하는 방향을 들어 알게 되었고 날마다 『소학』을 외우며 행실을 닦았다.

충주사림과 광주이씨에 대해 부연설명이 필요하다. 이연경의 선대가 충주와 인연을 맺은 것은 그의 증조부인 이극감李克堪(1427~1465)이 당대 충주지역 문벌인 충주최씨와 혼인을 하면서 시작되었다. 이극감은 중앙정계에서 은퇴한 뒤 처향인 충주로 이주했다. 이극감은 세조조 공신으로 형조 판서를 역임한 훈구계 인물이었다. 이극배李克培(1422~1495)와 이극감 형제는 세조 즉위에 참여하여 좌익공신에 올랐고, 이극증李克增(1431~1494)이 예종조 익대공신과 성종조 좌리공신에 참여했다. 광주이씨는 재상급 인물도 많이 배출했다. 세조조에 이인손李仁孫(1395~1463)이 좌의정에 올랐고, 성종조에는 이극배가, 연산군조에는 이극균이 상신이 되었다. 광주이씨는 다수의 문과 급제자와 공신·상신을 배출함으로써 명실상부한 명족의 지위를 확보하게 되었다.

세조조에 충주에 정착한 광주이씨는 갑자사화를 전후하여 크고 작은 화를 많이 입었다. 갑자사화가 일어나자 이연경의 종조부 이세걸李世傑은 명나라에서 돌아오자마자 참형을 당했고, 종증조부 이극균李克均도 참화를 입었으며, 이세광李世匡·이수공李守恭 부자도 죽음을 당했다. 뿐만 아니라 이연경의 아버지 4형제가 모두 한날 죽음을 맞아야 했다. 중종반정 이후에 광주이씨의 후예들은 점차 사림들과 현실의식을 같이하게 되었다. 이연경과 그의 6촌인 이약수李若水(1486~1531)·이약빙李若氷(1488~1547) 형제는 모두 기묘사화 이후 충주로 낙향했다. 명종조에 들어와서 다시 1545년 을사사화와 1547년 양재역벽서사건(정미사화)으로 죽음을 당하거나 고초를 겪었다. 이어서 이약빙의 아들과 제자들이 연루된 충주옥忠州獄(이홍윤 옥사)이 1549년에 일어나, 충주 고을 전체가 텅 비었다고 할 정도로 사림의 타격이 심했다. 충주옥은 소윤이 대윤 잔당을 소탕하는 마지막 무옥이었다. 명종조에 박해를 받던 충주사림은 선조 즉위 후 신원되었고 중앙정계에 진출하여 사림정치를 선두에서 이끌었다.

충주사림은 광주이씨가 주축을 이루는 가운데, 기묘사화 이후 낙향한 이자와 김세필이 새로 우거해 들어왔다. 당시에 충주 박씨인 박상朴祥(1474~1530)이 충주 목사로 있으면서 이들과 교유했고, 김안국金安國(1478~1543)은 충주와 뱃길로 맞닿아 있는 여주에 정착하여 이들과 자주 접촉했다. 양명학을 가장 먼저 받아들여 토론했던 공간도 충주였다. 후일 소재가 양명학에 개방적 태도를 취한 것도 젊은 시절 충주의 학문 분위기에서 영향을 받았기 때문이다. 이른바 길재에서 김종직, 김굉필, 조광조로 내려오는 사림파의 도학정신이 이연경을 통해 소재를 비롯한 이준경, 강유선, 심건 등에게 전수되었다고 볼 수 있다.

필자는 소재의 유적을 답사하는 가운데 이연경의 묘소를 잠시 둘러본 적이 있다. 충북 괴산군 불정면 삼방리 연지에 가면 이광악 장군 묘소 좌측 상단으로 이연경의 묘소가 보인다. 「홍문관 교리 이공 묘갈명弘文館校理李公墓碣銘」은 퇴계 이황이 지었는데, 돌에 새긴 지 450여 년이 흘러 글자를 거의 판독할 수 없었다. 손으로 더듬어 간신히 흐릿하게 드러난 몇 글자를 연결해 보고서야 이황의 글임을 확신할 수 있었다. 또한 고려 초의 것으로 추정되는 아담한 삼방리 삼층석탑에 이웃한 삼방연지길 47-8에는 탄수 이연경의 종가(종손 이주백)와 2009년에 완공을 본 문효사文孝祠가 있다. 괴산군 불정리는 조선시대 충주 관할 지역이었다. 문효사는 이극감(문경공), 이세좌(광양군), 이연경(정효공), 이광악(광남군)을 모신 불천위 사당이다. '화산문華山門'이라 편액한 솟을삼문을 중심으로 빙 둘러 담장이 쳐 있고 그 안에 문효사가 자리하고 있다. 필자가 문효사에 갔을 때, 차종부가 나와 『문효사 중건文孝祠重建』이란 책자를 건네면서 질문에 답해 주었다. 광주이씨도 이제 지난 역사의 오욕을 극복하고 새로운 중흥을 위해 힘을 모으고 있음을 느낄 수 있었다.

3) 3장 장원으로 문과에 급제한 뒤 벼슬길로 나가다

소재는 1534년(20세, 중종 29)에 사마司馬 양시兩試 즉 생원시와 진사시에 모두 합격한 뒤 대과 준비에 여념이 없었다. 그런 가운데 1541년(27세) 회재晦齋 이언적李彦迪(1491~1553)이 서울에 왔다는 소식이 들렸다. 소재는 먼저 서면으로 폐백을 갖추어 제자의 예를 올린 뒤 찾아뵈었다. 그 자리에서 소재는 『심경부주心經附註』에 대해 질문하면서 마음을 보존하는 방법인 '존심법存心法'을 깨우쳤다. 소재가 '존심'의 요체를 물었다. 그러자 이언적이 손바닥을 보이면서 가리켜 말했다. "물건이 이 안에 있는데 꼭 쥐면 깨지고 쥐지 않으면(놓아두면) 잃어버린다." 이 말을 들은 소재는 기뻐하며 말하기를, "이것은 망조忘助의 이명異名입니다"라고 했다. 여기서 소재가 말한 '망조'는 『맹자』에서 이른바 '물망물조장勿忘勿助長'의 준말로, 항상 마음속에 간직하여 잊지도 말며 빨리 이룩하려고 서둘지도 말라는 뜻이다. 이 일이 있은 후 소재의 마음속에 이언적은 영원한 스승으로 남게 된다.

1543년(29세, 중종 38)에 치러진 문과고시에서 3장(초시 · 회시 · 전시) 장원으로 급제하여 벼슬길에 올랐다. 처음에는 성균관 전적으로 있다가 수찬으로 옮겼고, 1544년(30세)에 세자시강원 사서司書가 되어 205일 동안 세자(훗날의 인종)를 모시며 강론했다. 이어서 병조 좌랑을 거쳐 다시 수찬이 되어 사가독서를 했다. 이때 홍문관 응교로 독서당을 출입하던 퇴계 이황과 만나 상호 관심사를 교환했다. 1545년(31세)에는 사간원 정언이 되어 우의정 이기를 탄핵하여 파직시킨 뒤 이조 좌랑이 되었다. 그런데 그해 7월에 인종이 승하하고 명종이 즉위했다. 다시 이기의 세상이 돌아온 것이다.

이 글에서는 을사사화 이후의 행적은 『연보』를 통하여 일별하고 유배 시절 이야기를 몇 가지 덧붙이는 것으로 그친다. 그 밖에 소재의 학문이나 문학 세계는 추후에 평전을 쓸 때 구체적으로 다루기로 한다. 『연보』 작성을 위해 소재의 문생인 죽간竹磵 강복성康復誠(1550~1634)이 엮은 『연보』, 상주 출신 창석蒼石 이준李埈(1560~1635)이 쓴 「행장」, 미수眉叟 허목許穆(1595~1682)이 찬술한 「신도비명」, 『조선왕조실록』과 야사, 『소재집』의 관련 기록, 한국고전번역원의 「소재집 해제」 등을 참고했다.

【소재 노수신 연보】

서력	왕력	간지	세	내용
1515	중종 10	을해	01	윤4월 16일 한양의 남부 낙선방樂善坊 건천동乾川洞에서 태어나다.
1531	— 26	신묘	17	충청도 충주의 사림 이연경李延慶의 딸과 혼인하다.
1534	— 29	갑오	20	사마시에 응시하여 생원 및 진사에 모두 합격하다.
1539	— 34	기해	25	4월 18일~6월 11일, 풍악산楓岳山을 유람하고 유산록遊山錄을 남기다.
1541	— 36	신축	27	서울에서 이언적李彦迪을 찾아가 존심법存心法에 대해 묻다.
1543	— 38	계묘	29	문과에 장원급제하다. 초시, 회시, 전시에 모두 장원하다. 성균관 전적이 되었다가 수찬으로 옮기다.
1544	— 39	갑진	30	1월, 세자시강원 사서司書가 되다. 205일 동안 재임하며 세자(훗날의 인종)에게 강론하다. 병조 좌랑을 거쳐 9월에 수찬이 되어 사가독서하다. 홍문관 응교로 독서당을 출입하던 퇴계 이황과 만나 교유하다.
1545	인조 01	을사	31	1월, 사간원 정언이 되다. 우의정 이기李芑를 탄핵하여 파직시키다. 이조 좌랑이 되다. 7월 인종이 승하하고 명종이 즉위하다. 9월, 을사사화乙巳士禍가 일어나자 이조 좌랑에서 파직되어 충주로 돌아가다.
1546	명종 01	병오	32	2월 24일, 조부 노후盧珝의 상을 당하다.
1547	— 02	정미	33	3월, 전라도 순천으로 유배되다. 윤9월, 양재역벽서사건良才驛壁書事件에 연루되어 전라도 진도로 배소가 옮겨지다. 19년 진도 귀양살이가 시작되다. 진도 배소에서 『갑진서연강의甲辰書筵講義』를 수정하다.
1548	— 03	무신	34	봄, 권벌權橃을 곡哭하다.

				늦봄, 장편고시 「옥주이천언沃州二千言」을 완성하다. 겨울, 장인 이연경을 곡하다.
1549	— 04	기유	35	이홍윤 옥사에 희생된 강유선康惟善을 곡하다.
1551	— 06	신해	37	송나라 진백陳栢이 지은 「숙흥야매잠夙興夜寐箴」을 주해註解하다.
1552	— 07	임자	38	진도 유배지에서 초가삼간을 짓고 주자의 "내가 내 글을 읽으니 마치 병이 낫는 듯하다"(我讀我書如病得穌)라는 글을 인용하여 '소재穌齋'라 편액하다.
1555	— 10	을묘	41	두 조카 대하大河와 대해大海를 위해 『자훈字訓』과 『동몽수지童蒙須知』를 주해해서 주다. 5월 11일, 을묘왜변乙卯倭變이 일어나다. 왜구를 피하여 광주光州로 잠시 나왔다가 다시 진도로 들어가다. 5월 13일부터 7월 19일까지 2개월여 동안 피난 과정을 47수의 한시로 기록하여 「피구록避寇錄」에 갈무리하다.
1556	— 11	병진	42	「세모에 장난삼아 쓰다」(歲暮戲題)란 율시 1수와 「제야에 흐느끼며 쓰다」(除夜泣書)라는 율시 1수를 남겨 10년 유배살이의 회포를 풀어내다.
1558	— 13	무오	44	3월, 이황과 「숙흥야매잠」에 대해 논하다.
1559	— 14	기미	45	「인심도심변人心道心辨」을 짓다.
1560	— 15	경신	46	2월, 김인후金麟厚를 곡하다.
1561	— 16	신유	47	종표숙從表叔인 이항李恒과 '인심도심설'을 논하다.
1562	— 17	임술	48	「집중설執中說」을 짓다.
1563	— 18	계해	49	노진盧禛, 김계金啓 등과 '인심도심설'을 논하다.
1564	— 19	갑자	50	진도 군수 홍인록洪仁祿에게 박대를 받다.
1565	— 20	을축	51	나사율羅士慄, 김천일金千鎰 등과 '인심도심설'을 논하다. 4월, 문정왕후가 서거하다. 윤원형 등 소윤세력이 제거되다.

				12월, 충청도 괴산槐山으로 양이量移되다.
1566	— 21	병인	52	윤주尹澍와 '비은費隱' 에 대하여 논하다.
1567	— 22	정묘	53	6월, 명종이 승하하고 선조가 즉위하다. 10월, 대신 이준경李浚慶 등의 계청으로 석방되다. 을사사화로 유배 당했던 류희춘柳希春 등과 함께 복관되어 홍문관 교리가 되다. 12월, 어버이의 병환을 이유로 사직하고 낙향하다.
1568	선조 01	무진	54	3월, 홍문관 직제학 겸 예문관 응교가 되다. 4월, 조광조의 영의정 추숭追崇을 실현시키다. 홍문관 부제학이 되다. 7월, 대사간에 제수되었다가 곧이어 다시 부제학이 되다. 9월, 충청도 청주 목사가 되다. 10월, 충청도 관찰사가 되다. 『숙흥야매잠해夙興夜寐箴解』를 올리다. 선조가 교서관에 내려보내 간행토록 명하다. 11월 8일, 부친상을 당하다. 상주 화령으로 내려가다.
1569	— 02	기사	55	이황에게 상제례喪祭禮를 묻다.
1571	— 04	신미	57	1월, 이황을 곡하다. 2월, 대사간이 되다. 3월~4월, 선조의 명에 따라 화령으로 내려가 노모를 모시고 서울로 올라오다. 5월, 동지중추부사와 호조 참판을 거쳐 부제학이 되다.
1572	— 05	임신	58	2월, 이조 참판 겸 동지성균관사가 되다. 얼마 뒤 대사헌이 되다. 이조 참판이 되어 인성왕후仁聖王后 박씨가 묻힌 효릉孝陵에 치제관致祭官으로 나가다. 5월, 명나라 신종神宗이 등극하여 조서 반포를 위해 사신들이 왔을 때, 관반사館伴使로 활동하다. 7월, 이조 판서가 되다. 홍문관과 예문관의 대제학이 되다.

				11월, 『황화집皇華集』 서문을 짓다.
1573	— 06	계유	59	1월, 이황의 『심경후론心經後論』 간행을 요청하다. 2월, 우의정이 되다. 3월, 조식曺植을 곡하다. 6월, 대신들과 함께 조목趙穆, 이지함李之菡, 김천일金千鎰, 최영경崔永慶 등을 천거하다. 12월, 류몽학柳夢鶴, 기대정奇大鼎, 홍가신洪可臣, 류몽정柳夢井 등을 천거하다.
1574	— 07	갑술	60	3월 1일, 좌의정 박순朴淳이 병으로 물러나고, 영의정 이탁李鐸도 병으로 사직하자, 독상獨相을 하다. 6월, 윤원형의 앞잡이로서 사림을 해치고 발신發身한 김여부金汝孚 · 김진金鎭 · 이명李銘 · 임복林復 등과 같은 자들의 금고를 풀어 주고, 오래 폐기廢棄되어 있는 사람들을 발탁해서 임용하기를 청하다. 윤12월, 남언경南彦經과 '인심도심설'을 논하다. 『회재연보晦齋年譜』를 찬술하고 『회재집晦齋集』 서문을 짓다.
1575	— 08	을해	61	1월, 명종의 비인 인순왕후仁順王后(당시에는 대비)가 승하하자 좌의정 박순과 함께 백모白帽(흰색 모자)에 백대白帶(흰색 허리띠)를 하고 삼년상을 마치자는 의견을 제출하다. 7월, 유장儒將으로 박민헌朴民獻, 최응룡崔應龍, 최옹崔顒 등을 천거하다. 10월, 홍문관 부제학으로 있던 이이李珥와 상의하여 정치적으로 대립하고 있던 김효원金孝元과 심의겸沈義謙을 모두 지방관에 보임하도록 청하다.
1576	— 09	병자	62	3월, 이지함李之菡, 김찬金瓚 등을 장수將帥로 천거하다.
1577	— 10	정축	63	3월, 류희춘을 곡하다.

				5월, 을사사화에 죽은 류관柳灌 · 류인숙柳仁淑 · 윤임尹任 · 계림군桂林君의 직첩職牒을 회복시켜 달라고 청하다. 7월, 이항李恒을 곡하다.
1578	— 11	무인	64	10월, 총호사總護使가 되어 효릉孝陵 수리 공사를 감독하다. 11월, 좌의정이 되다. 12월, 조광조趙光祖 신도비명神道碑銘을 짓다.
1579	— 12	기묘	65	2월, 이자李耔 행장行狀을 짓다. 6월, 장인 이연경 묘지명墓誌銘을 짓다. 7월, 성운成運보다 먼저 이항李恒에게 증직할 것을 청하다. 백인걸白仁傑이 시사를 논한 소장 가운데 한 조목을 대신 기술하여 임금의 귀를 어지럽히려 했다는 이유로 사헌부와 사간원에서 이이를 탄핵하려 들자, 이이를 '군자'라고 하여 해쳐서는 안 된다고 하다.
1580	— 13	경진	66	11월, 선조가 병환이 나다. "사자嗣子(세자)를 잘 보필하라"는 명을 받고 "목숨을 걸고 시행하겠습니다"라고 하다.
1581	— 14	신사	67	2월, 이준경李浚慶 신도비명을 짓다. 9월, 모친상을 당하다. 뱃길을 이용하여 상주 화령으로 모친의 시신을 모시고 돌아가 부친 노홍盧鴻의 묘에 합장하다.
1583	— 16	계미	69	2월, 니탕개尼蕩介의 반란이 일어나다. 여진인女眞人 추장 니탕개가 주동하여 회령지방에서 반란을 일으켜 함경도 종성을 공격했다. 사세가 급박하여 병조 판서로 있던 이이가 임금에게 아뢰지도 않은 채 말을 바치게 하고 신역을 면제시켰으며, 임금의 부름을 받고 대궐에 나가다가 갑자기 현기증이 생겨 내병조內兵曹에서 지체한 적이 있었다. 8월 1일, 선조의 명에 따라 상중喪中에 복상卜相하는 선례를 남기다. 후보자로 정유길鄭惟吉, 류전柳坱, 박대립朴大立을 3망望

				으로 뽑아 올렸는데, 정유길이 낙점을 받아 우의정이 되다. 8월 28일, '계미삼찬癸未三竄' 이 일어나다. 송응개宋應漑 · 허봉許篈 · 박근원朴謹元 등이 앞서 니탕개의 난에 이이가 보여준 처사를 가지고 '일을 제멋대로 하고 주상을 무시하였다' 고 하여 평소에 서인을 두둔하던 이이를 탄핵했다. 선조는 이들을 간특하다고 하여 각각 회령 · 갑산 · 강계로 유배 보냈다. 이를 '계미삼찬' 이라고 한다. 11월, 좌의정이 되다. 선조는 정유길을 우의정에 임명한 뒤 좌의정 자리는 그대로 비워 두었다가 복服을 마치기를 기다려 다시 그 자리로 복귀시켰다.
1584	— 17	갑신	70	5월, 사직을 청하고 상주 화령으로 내려가다. 11월, 선조의 명에 따라 이발李潑 · 김우옹金宇顒 · 김홍민金弘敏 · 한준韓準 · 백유양白惟讓 · 윤선각尹先覺 · 김수金睟 · 정여립鄭汝立 등을 현재賢才로 추천하다.
1585	— 18	을유	71	5월, 영의정이 되다. 6월, 송응개 등 '계미삼찬' 의 석방을 요청하여 선조의 윤허를 받다. 7월, 문문산文文山, 방정학方正學, 정포은鄭圃隱 문집의 서문을 지어 올리다. 12월, 허엽許曄 신도비명을 짓다.
1586	— 19	병술	72	겨울, 서울 집에 정자를 지어 십청정十青亭이라 편액하다. 당시 도성의 명사들에게 십청정 시를 청해 받아 첩을 만들다. 11월, 자신의 생평을 기록한 「자명自銘」을 짓다.
1588	— 21	무자	74	12월, 판중추부사가 되다.
1589	— 22	기축	75	5월, 치사致仕를 청했으나 허락받지 못하다. 9월, 일본의 사신 겐소(玄蘇)가 통신通信을 요청하자 "천하에

				악은 똑같은 것이다. 도요토미 히데요시(豊臣秀吉)는 임금을 시해하였으니 의리상 사귈 수가 없다"고 반대하다. 10월, 기축옥사己丑獄死가 일어나다. 박충간朴忠侃·한응인韓應寅·이축李軸 등이 정여립의 모반을 아뢰었다. 황해도 관찰사, 재령 군수 등이 그가 대동계 사병을 이끌고 도성으로 와서 선조를 몰아내고 왕위를 차지하려 한다고 고변하였다. 선조는 정여립을 체포하도록 했다. 정여립은 토굴에서 자결했다. 정철鄭澈이 우의정에 올라 '정여립모반사건'을 다스렸다.
1590	— 23	경인	76	3월 12일, 같은 해 태어나 60여 년을 해로한 정경부인貞敬夫人 광릉이씨廣陵李氏 상을 당하다. 3월 19일, 정여립을 천거했다는 이유로 삼사三司가 삭탈관직을 청하여 파직되다. 4월 7일, 서울 집에서 향년 76세로 세상을 떠나다. 7월 10일, 화령현化寧縣 원천리遠川里 선영에 먼저 떠난 부인과 함께 묻히다.
1602	— 35	임인	—	조카 노대하盧大河가 천안天安에서 문집을 목판으로 최초 간행하다. 진도사림이 봉암사鳳巖祠를 세워 제향하다.
1610	광해 02	경술	—	3월, 선조의 묘정廟庭에 배향할 공신을 정했는데, 이준경과 이황이 들어가고, 노수신과 류성룡은 선조先朝 때 '시종始終을 보전하지 못했던 사람'(不能保全終始之人)이라는 이유로 배향되지 못하다.
1613	— 05	계축	—	충주사림이 계탄서원溪灘(八峰)書院에 추향하다.
1616	— 08	병진	—	상주사림이 도남서원道南書院에 추향하다.
1622	— 14	임술	—	괴산사림이 화암서원花巖書院에 제향하다.
1624	인조 02	갑자	—	문도 강복성康復誠이 성주星州에서 주자鑄字로 문집을 중간重刊

				하다.
1665	현종 06	을사	—	증손 노경명盧景命이 봉화奉化에서 목판으로 문집을 삼간三刊하다.
1679	숙종 05	기미	—	8월 4일, '문의文懿' 란 시호가 내려지다.
1693	— 19	계유	—	9월 5일, '문간文簡' 으로 시호가 고쳐지다.
1771	영조 47	신묘	—	문집속록文集續錄을 만들고 삼간본에 합편하다.
1933	—	계유	—	상주 유림이 삼간본의 판목을 보완하여 봉산서원에서 다시 찍어내다.
1988	—	무진	—	여강출판사에서 『소재문집』을 영인影印하다.
1990	—	경오	—	민족문화추진회에서 『소재문집』을 한국문집총간 제35책으로 표점 · 영인하다.
1991	—	신미	—	광산노씨 경평공파 종친회에서 『대학장구』와 『정사수록呈辭手錄』에 「십청정시」(번역)를 부록한 『소재속집穌齋續集』을 간행하다.

2. 소재의 유배 시절 이야기들

1) 을사사화로 파직되어 충주로 돌아가다

1545년 9월, 마침내 을사사화乙巳士禍가 일어나고 말았다. 을사사화는 왕실의 외척인 대윤大尹과 소윤小尹의 반목과 대립으로 인해 다수의 사림이 입은 화난이다. 중종의 첫 번째 계비 장경왕후 소생 세자 호岵(인종)와 두 번째 계비 문정왕후 소생 경원대군(명종)을 둘러싸고 세자의 외숙인 윤임尹任(1487~1545, 대윤)과 경원대군의 외숙인 윤원로尹元老(?~1547) · 윤원형尹元衡(?~1565, 소윤)이 서로 반목하고 대립했다. 그 결과 인종이 재위 8개월 만에 승하하고 명종이 12세에 어린 나이로 즉위하자, 윤원형을 비롯한 정순붕鄭

順朋(1484~1548)과 이기李芑(1476~1552) 등은 윤임을 비롯한 반대 세력을 무고誣告하여 대대적인 숙청을 가했다. 소재의 탄핵으로 파직당했던 이기의 천하가 되었으니 소재가 무사할 리 없는 것은 불보듯 뻔했다. 10월 7일, 취향이 올바르지 않아 사특한 논의를 잘 내므로 다시 조정의 반열에 두어서는 안 된다는 양사의 지적을 받아 삭탈관작당했다. 이때 소재는 이조 좌랑에서 파직 당해 처가가 있는 충주로 내려갔다.

『실록』에서 사관은 "이조 좌랑 노수신은 나이 29세에 장원급제 하여 청요직淸要職을 두루 역임하였다. 성질이 영특하고 명민하며 학문에 힘써 규구規矩로써 몸을 단속하였으므로 포의布衣 때부터 큰 명망이 있었다. 그의 의론은 한결같이 바른 데 근거하였으므로 사인 정황丁熿(1512~1560)과 더불어 시속時俗에서 매우 꺼리는 바가 되었다. 이때에 이르러 정원鄭源(1495~1546) 등과 함께 배척을 당하니 식자들이 애석하게 여겼다"라고 썼다.

2) 순천 유배길에 오르다

1545년(31세) 9월 이후로 소재는 서울 집을 비우고 충주 처가에서 칩거해 있다가 화령으로 내려가 정세를 관망하고 있었던 것 같다. 그러던 중 1546년 2월 24일 서울에 있던 조부 노후가 병으로 세상을 떠난다. 소재는 조부의 임종 소식을 화령에서 접한 듯하다. 조부의 시신은 9월 7일 화령 원천遠川에 묻힌다. 조부의 상을 당했으니, 소재는 12개월 동안 상복만 입고 지팡이를 짚지 않는 '부장기不杖朞' 복을 입었을 터이고, 그렇다면 1547년 2월쯤 상복을 벗었을 것이다.

1547년(33세) 3월, 상복을 벗은 그에게 찾아온 것은 행장을 갖추고 빨리 전라도 순천順天으로 떠나라는 유배 명령이었다. 3월 14일 양사에서 "노수신과 정황은 본래 못나고 망령된 사람인데, 헛된 칭예稱譽를 내세우며 부박浮薄한 무리를 고무 선동하여 식견 있는 주위 사람들로 하여금 감히 말을 꺼내지 못하게 하여 사습士習의 궤격詭激함을 빚어내어서 시사時事를 분란紛亂하게 하기에 이르렀습니다. 아울러 멀리 유배시키소서" 하니, "노수신과 정황의 일은 아뢴 대로 하라"는 명종의 비답이 내려왔다.

3) 정미사화로 배소가 진도로 옮겨지다

그해 9월이 되자 부제학 정언각과 선전관 이로가 경기도 과천의 양재역에서 '여왕이 집정하고 간신 이기 등이 권세를 농락하여 나라가 망하려 하니 이것을 보고만 있을 수 있는가' 라는 익명의 벽서를 발견하여 명종에게 보고했다. 윤원형은 이를 윤임의 잔당이 남아 있기 때문에 생긴 것이라고 하여, 문정왕후에게 그 잔당 세력을 척결할 것을 간언했다. 그로 인해 예전에 윤원형을 탄핵하여 삭직시켰던 규암圭庵 송인수宋麟壽(1499~1547)와 윤임과 혼인관계에 있던 이약빙, 대윤일파로 몰려 절도안치絶島安置되었던 임형수林亨秀(1514~1547), 그리고 김명윤金明胤의 무고로 강원도 평창에 유배 중이던 봉성군鳳城君(중종의 서자 완) 등이 사사되고, 소재를 비롯하여 권벌權橃(1478~1548) 등 20여 명이 유배에 처해졌다.

이처럼 윤원형 일파가 저지른 정적숙청으로 인해 당시에 유명한 사류들이 다수 화를 입었다고 해서, 역사에서는 이를 '정미사화丁未士禍'라고 한다. 명종은 9월 19일, "노수신 · 정황 · 류희춘 · 김난상은 절도안치하라"는 교서를 반포한다. 양재역벽서사건으로 죄가 한층 가중되어 진도로 배소가 옮겨진 것이다. 그리하여 마침내 19년의 유배살이가 시작되었다.

진도의 금골산. 평야 중간에 솟아 있는데, 소재가 배소를 오가며 바라보던 산이다.

4) 19년의 진도 유배살이가 시작되다

1546년 9월 소재는 나룻배에 의지하여 진도로 귀양길을 가고 있었다. 그러던 중 평소 그를 흠모하여 유배길까지 따라온 해남 사람 심두沈豆로부터 위로의 술잔을 받는다. 그리고 "주고받는 정담은 단란하건만, 애타는 마음은 속절없이 철석간장을 녹이는구나. 이 몸은 장차 어이 될런지 알 길 없는데, 남녘 바다 저 물만은 넓기도 하고나"(只作團欒語, 空摧鐵石腸, 此生終未卜, 南海水洋洋)라는 시로 착잡한 심경을 읊어 그에게 작별을 고했다.

소재가 나룻배로 건넌 곳은 예나 지금이나 물결이 거칠기로 이름난 명량해협, 일명 울돌목이다. 훗날 1597년(선조 30) 9월 정유재란 때 충무공 이순신이 불과 12척의 낡은 배로 왜적의 대부대를 수장시킨 그 유명한 명량대첩을 거둔 바로 그곳이다.

벽파정 부근에 세워진 '이충무공 벽파진 전첩비' 소전 손재형의 글씨이다.

화원반도의 나루터 삼지원三支院(해남군 황산면 삼호리)에서 해협을 건너면 바로 진도 땅 벽파나루(碧波津: 진도군 고군면 벽파리)에 닿는다. 저쪽 화원반도가 바로 지호지간指呼之間이건만 옛날에는 울돌목 물살이 원체 거세어 육지 나들이에 불편이 많았다. 그러나 지금 벽파나루에는 돛단배 대신 수십 톤 급 여객선과 철선들이 무시로 들고 나고 승객을 태운 버스가 배에 실려 건너 포구에 닿는다. 소재가 시를 읊던 벽파정은 간 데 없고, 여전히 벽파나루 언덕 위에 소전素筌 손재형孫在馨(1902~1981)의 글씨를 새긴 '이충무공 벽파진 전첩비戰捷碑' 만 우뚝 서서 울돌목을 바라보고 있다.

5) 장편고시 「옥주이천언」을 완성하다

1548년(34세) 늦봄(3월), 소재는 장편고시 「옥주이천언沃州二千言」을 완성한다. '옥주沃州' 는 진도의 옛 이름이다. 「옥주이천언」은 1547년 9월 순천에서 진도로 이배되어 올 때 연도의 모습, 우수영을 거쳐 진도 배소까지 올 때까지의 모습, 배소에서의 생활상 등을 5언 4백 구로 노래한 것이다. 진도 사람들은 지금도 소재의 「옥주이천언」을 진도 유배문학의 백미로 꼽는 데 주저하지 않는다. 김광순 선생의 연구에 의하면, 문집에 수록된 소재의 한시는 모두 1,234제 1,509수인데, 그중 1,023수가 진도에서 지은 것이라고 한다. 또한 필사본으로 전하는 68제 78수 가운데 32수가 진도에서 쓴 시이다. 1천 50수나 되는 작품 가운데 어느 한 수도 처절한 유배 체험을 묘사하지 않은 것이 없을 것이나, 「옥주이천언」처럼 16세기 진도의 풍물과 사회상, 그리고 인정세태와 유배의 서정을 잘 그려낸 작품은 드물다.

6) 선배, 스승, 동문의 죽음을 통곡하다

지식인에게 귀양살이는 단절과 고독, 그리고 궁핍을 요구한다. 격리되어 있다는 단절감은 정보의 소통을 어렵게 하고, 가족과 떨어져 사는 데서 오는 고독은 우울증을 수반하며, 제한된 공급으로 의식주의 결핍은 인간의 욕망을 좌절시킨다. 그 가운데 가까운 피붙이나 사랑하는 이들의 부음은 한없는 심리적 고통을 자아내게 한다.

1548년(34세) 봄, 충재 권벌이 삭주朔州 유배지에서 병으로 죽고, 겨울에는 장인 탄수 이연경이 충주에서 세상을 떠났다. 1549년(35세)에는 동서이자 동문인 주천舟川 강유선康惟善(1520~1549)이 '이홍윤 옥사' 에 연루되어 죽음에 처해졌다. 그리고 을사사화 이후 출사를 단념하고 학문과 후학 양성에 전념하며 소쇄원, 면앙정, 식영정 등에서 문사들과 교유하며 호남시단을 지도해 오던 하서 김인후가 1560년(46세) 2월 운명을 달리했다.

그 가운데서도 '이홍윤 옥사' 에 어처구니없이 희생된 강유선의 죽음이 소재에게 끼친 충격은 너무나 컸다. '이홍윤 옥사' 는 윤원형과 이기 일파가 광주이씨를 비롯한 충주의 사족을 대대적으로 숙청한 무고사건이었다. 이홍남과 이홍윤 형제는 정미사화 때 대윤파로 몰려 죽임을 당한 이약빙의 두 아들로, 소재와 강유선의 장인인 이연경의 재종질再從姪이었다. 정미사화에 연루되어 영월에 유배되어 있던 이홍남이 1549년 4월 18일 귀양에서 풀려나기 위해 처남 원호섭과 동서 정유길에게 편지를 보내 친동생 이홍윤이 배광의 · 김의순 등과 역모를 꾸몄다고 승정원에 고변함으로써 '이홍윤 옥사'가 시작되었다.

당시에 이홍윤은 윤임의 사위로 소윤파의 견제를 받는 처지여서 진사시에 합격한 뒤 벼슬길에 나가지 않고 충주에서 학문에만 정진하고 있었다. 그런데 조정에 대해 비난하는 말을 했다고 하여 소윤파들에 의해 모반을 도모한다는 무고를 당했다. 5월 15일에는 좌승지 정언각이 '충주가 거의 역적의 소굴'이라 하여, 이홍윤은 다른 40여 명의 충주 선비들과 함께 처형되었다. 5월 21일에는 반역을 한 지역이라고 해서 충청도가 청홍도淸洪道로, 충주목이 유신현維新縣으로 강등되었다. 이때 이홍윤이 공사供辭(진술서)에서 강유선을 연루시켰다. 그로 인해 강유선이 역모사건에 개입한 것으로 되어 장살杖殺(매로 쳐서 죽임)되고 말았다. 선조대에 와서 충주목이 회복되고 피화된 이들이 모두 복권되었다.

충주옥사의 처리 과정을 기록한 1549년 5월 18일자 『실록』에는 "(1547년 9월) 이연경이 사위 노수신이 유배되는 화를 당한 것과 같은 마을에 사는 육촌인 죄인 이약빙이 사사된 것을 위로하기 위하여 여기女妓 15명과 공인工人 5명을 거느리고 각각 위로연을 열고 날마다 잔치하였다 합니다. 이는 반드시 연경이 모산수 등과 짐짓 위로연을 칭탁하고 몰래 비밀스런 일을 의논하여 노수신과 이약빙의 원수를 갚고자 한 것입니다"라는 진술이 보인다. 아마도 이연경은 정미사화로 온 집안이 쑥대밭이 되자 울분에 찬 나날을 보내다 세상을 떠난 것 같다.

젊은 시절 강유선은 재능 있고 정의로우며 용기 있는 청년이었다. 당시 성균관 좨주이던 송인수에게 문학적 재능을 인정받았을 뿐 아니라 1545년 성균관 유생들을 이끌고 상소하여 정암 조광조의 신원을 관철시킨 사람이었다. 소재는 진도 유배 19년 동안 죽은 강유선을 떠올리며 여러 차례 회상에 젖어 슬픔의 정한을 시를 통해 표출했다.

소재는 심건, 강유선과 동서 사이였는데, 심건의 아들 심희수를 아주 세밀히 살펴보고서는 자기 동생 노극신의 딸로 아내를 삼게 하였다고 한다. 따라서 심희수는 소재와 강유선 집안에 대한 일을 상세히 알고 있었다. 1612년(광해군 4) 3월 심희수는 이렇게 말하고 있다. "신의 이모부(외삼촌의 숙모부) 강유선이 기유년의 옥사에 부당하게 걸려서 2일 사이에 잇달아 2차의 형신을 받고 죽었습니다. 유선은 악惡을 미워하는 사람이었습니다. 신의 외할아버지 이연경은 기묘년에 교리가 되어 후진들을 많이 가르쳤으므로 가서 배우는 사람들이 많았습니다. 신의 아비와 신의 아비의 맏동서인 노수신도 같이 배웠습니다. 수신은 사람을 대하는 것이 야박하지 않았던 데 반하여, 유선은 한 번 그 사람의 불선한 것을 보면 일생토록 왕래를 하지 않아 마치 백이伯夷의 마음과 같았기 때문에 고장 사람들 또한 지나치다고 하였습니다." "기유년 이홍윤의 옥사 때 강유선 또한 체포되었는데 한마디도 하지 않고 죽었습니다. 엄한 형장을 맞으면서 거짓으로 자복한 사람들이 모두 유선도 안다고 했기 때문에 죽은 뒤에 적몰하는 전형典刑(사형)을 받게 된 것입니다. 그의 아들 강복성은 그때 나이가 어렸기 때문에 오랫동안 의정부의 노복으로 있다가 결국은 원한이 씻겼는데 이는 먼 옛날의 이야기입니다."

강유선이 장살당할 때 그의 부인 광주이씨의 뱃속에 아이가 자라고 있었다. 그 유복자가 바로 강복성이다. 강복성은 어려서부터 진도에 있던 소재를 어버이처럼 섬기며 충실한 문인이 되어갔다. 그리하여 강복성은 강유선과 노수신을 이어 이연경의 적통을 계승했고, 훗날 이들을 향사하는 팔봉서원八峰書院(충청북도 충주시 이류면 문주리)의 모든 일을 주관하는 위치에 서게 되었다.

사림의 선배, 장인과 동문의 죽음을 차례로 접하면서 단절된 섬에 고립되어 있던 소재가 할 수 있는 일은 망자를 애도하는 시편을 지어 조문을 대신하는 것뿐이었다. 소재는 유배 온 이래 강유선과 서신을 왕래하면서 육지 소식을 듣고 서로 시를 수창하는 것을 그나마 위안으로 삼고 있었다. 또한 강유선이 자신을 대신하여 스승 이연경을 잘 모실 것이라 믿어 안도하기도 했다. 실제로 강유선은 죽임을 당하기 전에 이연경이 세상을 떠나자 사위로서 장례를 주관했다. 그런데 그 강유선이 영원히 보지 못할 곳으로 떠나간 것이다. 그 슬픔은 단순한 상실을 넘어 절망으로 이어졌다. 강유선의 죽음 앞에서 소재는 이렇게 말했다. "하늘 향해 하소연할 길이 없고, 꿈에서 만나도 눈물이 난다."(籲天無從, 夢見覺泣)

7) 「숙흥야매잠」을 주해하다

1551년(37세) 송나라 진백陳栢(자: 茂卿, 호: 南塘)이 지은 「숙흥야매잠夙興夜寐箴」에 주석을 달아 풀이했다. 평소에 소재는 「숙흥야매잠」을 즐겨 외웠다. 외우면서, 늘 말의 뜻이 간절하며 학문의 큰 법도가 갖추어져 있어 학자들이 자세히 이해해야 하는데 그렇지 못한 현실을 개탄하곤 했다. 소재는 스스로 감히 한 자나 한 뜻도 새롭게 만들지 않았다고는 했으나 당시의 관념으로 보면 창작에 버금가는 작업을 수행한 것으로 평가된다. 『성학십도』를 비롯한 이황의 여러 저술이 대체로 선현의 저작을 재해석하고 재편집하는 데 집중된 것에서도 이 같은 상황을 짐작할 수 있다. 여하튼 소재의 주해서는 그 뜻이 정밀하고 분명하여 사림들이 다투어 전송傳誦함으로써 세상에 그의 이름이 더욱 알려지게 되는 결과를 가져왔다.

소재는 더 이상 문인들 사이에서 역량 있는 시인으로만 통하지 않게 되었다. 이 주해서로 인해 소재는 이황과 비견되는 탁월한 성리학자의 반열에 올라섰다. 당대의 권위자였던 이황이 이 주해를 보고 "유학의 도가 우리나라에서 끊어지지 않는 한 이 주해는 반드시 후세에 전해지리라"(斯道不亡於吾東, 則此解必傳於後世)라고 높이 평가함으로써 소재의 명성이 더욱 높아져 갔다. 한편 46세까지 이황과 편지를 왕복하여 토론을 계속함으로써 주해의 완성도를 높여 갈 수 있었다.

이 주해서는 소재의 학자적 명성을 높여 주었을 뿐 아니라 훗날 선조에게 중용되어 7년 만에 정승이 되는 계기로 작용했다. 선조는 왕위에 오르기 전에 사부師傅 형암炯菴 한윤명韓胤明(1537~1567)에게 배웠다. 한윤명이 경전의 뜻을 강론할 때에 늘 소재가 한 말을 들어 이야기했다. 선조는 노수신이 누군지 궁금증이 났다. "어떤 사람입니까?" 하고 물었다. 한윤명이 아뢰었다. "오늘날 큰선비인데, 그의 죄가 아닌 것으로 섬에 추방되었습니다." 이처럼 선조는 어려서부터 마음으로 소재를 존경하게 되었다.

소재가 유배에서 풀려 다시 등용되었을 때, 부모님 봉양을 위해 외직을 청하는 상소를 올렸다. 선조는 이렇게 답했다. "내가 전날 한윤명에게 「숙흥야매잠」을 배울 때, 윤명이 이것을 내게 가르치며 말하기를, '이것은 암실暗室 노수신의 주석입니다' 하였다. 내가 공경히 배우면서 비로소 경의 학문이 뛰어남을 알았다." 『승정원일기』에 보면, 실제로 선조는 이 『숙홍야매잠주해』를 '암실선생暗室先生'이 지은 것이라고 하면서 전부 암송하였다고 한다.

한윤명은 1566년(명종 21) 의금부 도사로 있던 중, 당시에 서울에서 이름난 선비로 알려져 왕손사부王孫師傅(선조가 세자로 있을 때)로 발탁되었다. 그는 양명학자인 남언경南彦經(1528~1594)의 처남으로 율곡 이이와는 도의道義로 사귀었다. 선조는 자신의 측근인 류성룡이 "왕양명의 학문은 배우면 해롭다"라고 말했을 때, "양명학을 하는 것이 전혀 배우지 않는 것보다 나을 것이다"라며 아쉬움을 토로한 바 있다. 선조가 양명학에 대해 호감을 가졌던 것도 사부였던 한윤명의 영향이 크게 작용한 탓이다. 한윤명이 양명학에 대해 관심을 가졌다면, 그 또한 그가 존경했던 소재로부터 일정한 영향을 받았다고 볼 수 있다.

소재는 진도에서 '리기일물理氣一物', '리기혼일理氣渾一'을 강조한 명나라 학자 나흠순羅欽順(1465~1547)의 『곤지기困知記』를 정독했다. 당시로서 최신의 저작이었던 『곤지기』는 양명학의 문제점을 지적하기 위한 책이었지만, '리기'를 나누어 보는 정통 정주학자들의 안목에 비추어 보면 이단적으로 인식되었다. 소재는 사실 주자학을 보다 정확히 인식하기 위한 방편으로 최신 자료인 『곤지기』를 입수해 읽었다.

『실록』 졸기에서 "그의 문장은 시詩에 가장 뛰어나 기발하고 정묘하여 일가견을 이루었으므로 한 편의 문장을 지어낼 적마다 사방의 학자들이 전송하였다. 그의 학문이 애초에는 매우 정밀하고 해박하여 유림의 촉망이 이황보다 앞섰었는데, 해도海島(진도)에 가 있으면서 나흠순의 『곤지기』를 추존하였고 인심人心·도심道心·집중執中 등의 설說을 자기 나름대로 지어 주자의 견해에 이론을 제기하자, 이황이 그르다고 하였다. 우리나라의 도학은 이황이 나옴으로부터 크게 밝혀졌다. 그런데 수신은 유독 육학陸學(주자와 동시대 인물인 육구연의 학문. 훗날 양명학으로 발전함)의 종지宗旨를 참작하여 사용하였는데, 후인들이 더러는 추모하며 칭술하기도 하였다"라고 했다.

유배 이전부터 이미 그의 학자적 명성이 선배 학자인 이황을 앞섰다는 평가와 『곤지기』를 독파하여 성리학의 주요 명제에 대해 자기의 학설을 세울 정도였으며, 그를 추모하여 칭술하는 후학들이 있었다는 대목은 주목할 만하다. 우선 소재가 유배 기간에도 최신의 정보를 접할 수 있었다는 사실에서 그의 학문조건이 남달랐음을 알 수 있다. 소재의 선대가 누대에 걸쳐 서울에 거주하면서 관인활동을 계속했고 게다가 성산이씨 외가나 광주이씨 처가 역시 중앙의 선진한 문화 수준을 유지하고 있던 명족이었다. 이같이 문화적으로 든든한 배경을 기반으로 화담 서경덕 계열의 선비들과 교유하면서 서로의 공감대를 넓혀 갔으며, 그 결과 한윤명을 비롯한 양명학에 우호적인 입장에 선 후인들의 추모를 받았던 것이 아닐까 한다.

8) 을묘왜변이 일어나 잠시 광주로 피신하다

1555년(41세) 5월 11일 왜구가 전라도 남쪽 지방을 침범했다. '을묘왜변乙卯倭變'이 일어난 것이다. 1510년 삼포왜란三浦倭亂 이후 1512년 임신약조, 1544년 사량진왜변蛇梁鎭倭變, 1547년 정미약조 등을 거치면서 조선은 세견선歲遣船을 엄격히 제한하는 등 왜구에 대한 무역 통제를 강화해 나갔다. 이와 같은 조선정부의 통제에 대해 불만을 품은 왜구는 1555년(명종 10) 배 70여 척으로 전라남도 연안 지방을 습격, 먼저 영암의 달량성·어란포, 진도의 금갑·남도 등을 침략하여 약탈과 방화를 일삼았다. 그리고 왜구는 다시 장흥·강진을 침입하여 만행을 계속했다. 당시에 왜구를 막던 전라 병사 원적元積과 장흥 부사 한온韓蘊 등이 전사하고, 영암 군수 이덕견李德堅은 적에게 사로잡혔다. 조정에서는 호조 판서 이준경을 도순찰사, 김경석金慶錫·남치훈南致勳을 방어사로 삼아 왜구를 토벌하도록 하여, 마침내 영암에서 적을 대파했다.

을묘왜변이 일어났을 때 소재는 왜구를 피하여 광주로 잠시 나왔다가 다시 진도로 들어갔다. 그는 5월 13일부터 7월 19일까지 2개월여 동안 피난 과정을 47수의 한시로 기록하여 『피구록避寇錄』에 갈무리했다. 을묘왜변을 부분적으로 다룬 시편들이 없지 않으나 『피구록』처럼 일기체로 엮어진 한시집은 흔치 않다. 『피구록』을 읽어 보면 당시 왜란의 정황을 생생하게 느낄 수 있다. 잠시 『피구록』을 통해 소재의 피난 행적을 추적해 본다.

영암으로 침입한 왜구가 달량성을 포위하여 3일 만에 함락시킨다. 그러자 바다로 탈출하는 진도 사람들이 점점 늘어갔다. 소재는 진도 군수가 진영으로 돌아오기를 기대했지만, 밤에 원병이 모두 죽고 온 성이 도륙되어 적이 장차 이를 것이라는 소식을 듣는다. 섬 안 사람들이 놀라 동요하기 시작했다. 소재는 소포素浦로 가서 자고 16일 밤에 지력산智力山으로 들어간다. 상황을 알아보니, 군수는 이미 성을 버리고 달아났고 무기와 창고는 간사한 백성들에게 모두 탈취된 상태였다. 노복 숙개叔介가 빨리 진도를 탈출해야 한다고 권했다. 25일 등산진藤山津을 건널 때, 지귀知貴, 손만孫晩 두 노복이 찾아왔지만 서로 만나지 못한다. 목포에 상륙한 뒤 26일 무안 현감 최원결崔遠決의 환대를 받고 저녁에 함평에 도착하여 현감 류응두柳應斗의 환대를 받는다. 27일에는 전주 부윤 이윤경李潤慶(1498~1562)이 분전한 까닭에 영암의 포위가 풀린다. 이윤경은 영암성에서 왜구의 침입을 방어한 공으로 나중에 전라도 관찰사로 승진한다. 뒤따라온 두 노복이 찾아와서 아우 노극신의 편지를 건넨다.

6월 초6일 함평을 떠나 도순찰사로 나주에 있던 이준경의 아들, 이예열李禮悅의 환대를 받는다. 이준경은 이윤경의 아우로 소재의 장인 이연경과는 사촌간이다. 때문에 왜변 수습 총책임자인 이준경과 소재 사이를 잘 알고 있던 열읍列邑의 수령들이 다투어 소재를 환대한 것이다. 나주에서 극락진極樂津을 건너 8일 광주에 이르러 아우 노극신을 만나 회포를 풀고 숙박을 함께 한다. 소재는 귀양살이하는 처지에 광주나 나주와 같은 큰 고을에 머물러 있는 것을 불편하게 여겼다. 10일 담양을 거쳐 순창으로 가니, 군수 임회林薈가 나와 환대했다. 12일 강천사剛泉寺에서 묵고, 14일 1534년 생원시에 함께 합격한 설당薛瑭을 만나 서로 왕래하며 근심을 나눈다. 21일 옥과의 복천사福泉寺, 25일 증심사證心寺에서 아우와 함께 묵은 뒤, 28일 헤어진다.

7월 3일 철포鐵浦에서 서량徐諒의 환대를 받고, 8일 영암에 이르러 11일 도갑사道岬寺에 오른다. 그때 최경창崔慶昌(1539~1583)을 만나 함께 술을 마시고 묵는다. 12일 석교원石橋院에서 윤강원尹剛元(?~1572)에게, 15일 해남에 이르러 현감 변협邊協(1528~1590)에게 각각 시를 지어 준다. 변협은 왜구가 난포蘭浦·마도馬島·장흥부병영長興府兵營·강진현康津縣·가리포加里浦를 차례로 함락하고 해남으로 침입하려 하자 섬을 방어하고 왜구를 격퇴한 공으로 나중에 장흥 부사가 된다. 16일 삼촌리 사창社倉에서 묵고, 17일 백송정百松亭에서 노닌다. 7월 19일 적량원赤良院에서 쉬다가 바다를 건너 진도 벽파정에 이른다. 유배지 진도로 복귀한 것이다. 『피구록』은 벽파정碧波亭에서 홀로 술을 마신 뒤 시를 짓는 것으로 끝난다.

벽파정 자리가 있던 언덕. 소재는 진도를 출입할 때 이곳에서 시를 지었다.

9) 유배 10년의 회포를 시로 펼치다

1556년(42세) 소재는 「세모에 장난삼아 쓰다」(歲暮戱題)란 제목의 율시 1수와 「제야에 흐느끼며 쓰다」(除夜泣書)라는 율시 1수를 통해 10년 유배살이의 회포를 풀어냈다. 잠시 인용해 본다.

> 동쪽 하늘 남쪽 나라, 진도 성문 밖 암자 같은 초가집. 용서치 못할 죄에 난치병까지 걸렸으니, 나라엔 불충한 신하요, 집안엔 불효막심한 자식일세. 객지에서 삼천사백 날을 용케도 살아남아, 을해생이 병진년을 맞아 부끄럽게도 마흔 둘이 되었단다. 너, 노수신아! 앞으로는 취하지 말라. 나라와 집안에서 일을 맡기면 어찌 감당하려 하느뇨.
>
> 「세모에 장난삼아 쓰다」

天地之東國以南, 沃州城外數間庵, 有難赦罪難醫病, 是不忠臣不孝男, 客日三千四百幸, 行年乙亥丙辰慙, 汝盧守愼將無醉, 補得公私底事堪.

유배기의 고통을 심각하게 반영하고 있는 뛰어난 작품이라는 평가와 함께 말장난으로 일관하는 '천박한 광대 짓' 에 불과하다는 비판을 동시에 받은 시이다. 시어로 잘 사용하지 않는 허사虛詞인 '지之' 나 '이以' 를 사용하여 시에서 금기시하는 산문 형식을 노출시켰다는 것이다. 그렇지만 필자는 허사, 인명, 숫자, 간지 등을 자유롭게 구사하는 것이 소재 한시의 특징이자 장처라고 생각한다. 말하자면 소재는 시를 짓는 것을 거창한 일로 여기지 않았다. 생활 속에서 우러나는 정감을 자유로운 방식으로 표출하되 최소한의 구법과 운율 형식만 갖추면 된다고 보는 것이다.

소심하고 쩨쩨하게 운율이나 고르고 난해한 전고나 따지는 그런 졸렬한 시인이 되기 싫었다. 필자가 소재를 읽으면서 어떤 통쾌함 같은 것을 느끼게 되는 이유도 바로 여기에 있다. 그래서 소재의 시는 전혀 난해하지 않다. 너무나 '평범' 한 정감과 '평이' 한 시어로 조직되어 있음에도 불구하고, 시를 읽고 난해한 듯한 해석을 펴는 것 역시 소재의 입장에 반하는 처사이다. 인용한 시 역시 진도 유배 3,400일의 정감을 진솔하게 표출했다. 다소 자기비하적인 모습도 보이지만 그것 역시 답답한 유배살이의 고충이 굴절되어 나온 표현이다.

마지막 두 구가 "너 노수신아, 만일 죽지 않는다면, 임금의 은혜를 무슨 일로 갚을 수 있겠느냐"(汝盧守愼如無死, 報得君恩底事堪)로 나와 있는 곳도 있다. 여기서는 문집의 기록을 따르기로 한다. 어찌 되었든 소재는 마지막 구절에서 일말의 희망을 감추지 않았다. 요즘 말로 하면, "술 좀 그만 들고 몸 생각도 하라!"는 스스로를 향한 충고이다.

술에 대한 에피소드가 있다. 소재는 젊었을 때, 이웃 친구 집에서 술을 조금 마시고 취했다. 조부 노후가 이를 알고 소재를 불러 '술 조심' 하라고 타일렀다. 소재는 바로 글을 지어 금주를 선언하고 절대로 술잔을 입에 대지 않았다. 그리고 여러 해가 흘러 조부의 회갑연이 열렸다. 기쁜 날이니 술을 들어도 좋을 것이었다. 그러나 소재는 술을 전혀 마시지 않았다. 이를 본 조부가 다시 소재를 불렀다. '이제는 마셔도 좋다!' 는 것이었다.

온갖 시름이 몸을 휘감았을 진도에서 그의 유일한 벗은 오로지 '술' 밖에 없었을 것이다. 그렇게 10년 동안 마신 술이 얼마나 되었을까? 그에게 무언가 새로운 10년이 필요했다. 반드시 섬을 나가는 날이 올 터이다. 그럼 그때부터 할 일이 태산처럼 많을 것이니, '자! 노수신아, 희망의 끈을 놓지 말자' 는 다짐이 시에서 울려 나온다.

> 귀신은 처음도 끝도 없지만, 묵은 용의 해가 가고 새로운 뱀의 해가 오는구나. 부모님 연세를 알고 나니 효자 되기 두렵고, 세월이 꿈같이 흘러 현인을 흥기시키네. 닭이 부모님 계신 곳에 새벽을 알리고, 호가 소리에 진도에도 봄이 찾아오리라. 내일 아침 거울에 얼굴을 비춰 본다면, 영락없이 훈업과 관계없는 나그네일 걸.
>
> 「제야에 흐느끼며 쓰다」
>
> 神鬼無終始, 龍蛇有舊新, 知年懼孝子, 夢歲起賢人, 鷄送高堂曉, 笳生絶戍春, 明朝鏡中色, 勳業不關身.

제除는 섣달그믐이고 야夜는 밤을 뜻하니, '제야' 는 섣달그믐날 밤이 되겠다. 묵은해가 가고 새해를 맞는 전환점에서 소재는 무엇을 생각하고 있었을까? 그는 흐느낀다고 했다. 그리고 시

제목 옆에 작은 주석으로 눈물의 의미를 밝힌 바 있다. 풀이하면 이렇다. 가는 해 병진년(1556)과 오는 해 정사년(1557)은 소재의 양친께서 탄생한 해이다. 말하자면 부모가 모두 회갑을 맞은 것이다. 소재는 장남으로서 친척과 벗들을 모시고 축수연을 열어 드려야 마땅했다. 그러나 그는 부모님 곁으로 달려갈 수 없다. 소재는 어버이의 나이를 헤아리면서 봉양할 시간이 점점 줄어드는 데서 오는 두려움을 느꼈다. 아! 올해도 이렇게 지나가는구나. 세월은 꿈만 같이 흐르는데, 어버이를 위해 무언가 해야 할 터인데, 나는 지금 무엇을 하고 있나? 이런 근심과 걱정으로 제야에 깜박이는 등불만 바라보며 깊은 상념에 젖어드는 것이다. 그리고 서러움에 북받쳐 흐르는 눈물을 주체할 수 없었다.

10) 자신을 박대했던 진도 군수 홍인록에게 덕을 베풀다

야사에는 소재의 관용 정신과 대인 풍모를 전해 주는 유배 시절 이야기가 전한다. 이야기는 이렇다. 1564년(50세) 2월 18일 홍인록洪仁祿이 새 군수로 부임해 와서 1565년 5월 14일 어사가 계를 올려 파직 당할 때까지 진도를 다스렸다. 홍인록은 당시 집권자의 비위를 맞추느라 갖은 방법으로 소재를 곤욕스럽게 대했다. 한번은 "죄인이 어찌 옥식玉食(쌀밥)을 먹을 수 있나?" 하고는 산간 고을에서 좁쌀을 바꾸어다가 주었다. 또 어느 날 밤, 밝은 달이 좋아 소재가 아이종을 시켜 피리를 불도록 했다. 홍인록이 "죄인이 어찌 잔치를 벌이며 즐길 수 있는가?" 하고는 그만 아이종을 가두어 버렸다. 허나 세상일은 새옹지마와 같은지라. 소재는 그로부터 몇 년 뒤 유배에서 풀려나 홍문관 교리로 복관되어 날로 승진을 거듭하였다. 한편 홍인록은 언관들의 공격을 받아 벼슬길이 막힐 지경이었다. 소재는 자신을 박대한 홍인록을 미워하지 않았다. 오히려 그가 풍천 부사로 나갈 수 있도록 힘껏 구원해 주었다. '덕으로써 원수에게 보답한다'(以德報怨)는 말이 있다. 홍인록을 대하는 소재의 마음이 그와 같았다.

11) 진도에 교화의 자취를 남기다

1761년에 나온 진도읍지 『옥주지沃州誌』는 이렇게 적고 있다. "옛날에 우리 고장을 옥토沃土라고 이른 것은, 석류가 벌어지기 시작할 때 시들어 떨어진 초목의 잎이 차곡차곡 쌓여 땅에서 썩은 기간이 몇백 년이 지나갔으므로, 파종하는 면적이 넓지는 않지만 그 수확은 10배나 되었다." 이처럼 진도는 오랫동안 농사를 짓지 않던 땅이었다. 1871년에 편찬된 『진도부읍지珍島府邑誌』 「풍속조」에 "산이 밭이 되고 바다가 논이 되어 농업으로 생업을 삼는다"는 기록이 보인다. 이처럼 19세기 후반에 이르면, 개간과 간척으로 토지가 확대되어 농업이 진도의 주산업이 되었다. 하지만 간척사업은 일제강점기에 이르러 본격화되어 지금의 평야가 조성될 수 있었다. 이를 두고 '푸른 바다가 뽕나무 밭이 되었다'(桑田碧海)고 해도 좋을 성싶다. 따라서 소재가 유배생활을 하던 16세기 중엽의 진도는 현재 진도의 지리적 모습과는 상당히 달랐다. 필자가 진도에서 소재의 유적을 찾기 어려웠던 이유도 바로 여기에 있었다. 특히 진도에서 창작된 소재의 한시를 분석할 때, 이러한 정황을 심각하게 고려할 필요가 있다.

전라남도 진도군은 지리적 위치상 서울과 멀리 떨어져 있어 조선시대까지 유배지로서의 역할을 했던 섬이기도 하다. 고려조 이래 근세에 이르기까지 진도에 유배된 사람의 수가 3백여 인을 헤아리는데, 그중 정치적인 이유로 유배 온 이는 대략 1백여 인을 상회한다고 한다. 유배 기간을 보면, 대부분 3년 미만이고, 일부가 4~12년이며, 가장 긴 경우는 소재의 19년이다.

중앙의 고급관료 출신 유배인들은 진도사회에 여러 가지 영향을 끼쳤다. 오늘날 진도 사람들은 19년 적거한 소재를 비롯하여 5년을 적거한 김이익金履翼(1743~1830), 12년을 적거한 무정茂亭 정만조鄭萬祚(1858~1936)를 가장 영향력 있는 인물로 꼽는다. 그러면서 진도의 예술과 문화의 발전에 크게 기여한 정만조를 추앙하는 이들이 많다. 정만조는 내부참의와 궁내부참의관을 지내다가 1895년의 팔월역변八月逆變·시월무옥十月誣獄에 연루되어, 1896년 4월 진도에 유배되어 12년 만인 1907년 12월에 풀려나 복관된 인물이다. 12년 동안 정만조는 서당을 열어 후학들을 가르쳤고 진도의 풍물과 교유를 담은 『은파유필恩波濡筆』이라는 저서를 남겼다. 당시에 의재毅齋 허백련許百鍊(1891~1977)을 비롯한 20여 명이 정만조의 서당을 출입했다. 사실 1910년 일제강점기 이후의 정만조는 민족을 배반한 대표적인 친일분자의 모습을 보여 주었다. 구한말 저명한 한문학자였던 그가 절명시를 남기고 자결을 선택한 매천梅泉 황현黃玹(1855~1910)과는 전혀 다른 변절의 길을 걸어갔음에도 불구하고, 진도에서 오늘날까지도 그를 숭앙의 대상으로 여기는 것은 무엇 때문일까? 문득 정만조를 추모하는 기념비를 차창 밖으로 바라보며 자문해 보았다. 이방인인 필자만이 느끼는 의아疑訝스러움으로 그치길 바라면서 말이다. 70년대까지 정만조에게 학은學恩을 입은 문생들이 생존해 있었다. 그리고 현재 그들의 다음 세대가 지역사회의 원로로 활동하고 있다. 그들이 혹시 진도문화에 끼친 정만조의 공을 높이 평가하여 그의 친일행각에 대한 부정적 인식을 상쇄하고도 남음이 있다고 생각하는 것은 아닌지 모르겠다.

전하는 이야기에 의하면, 소재는 진도에 있는 동안 일곱 군데의 낚시터와 다섯 군데의 처소를 돌아다니며 마음을 달래고 머무는 곳마다 서당을 설치하여 후진교육에도 정열을 쏟았다고 한다. 그중에서 지산면 거제리 바닷가의 태공바위는 그가 가장 즐겨 찾던 곳인데, 네댓 명이 둘러앉아 술잔을 주고받을 만한 이 평평한

바위는 '조대터' 라고 부르기도 했다. 또한 소재는 유배생활 중 진도향교 뜰에 있던 유배대流配臺와 지력산 동쪽 거제에 있던 지씨池氏 정원에서 술을 마시거나 시를 읊으며 소요했다. 진도읍 동외리 속칭 서원골은 그의 다섯 처소 중에서도 가장 많은 일화를 남겼다는데, 그곳에다 삼 칸 초옥을 지어 '소재' 라고 쓴 편액을 걸고 후생들을 교육했다. 그 자리에 훗날 소재를 주벽主壁으로 하는 '봉암서원鳳巖書院' 이 세워졌다고 한다. 1970년대 초만 해도 서원 주춧돌이 남아 있었다고 하나 이제는 그것마저 찾아볼 수 없다.

소재는 오래도록 '진도개화지조珍島開化之祖' 로 불렸다. 적거생활 중 서당을 열어 박빈학朴贇鶴과 같은 학자를 길러 내고 지역민을 교화하는 데 힘써 진도를 개화시키는 데 큰 공헌을 했기 때문이었다. 그러나 앞의 정만조와 달리 그 명성에 걸맞은 기념물 하나 찾아볼 수 없다. 최근에 적거지인 안치리에 '소재관穌齋館' 이 들어서긴 했으나, 과연 그것이 소재를 기리는 기념물인지는 석연치 않다. 수백 년 동안 소재를 향사하던 봉암서원의 복원은 커녕 터마저 옳게 찾을 수 없을 뿐 아니라, 소재가 강학했던 서당이나 소요하던 조대釣臺 등 유적을 한 군데도 온전히 확인할 수 없다. 이는 앞서 언급한 정만조의 경우와 크게 대조되는 점이다.

일반적으로 소재가 진도사회를 교화한 첫 번째 사례로 드는 것이 혼례의 시행이다. 먼 옛날 진도에는 애당초 혼례라는 것이 없고, 남의 집에 여자가 있다는 말을 들으면 중매를 통하지 않고

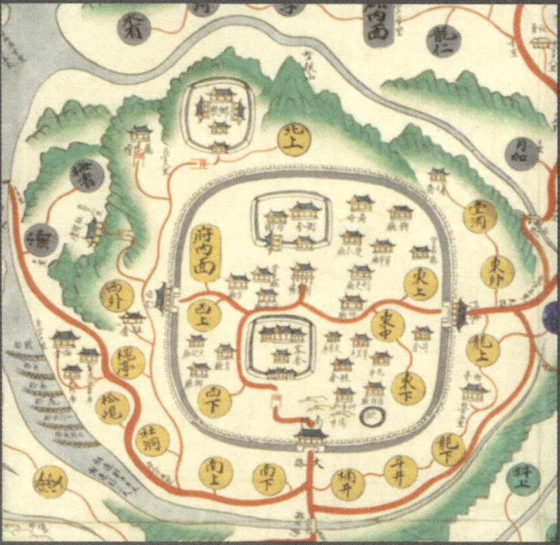

1872년 제작된 진도부 지도로 읍성 부분 확대. 성 밖 상단 좌측에 향교는 그대로 있지만 오른편 상단에 있던 봉암서원은 훼철되어 보이지 않는다.

18세기에 편찬된 「광여도廣輿圖」 진도군. 왼편 아래로 소재의 배소인 목장면(지산면) 가까이 있던 지력산이, 중앙 진도읍성 오른편에 소재의 위패를 봉안한 봉암서원이, 오른편 상단부에 소재가 진도를 출입할 때 이용한 벽파정이 각각 보인다.

칼날을 빼들어 쟁탈하였다고 한다. 이에 소재가 진도 원주민을 예법으로써 일깨워 혼례가 생기게 되었고, 그럼으로써 종래의 야만스런 풍속이 사라지게 되었다는 것이다. 그런데 필자가 만나본 진도의 향토사학자들은 '혼례의 시행'을 너무 확대해서 평가하지 않았으면 했다. 그들은, 혼례가 없던 풍속은 아마도 소재가 적거했던 지산면 해변 일대나 섬 변두리에서 나타났을 것으로 본다. 그 이유는 이렇다. 삼별초가 당시 왕도를 진도로 옮겼기에 고려의 귀족문화가 진도에 유입된 바 있다. 그리고 소재 유배가 있기 128년 전에 이미 치소를 현 읍성으로 옮겼으므로 진도읍성에 거주했던 사람들은 향교 · 향현사 · 사직단 · 여제단 등에서 법도에 따라 제사를 모셨다. 또한 큰 마을은 정월 동제를 모실 때 남녀 간 윤리문제를 중시했다. 때문에 보쌈과 같은 야만스런 풍속은 섬 전체적인 현상으로 보기 어렵다.

조선 초기 해남군 화원지방에 있던 목장을 지력산 일대로 옮기면서 지산면 주민들이 늘어났다. 지산면은 본래 임회면에 부속되어 있다가 조선시대 중엽에 '목장면牧場面'으로 불리기 시작하였다. 관마리에 청을 두었으며 감목관(정6품)이 지배 · 감독하였다. 소재 유배 시절인 16세기에도 지산면에는 목장이 있었다고 한다. 그래서 일부 향토사학자들은 소재가 진도를 교화시킨 인물이라고 하지만, 그것은 배소가 있던 지산면 일원의 미개한 원주민에 국한된 교화에 그쳤을 것이라고 보는 것이다. 당시 향교와 관아가 있던 곳에서는 유교적 교양이 내륙과 같이 상당한 수준이었다고 한다.

필자는 소재의 교화가 지산면 일대에 그쳤다는 향토사학자들의 주장에 이의를 제기하고 싶지 않다. 다만 그러한 이유를 들어, 16세기 진도사회의 변화를 이끌어 낸 소재의 기여를 가볍게 다루려는 태도에는 반대한다. 당시 진도지방에서 소재는 하늘이 내린 축복과 같은 존재였다. 무려 19년 동안이나 교양과 실력을 갖춘 최고의 엘리트 관료문인이 진도에 있다는 것 자체가 경이로운 일이었다. 더구나 정보의 습득과 공유가 여의치 않은 절해고도에서 소재라는 한 인물의 체류는 매우 중요한 의미를 지니는 것이었다.

소재는 비리나 불법을 저질러 유배형에 처해진 단순한 죄인과 달랐다. 대윤과 소윤 사이에 벌어진 권력쟁투로 희생된 정치범이었다. 뿐만 아니라 그는 중앙의 최신 정보와 고급문화를 체현하고 있던 지식인이었다. 따라서 소재의 진도 입성은 중앙의 선진문화와 새로운 지식을 갈구하던 유생들에게는 오랜 가뭄 끝에 만난 단비와 같았다. 정치권력에서 소외된 소재가 진도사회에서 일정한 존재감을 드러낼 수 있던 것은 그의 우월한 문화권력 때문이다.

소재의 문화권력은 유교지식인으로서 문학, 역사, 철학을 완벽하게 조직하고 온축한 것에서 나올 뿐 아니라 양명학이나 불교에 대한 개방적인 세계관과 인생관에서 유래하기도 한다. 때문에 많은 승려들과 교유하고 소통했으며, 옥봉 백광훈, 고죽 최경창과 같은 시인묵객들과도 막힘없이 대화할 수 있었다. 조금 비약해서 말한다면, 소재가 진도에 들어간 뒤 한동안 '진도는 소재를 위한 섬'이 되었다. 당시에 진도를 출입한 선비나 승려가 있었다면, 그들의 답사 1번지는 틀림없이 소재의 배소였을 것이다.

소재가 진도에서 배출한 후생들이 어느 정도인지는 분명치 않다. 앞서 말한 박빈학 같은 이는 소재가 가장 아낀 진도 출신 문하생으로 『소재집』에 나오기 때문에 알 수 있지만, 나머지는 알 길이 없다. 필자가 진도에서 들은 바로는 진도와 이웃한 해남 지역 유생들도 소재의 문하에 출입했을 것이라고 한다. 그래서 훗날 그들이 임진왜란이 일어났을 때 향토를 수호하는 전선에서 지도적 역할을 수행했다고 본다. 임진왜란이 끝난 뒤인 1602년 소재를 위해 '경현사景賢祠'를 세운 주체들도 아마 그의 문하를 출입한 문인들이었을 것이다. 후에 이 사당은 1676년 읍내 읍성 북쪽으로 옮겨졌다. 1683년 9월 새로 사우를 짓고 정홍익鄭弘翼(1571~1626)과 이경여李敬輿(1585~1657)를 추배하여 '봉암사鳳巖祠'로 개칭하면서 서원으로 불리기 시작한 듯하다. 1694년 김수항金壽恒(1629~1689)·이민적李敏迪(1625~1673)·신명규申命圭(1618~1688)·남이성南二星(1625~1683)을 추향했고, 1725년 조태채趙泰采(1660~1722)를 추배한 뒤 '팔현사八賢祠'로 불리기도 했다. 8현 중 김수항과 조태

채는 진도에서 사사된 바 있거니와 이민적은 이경여의 아들로 진도에 유배된 일이 없다. 19세기에 들어와 이태중李台重(1694~1756)과 조득영趙得永(1762~1824)이 추가로 배향되어 10명을 향사한 적도 있다. 18세기에 만들어진 것으로 보이는 『진도군읍지』(규장각 소장본)에는, 군 동쪽 3리에 봉암서원이 있으며 유사有司 1인과 원생院生 60인이 있다고 기록되어 있다. 그러나 1868년(고종 5)에 서원·사우철폐령에 따라 훼철되었다.

진도문화원장을 역임한 박병훈 선생은 하낙춘河洛春(1888~?)의 소장본 『진도고적珍島古蹟』에서 베낀 8현의 배향 위차位次와 8현에 대한 각각의 축문(各位各祝)을 필자에게 제공해 주었다. 백여 년 전까지 읽던 축문 내용에도 "풍교로써 거친 풍속을 순화시켜 주시고(風淳荒俗), 글로써 후생들을 계몽하셨으니(文啓後生), 세상을 떠나시었어도 그 덕화를 부끄럽게 여겨(沒世怍德), 애오라지 정갈하게 제사를 올리나이다(聊薦禋明)"라고 하여, 소재가 진도에 끼친 풍속교화와 문교계몽을 부각시키고 있음을 알 수 있다.

12) 소재의 문하를 출입한 이들

소재가 진도에 있을 때, 아우 후재 노극신이 주로 내왕했다. 그리고 소오蘇澳(자는 淨源), 옥봉 백광훈과 일송 심희수도 찾아왔으며 조카 노대하는 거기에 남아 계속 모시면서 수학했다. 죽간 강복성도 어려서부터 소재를 따라 배웠다. 도곡道谷 심학령沈鶴齡(1521~1586)도 진도로 찾아가 경전의 의리를 질문하고 돌아왔다고 한다. 진도 토착민으로서는 앞서 언급한 박빈학이 문하에 출입했고, 나주에 있던 일재 이항의 제자 나사율羅士慄과 김천일金千鎰(1537~1593)도 진도로 소재를 찾아와 시와 술로 회포를 나누었다. 용담龍潭 박이장朴而章(1547~1622)은 1574년 소재를 찾아 성리학을 깊이 연구했다. 소재로부터 성현의 법이 전해지는 요체는 '성誠'에 있다는 시를 받은 적도 있다. 건재健齋 박수일朴遂一(1553~1597)은 1571년 소재의 문하를 방문하여 많은 질문을 했다. 이 밖에 김홍도金弘度란 이도 문도라는 기록이 있다.

조선 선조 때의 고승高僧 부휴당浮休堂 선수善修(1543~1615)와 사명당泗溟堂 유정惟政(1544~1610)도 소재의 문하를 출입했다. 이들은 유학과 시문에도 조예가 깊었다. 당시 불교계에서 이 두 사람을 '이난二難' 이라고 불렀을 정도로 학덕이 높았다. 이들은 소재가 유배에서 풀려 복관된 뒤 정승으로 있을 때, 주로 서울 건천재 문하에 출입했던 문생들로 보인다. 선수는 불법을 얻은 후 건천재 소장 도서를 빌려다 7년 동안 읽었는데, 읽지 않은 것이 없었다고 한다. 유정은 소재에게서 사자四子(四書)를 받아서 익혔고, 또한 이백과 두보의 시도 배웠기에 그로부터 문장이 날로 더욱 진보했다고 한다. 두 승려의 일대기를 기록한 비문에 그렇게 나와 있으나, 『소재집』에는 이들과 나눈 수창시나 교유에 대한 기록은 보이지 않는다. 아마 후인들이 문집을 산정할 때 빼 버린 듯하다. 불교의 법맥으로 보면 선수와 유정은 숙질叔姪 사이였다. 그러나 함께 소재문하에 출입하며 종유했기에 서로 호형호제呼兄呼弟할 수 있었던 것이다.

소재는 이처럼 불교와 승려에 대해 포용적인 태도를 지니고 있었다. 따라서 선수와 유정 외에도 당대의 저명한 선승과 학승들이 소재문하를 찾아 들었을 것으로 생각한다. 소재는 가까운 동료나 대중들을 사랑했으나 무리 지어 몰려다니는 일은 좋아하지 않았다. 문제가 생기면 사안에 따라 스스로 고민하고 타인의 의견을 경청하여 결정했다. 그는 학문적 견해가 다르다고 먼저 상대에게 편지를 보내 논쟁을 요구하지 않았다. 상대방이 자신에게 문제를 제기하면 친절하면서도 단호하게 자신의 견해를 전달했을 뿐이다. 소재는 자신의 생각이 옳다는 판단이 서면 주변의 눈치를 보거나 머뭇거리지 않고 소신을 당당하게 밝혔다. 그 때문에 소재에 대한 개인적 비판은 있었지만 상호간의 첨예한 논쟁은 벌어지지 않았다. 정치적으로도 소재는 당파를 만들거나 특정한 당파에 소속되지 않았다. 또한 학문적으로도 퇴계나 남명처럼 학단學團을 만들어 연대의식을 강화하려는 움직임을 전혀 보이지 않았다. 그러므로 애초부터 소재의 학통 형성은 기대할 수 없는 것이었다.

13) 유배를 이겨낸 소재의 효심

소재는 「효제부孝悌賦」를 지었을 정도로 부모에 대한 효성과 형제간의 우애가 지극했다. 특히 부모를 향한 효성은 남달랐다. 이기李墍(1522~1600)의 『송와잡기松窩雜記』를 보면, 소재는 부모의 안색을 살펴 기쁘게 할 수 있는 일이라면 극진히 하지 않는 일이 없었다고 한다. 퇴청하여 집에 와서는 짧은 옷을 입고 부엌에 들어가 몸소 음식을 맛있게 만들어 바쳤으며, 비록 관직이 현달한 뒤에도 이를 그만둔 적이 없었다는 것이다. 그러했던 그가 20여 년을 타관객지에서 유배를 살았으니, 노쇠한 부모를 봉양하지 못하는 안타까움이 어떠했을지 짐작할 만하다.

소재는 진도 유배생활 중에도 부모님 봉양을 위해 정성을 다했다. 진도 유배 시절 이야기이다. 소재는 "아침저녁으로 부모님을 봉양하지 못하지만 맛 좋은 음식을 거르게 할 순 없다"(溫凊不可親, 甘旨不可虛)라고 생각했다. 그런데 어느 날 화령 방면으로 가는 인편을 만나 그동안 모아 두었던 음식물을 바리바리 싸서 부쳤다.

오늘 새벽 고향 가는 인편을 만났기에 그동안 모아 둔 것 모두 꺼냈네. 가장 귀한 포 32개는 노루 한 마리, 멧돼지 한 마리 분량. 익힌 작은 전복 열 개, 포 뜬 큰 숭어 세 마리. 제주 감귤 열여섯 개, 김과 나물 아홉 단. 어찌 하루아침에 갑자기 구했을까? 여러 달 동안 서서히 모은 것이네. 떨리는 마음으로 품목을 일일이 기록하여, 명주실로 만든 종이로 정성껏 싸서, 삼가 맞이하여 공경히 받들어 주면서, 잘 가라는 인사를 하려해도 머뭇거려졌다네.

今昕遇人行, 盡發所貯儲, 最貴卅二脡, 乃一麕一豬, 小鰒十箇熟, 大鰡三尾腒, 濟柑兩八果, 海苔九束蔬, 求寧一朝騍, 積以累月徐, 心動又手錄, 綿紙仍苞苴, 謹迎以敬授, 欲拜還趑趄.

진도에 귀양 온 지 15년째 되는 1562년 12월쯤, 화령으로 편지를 쓰고 나서 흐느끼며 지은 「집으로 편지를 쓰고 나서」(家書書訖)라는 시의 한 대목이다.

소재는 평소에 고기를 낚고 꿩을 사냥하여 갈무리해 두었다가 인편에 화령으로 보내어 어버이를 봉양하고자 했다. 그런데 한번은 문정왕후 소생 경현공주敬顯公主(중종의 제4녀)의 남편 영천위靈川尉 신의申檥(1530~1584)가 진도로 유배를 왔다. 신의는 성질이 본래 패려하여 공주를 못살게 구는 등 온갖 못된 짓을 저질러 오다가 마침내 문정왕후의 진노를 불러 진도에 위리안치 된 것이다. 그는 유배를 오면서 매(鷹)를 다섯 마리나 가지고 들어왔다. 이 소문을 들은 소재는 곧 자기가 사냥하기 위해 기르던 매를 풀어 날려 보냈다. 혹시 매 때문에 양가의 노복들이 싸움을 일으킬

까 염려했기 때문이었다. 소재로서는 매우 어려운 결단이었을 것이다. 부모 봉양을 위해 꿩 사냥이 필요했을 터인데, 그 매를 풀어 보낼 때의 심정이 어떠했겠는가?

신의는 진도에서도 안하무인이었다. 위리안치 구역을 벗어나 촌락을 돌아다니며 민폐를 끼쳤다. 이를 안 군수가 신의의 불법적인 만행을 기록하여 감사에게 보고했다. 신의는 화가 나서 보고서를 작성한 서리를 납치하여 그의 손을 자르려 들었다. 서리는 일찍부터 소재와 잘 아는 사이였다. 서리의 집안사람들이 급한 김에 거짓으로 "저기 노 좌랑이 오신다!"라고 소리쳤다. '좌랑'은 소재가 유배 오기 직전에 역임하던 벼슬(이조 좌랑)을 가리켜 말하는 것이다. 신의는 내심 겁이 났다. "서리를 속히 풀어 보내라!"고 영을 내렸다. 이 일이 있은 후 신의는 비리를 저지를 때면 언제나 "노 좌랑이 이 사실을 아느냐?" 하고 물었다고 한다. 기세가 등등했던 신의였지만 소재의 학덕과 위엄을 두려워했다는 이야기이다. 이를 통해 우리는 소재의 효성이 얼마나 지극했는지 알 수 있다.

14) 진도 사람들의 오해: 소재가 첩과 자식들을 버리고 진도를 떠났다?

소재의 유배생활에 대해 조예가 깊은 분으로 진도의 향토사학자 박주언朴柱彦 선생을 따라올 이가 없을 줄 안다. 필자는 박주언 선생을 통해 진도 사람들이 소재를 어떻게 인식하고 있는지 소상하게 알게 되었다. 진도 사람들은 소재가 진도에서 충청도 괴산으로 배소를 옮기라는 명을 받았을 때, 단양우씨에게서 낳은 자녀들을 모두 버려두고 뒤도 돌아보지 않고 떠나간 것으로 알고 있었다. 박 선생뿐 아니라 필자가 만나 대화를 나눈 진도 지식인 대부분이 그러한 관점을 기정사실로 받아들이고 있었다. 필자는 그들이 지금까지 그렇게 믿은 근거가 무엇인지 궁금해서 물었다. 돌아온 대답은 너무나 뜻밖이었다. 『실록』에 그렇게 나와 있다는 것이었다.

『실록』의 기록을 찾아보았다. 1565년(명종 20) 12월 2일(을축) 조에 "을사년 이후의 금부 죄인 노수신 · 김난상 · 류희춘 등을 신원하다"라는 기사에서 『실록』은 이렇게 말하고 있었다.

> 사신은 논한다. 제공諸公은 산과 바다에서 20년을 지냈는데 하루아침에 '배소를 가까운 곳으로 옮기게'(量移) 되었다. 명이 내리던 날 어리석은 지아비 지어미들도 이를 흔쾌히 여기지 않는 사람이 없었다. 이는 대개 하늘 이치의 자연스러움이니, 인심을 어찌 속일 수 있겠는가? 이때 노수신은 옮겨진다는 말을 듣고 그날로 길을 나서 '함께 살던 얼첩孽妾과 아이들을 모두 놔두고 돌보지 않았다. 오직 돌아가 부모를 뵙겠다는 마음

> 이 급했다. 곤궁한 데에 처해서도 변하지 않은 지조를 여기에서 더욱 징험할 수 있다 하겠다.' (所蓄孼妾兒子, 皆置而不顧, 惟以歸見父母爲急, 處困不變之操, 於此益可驗矣.) 이원록李元祿(1514~1574)은 지체하며 출발하지 않고 그 전토와 자산을 전부 팔아, 올 때는 바리에 실은 것이 길을 메웠고, 지나치는 여러 고을에서 소와 말을 찾아내어 이를 운송케 하니, 사람들이 이로써 그를 비루하다 하였다.

이 글의 문맥을 잘 짚어 보면, 어느 행간에도 첩과 자식을 버렸다는 말은 없다. '나머지는 돌보지 않고 오직 부모를 찾아뵙겠다는 일념으로 진도를 떠났다는 것' 이 강조되어 있다. 그 '나머지' 가운데 진도에서 낳은 자식들도 포함됨은 물론이다. 그래서 사관은 소재에게서 '곤궁한 데에 처해서도 변하지 않은 지조' 를 볼 수 있다고 했다. 곤궁한 유배생활 속에서도 부모님을 향한 효성이 변치 않았다는 것이다.

함께 거론된 이원록은 이조 정랑으로 있을 때, 을사사화가 일어나 선비들이 화를 입자 권신인 숙부 이기의 횡포를 적극 말려 많은 선비들을 구해 주고 유림으로부터 신망을 얻은 바 있다. 1549년 병조 정랑으로서 이기의 전횡을 비난한 것이 알려져 유배에 처해져 강계에 안치되어 있다가 풀려났다. 그런데 그는 소재와 딴판으로 부모 생각은커녕 재물을 관리하는 데 여념이 없었다. 그래서 사관은 사람들이 그를 비루하게 여겼다고 적었다. 매우 상반되는 진술이다.

또한 상주의 소재 문중에 문의해 본 결과, 괴산으로 올 때 진도에 있던 식솔도 모두 올라왔으며, 누대에 걸쳐 '진도할매'(단양우씨) 소생의 3형제 후손들과 종가는 아무런 시비 없이 이웃하며 잘 지냈다고 한다. 게다가 소재는 생전에 간략한 광주노씨 족보인 『광산보략光山譜略』을 손수 만들었는데, 거기에도 정확하게 3남 1녀와 그 아랫대(손자)까지 출생 순서대로 올려놓았다. 때문에 후대의 족보에 세 아들의 이름과 생몰년 그리고 그 후예들의 계통이 빠짐없이 기록될 수 있었다.

단양우씨가 누구이며 언제 첩실로 들어왔는지 분명한 기록은 없다. 진도 사람들은 단양우씨가 진도 출신의 여인이었다고 보는 듯하다. 그러나 뼈대 있는 양반가에서 함부로 현지인을 첩으로 들이는 일이 가능할지는 따져 볼 일이다. 이와 관련하여 소재 문중에서 전해 오는 설화 한 토막을 소개한다. 광주노씨 족보에 의하면, '진도할매'로 불리는 단양우씨의 부친은 우현손禹賢孫인데 정략定略장군을 지냈고, 조부는 석정碩精인데 직장直長을 지냈으며, 증조부는 경卿으로 현감을 지냈다고 한다.

소재가 33세에 귀양 갈 때 이야기다. 충청도 옥천에서 우현손이 가족과 함께 단출하게 살고 있었다. 하루는 길손이 그의 집을 찾아들더니 문간채 방에서 하루 묵어가기를 청하는 것이었다. 행색을 보니 관아에 있는 이가 젊은이를 대동하고 있어 허락하지 않을 수 없었다. 그날 밤 우현손은 아래 문간채 시렁으로 용이 올라가 광채를 발하는 꿈을 꾸었다. 꿈이 너무 생생하여 신기하다 싶어 문간채 방문을 열어 보았다. 젊은이 한 사람이 자고 있는 것이었다. 우현손은 다시 자기 방으로 돌아와 잠자리에 들었다. 그런데 앞서와 똑같은 용꿈을 꾸고 다시 문간채에 가서 문을 열고 보아도 젊은이가 그냥 자고 있을 뿐이었다. 날이 밝아 젊은이에게 아침 대접을 깍듯이 하고는 길손이 된 사연을 물었다. 젊은이는 귀양살이하러 가는 길인데, 죄인을 호송하는 관리와 함께 간다고 했다. 이 말을 듣고는 우현손이 그 자리에서 과년한 딸을 보고 명했다. "너는 이분을 따라가서 평생토록 뒷바라지를 하면서 살아라!" 그리고 또 젊은이에게도 자기 딸을 데리고 가 줄 것을 부탁했다. 딸은 아버지의 명이니 어쩔 수 없어 따라나섰다. 그 후 순천으로 진도로 젊은이 수발을 들면서 보필하여 아들 셋, 딸을 하나 두고 정승이 될 때까지 뒷바라지하면서 살았다는 것이다. 이는 설화일 뿐 정확한 사실은 아니다. 이야기의 핵심은 소재가 젊은 나이에 유배에 처해지긴 했으나 장차 큰 인물이 될 것이라는 조짐을 용꿈을 통해 미리 알고 딸을 보냈다는 것이다.

족보에 소재의 첫째 아들이 1549년에 태어난 것에서 볼 때, 늦어도 1548년 이전에 단양우씨가 진도로 와서 소재와 함께 지냈을 것이 분명하다. 따라서 전해 오는 설화의 내용처럼 단양우씨와 소재의 인연이 귀양살이를 계기로 이루어진 것으로 보인다. 설화에서 단양우씨는 양가집 규수로 그려졌다. 그런데 『실록』에서는 '얼첩' 이라고 했다. 얼첩이란 천인(노비나 기녀) 어미 태생의 첩을 가리키는바, 설화의 설정과는 차이가 크다.

진도 지산면智山面 안치리鞍峙里에는 지금도 광주노씨들이 세거하고 있으며 수백 년 전의 것으로 보이는 그들 선대의 산소들이 남아 있다. 70년대만 해도 안치리에 광주노씨들이 한 마을을 이루어 40여 가구가 모여 살고 있었다고 한다. 필자 역시 박병익 박사의 안내를 받아 안치리에서 광주노씨 어른(노군택)을 뵙고 저간의 사정을 들을 수 있었다. 불행히도 어른이 뇌졸중으로 언어가 자유롭지 못해 정확히 무슨 말씀을 하는지 알아듣기 어려웠다. 다만 안치리 노씨들이 호남지역에 주로 분포한 광주군光州君 노만盧蔓의 후예들이 만든 족보에 편입되어 있는 것을 확인할 수

진도군 지산면 안치리. 소재가 유배살이 하던 마을 전경

소재의 배소인 안치리 너머에 있는 세방리 앞바다. 낙조로 유명하다.

있었다. 상주 화령의 경평공파 소재 후손들은 대호군大護軍 노서盧恕의 후예였다. 등재된 족보의 내용으로 보면, 안치리 노씨와 화령 소재 집안은 선조 계통이 다르다. 그러나 안치리 노씨들이 단양우씨가 낳은 소재 아들의 후손일 것이라고 말하는 이도 있다. 과연 그들이 소재 후손인지는 확실한 물증이 나타나기 전에는 단언할 수 없다.

안치리 광주노씨의 소재 후손 여부 문제와 단양우씨의 양천良賤 여부 문제는 모두 광주노씨 문중에서 해결해야 할 과제이므로 필자가 감히 나서서 입에 올릴 일이 아니다. 다만 분명한 것은 소재는 결코 단양우씨에게서 낳은 3남 1녀를 버린 적이 없다는 사실이다. 이 글을 통해 지금까지 진도 사람들이 가지고 있던 오해와 편견이 풀리기 바란다.

15) 19년 진도 유배에서 풀려 괴산으로 배소가 옮겨지다

1565년 4월 문정왕후가 세상을 떠났다. 문정왕후는 명종이 12살로 즉위하자 모후母后로서 수렴청정垂簾聽政을 했다. 1553년 명종이 친정親政을 하고 나서도 여전히 윤원형과 협력하여 정사에 관여하였다. 윤원형은 1560년 서원부원군西原府院君이 된 뒤 우의정·영의정 등을 지내며 세도를 부렸다. 그러다가 문정왕후가 죽고 애첩 정난정이 자신의 조강지처인 연안김씨를 독살했다는 의혹이 불거지자 탄핵을 받고 실각하였다. 관직을 삭탈당한 뒤 시골로 추방되자 윤원형은 황해도 강음江陰에서 정난정과 함께 자살했다고 전한다. 소윤세력이 제거되자, 명종은 인재를 고르게 등용하여 선정을 펴려고 노력했다. 훈구척신계가 물러가고 사림파가 중심이 된 새로운 정치체제가 대두하기 시작한 것이다. 새로운 정치체제가 형성되어 가는 과정에서 류희춘을 비롯하여 을사사화와 정미사화에 연루되어 멀리 유배된 사류들의 배소를 가까운 곳으로 옮기라는 조치가 내려졌다.

1565년(51세) 12월 11일 충청도 괴산으로 양이한다는 명을 들은 소재는 다음날(12일) 출발하여 귀로에 올랐다. 소재는 먼저 전라도 태인 분동粉洞으로 가서 종표숙從表叔인 일재一齋 이항李恒(1499~1576)을 방문한 뒤, 화령으로 올라가서 부친을 찾아뵈었다. 그때 모친이 서울에 있었다. 소재는 모친을 모시고 괴산 적소에 이르러 봉양에 진력했다. '양이量移'란 멀리 유배된 사람의 죄를 감등하여 가까운 곳에 적당히 옮기는 것인데, 진도에서 괴산으로 가는 사이에 당분간 자유로운 이동이 가능했던 것 같다.

소재가 진도를 나와 괴산으로 올라온다는 소식이 돌자, 조야의 선비들이 모두 경하해 마지않았다. 당시 광주에 있던 기대승은 병든 몸을 이끌고 광산의 북쪽 40리에 있는 진국원鎭國院에서 지나가는 소재를 기다렸다. 왜 그랬을까? 기대승은 왜 소재가 나흠순의 인심도심설을 그토록 강력하게 주장하는지 그 연유를 알고 싶었다. 기대승이 물었다. "만약 어르신의 견해대로라면 무엇 때문에 '위태롭다'(危)고 하셨습니까?" 소재가 답했다. "선을 할 수도 있고 악을 할 수도 있기 때문에 위태롭다고 한 것이요." 또 기대승이 물었다. "나흠순은 바로 리기理氣를 일물一物로 여기는 주장을 지키기 때문에 그 논의가 이와 같지만, 어른께서는 리기를 일물로 보십니까 아니면 이물二物로 보십니까?" 소재가 답했다. "전현前賢들께서 비록 리理라 하고 기氣라 하여 가리켜 이름한 것이 다르기는 하지만, 어찌 두 가지 뜻이 있겠는가?" 그때 소재는 만나는 이들과 전별주를 나누다 보니 어느새 술에 취하고 말았다. 때문에 기대승은 더 이상 자신의 생각을 강하게 밀어붙이지 못하고 대화를 마쳤다. 그리고 얼마 후 기대승은 「곤지기론」을 지어 자신의 주장을 밝혔다. 또한 그는 소재가 "『주자어류朱子語類』는 문인들이 기록한 것이기 때문에 볼 필요가 없고, 사서오경四書五經의 집주輯註도 후인들이 만든 것이기 때문에 역시 볼 필요가 없다"라고 말했다는 이야기를 듣고 놀라움을 감추지 않았다.

기대승은 소재와 만나 나눈 이야기를 이황에게 알렸다. 이황은 기대승의 편지를 받고 "대체로 보내온 편지 내용이 타당합니다. 지난해에 우연히 과회寡悔(소재의 자)가 인심 · 도심에 대해 논한 두 구절을 보고는 마음속으로 매우 의심스럽게 여겼는데, 지금 그의 견해가 이와 같다는 것을 알겠으니 바로 벗들의 큰 근심입니다"라고 하여 심각한 우려를 나타내었다.

16) 선조의 즉위, 사림정치체제가 작동하다

1567년 6월 명종이 승하하자 중종의 일곱째 아들인 덕흥대원군德興大院君의 셋째 아들이 왕위를 계승하였으니, 그가 바로 선조이다. 명종은 인순왕후와의 사이에서 순회세자順懷世子를 낳았으나 1563년 13세에 죽어 후사를 두지 못했다. 선조가 16세로 나이가 어려 처음에는 명종의 비 인순왕후 심씨沈氏가 수렴청정했지만 이듬해부터 선조의 친정이 시작되었다.

선조는 재위 초기에 조선 전기 훈구파와 사림파의 갈등 속에서 억울하게 희생당한 사림들을 신원하여 주는 한편, 반대로 선비들에게 해를 입힌 훈구세력들에게는 벌을 내려 사림들의 사기를 진작시켰다. 기묘사화 때 화를 당한 조광조를 증직하고 그에게 피해를 입힌 남곤의 관작은 추탈했다. 또한 을사사화 때 윤임 등을 죽인 윤원형의 공적을 삭탈했다. 이러한 정책은 사림들에게 중앙정계 진출이라는 명분을 확보해 주어 새로운 인물들이 진출하는 계기로 작용했다. 훈구파는 사라지고 일부 훈구파는 사림파로 전향했다. 본격적인 사림정치의 시대가 열린 것이다.

1569년(선조 2) 7월 18일자 『실록』에 을사년에 먼 곳으로 귀양 갔다가 온 후 당상관에 오른 9명의 명단이 기록되어 있다. 백인걸白仁傑(1497~1579) · 노수신(1515~1590) · 황박黃博(16세기) · 김난상金鸞祥(1507~1570) · 류희춘柳希春(1513~1577) · 민기문閔起文(1511~1574) · 이담李湛(1510~1575) · 이진李震(16세기) · 이원록(1514~1574). 그 밖에 귀환의 은사를 받고 얼마 안 되어 일찍 죽은 3인으로 한주韓澍(16세기) · 이염李熖(16세기) · 류감柳堪(1514~1569)이 있었으며, 이때까지 당상이 되지 않은 이는 윤강원尹剛元(?~1572) 한 사람뿐이었다. 사림의 복권과 진출이 얼마나 신속하게 이루어졌는지 알 수 있다.

17) 유배에서 풀려나 교리로 복관되다

소재도 1567년(53세) 10월 5일, 류희춘 · 김난상 등과 함께 복관되어 홍문관 교리에 임명되었다. 이준경 등 여러 대신의 계청에 힘입어 방환放還됨과 동시에 교리로 서용敍用한다는 명이 내려온 것이다. 홍문관으로 복귀하기까지 소재는 참으로 길고도 먼 고난의 세월을 참아내야 했다.

홍문관에 복귀하여 당직을 서는 날이었다. 우연히 회재 이언적과 규암 송인수의 시를 보았다. 울컥하고 무언가 북받쳐 올랐다. 이언적은 을사사화가 일어났을 때 추관推官이 되어 선비들을 심문하는 일을 맡았었지만 1547년 양재역벽서사건에 무고하게 연루되어 강계로 유배되었다가 그곳에서 63세로 죽었다. 송인수는 대사헌이 되어 윤원형을 탄핵한 바 있었다. 한성부 좌윤에 있다가 을사사화에 탄핵을 받고 파직 당하여 청주에 은거하다가 사사되었다. 두 사람 모두 소재가 존경해 마지않았던 선배요 스승이었다. 홍문관에 다시 돌아와 보니 먼저 세상을 떠난 이들의 얼굴이 눈앞에 어른거렸다. 함께 다시 홍문관에서 만나 정사를 논할 수 있었다면 얼마나 좋았을까? 시를 지었다. 두 선학을 조문하는 시였다.

두 선생은 실로 보기 드문 인물, 영남과 호남에서 동시에 조정으로 돌아왔건만, 어떻게 공자와 안자의 즐거움이 문득 가의와 굴원의 슬픔이 되었단 말인가. 동북쪽 하늘에 있는 기미성을 타고 갔다지만 인간에선 죽어서 이별했구나. 공연히 홍문관에 남은 달빛만 나의 옛 마음 비추어 알아주리라.

二老實間世, 兩南還一時, 如何孔顏樂, 便作誼原悲, 天上騎箕尾, 人間死別離, 空餘玉堂月, 照得舊心知.

소재는 1567년 홍문관 교리로 복관된 뒤 이조 판서와 홍문관 대제학을 역임했고, 1573년 우의정에 올라 정승이 되었다. 복관 7년 만에 이루어진 매우 빠른 승진이었다. 소재는 1574년 좌의정을 거쳐 1585년 영의정에 올라 1588년 판중추부사가 되기까지 근 16년 동안 의정부를 지켰다. 비록 정여립모반사건으로 인해 파직되는 불운을 겪었지만, 선조의 절대적인 신임을 받아 가며 큰 허물없이 정승 자리를 지킨 것은 그에게 다행이었다.

선조는 학덕이 뛰어난 소재를 통해 태평성대를 열어 나가고자 했다. 소재는 그러한 선조의 마음을 읽고 있었다. 다만 자신의 유배 기간이 너무 길었던 것이 마음에 걸렸다. 벼슬이 오를수록 오랜 시간 부모님을 제대로 봉양하지 못했다는 죄책감으로 마음이 불편했고, 그럴수록 시간을 아껴서 못 다한 효성을 다해야 한다는 강박관념에 시달렸다. 『실록』을 보면, 소재가 사직을 청하거나 말미(휴가)를 얻기 위해 얼마나 빈번하게 정사呈辭를 올렸는지 알 수 있다. 선조 역시 그 같은 소재의 마음을 읽고 여러 방편을 써서 그의 효심에 상처를 주지 않고자 고심했다. 소재의 충효겸전忠孝兼全을 위한 선조의 노력은 매우 감동적이다. 그러나 과연 나라에 대한 충성과 부모에 대한 효성이 양립할 수 있는 것인가? 선조와 소재의 경우를 보면서 되묻게 된다.

정치인으로서 소재에 대한 평가는 평자에 따라 내용이 달랐다. 소재가 세상을 경륜할 만한 재주가 있는지 의심하는 이들은 그가 주요 현안에 대해 주견을 갖고 국왕에게 명확하게 건의하지 않았다는 점을 지적한다. 이러한 불만을 표현하는 이들은 주로 율곡 이이와 같은 개혁 성향이 강한 부류이다. 또한 어떤 이들은 소재가 정승으로서 나라를 안정시키는 역할을 잘 수행했다고 보기도 한다. 그런가 하면 국왕이 개혁 의지가 없는 상황에서 소재 대신 다른 이가 정승으로 들어와 무리한 개혁을 추진하다가 실패하면 오히려 안정까지 해칠 수 있었다고 우려하는 이들도 있었다.

필자는 소재를 유배 이전과 복관 이후로 나누어 볼 것을 제안한다. 3장 장원으로 문과에 급제한 뒤 벼슬길에 오른 소재였다. 30대 초반의 소재는 그야말로 신진기예로서 매사에 과감하고 개혁적이었을 것이다. 그러다 어느 날 죄인이 되었고 20여 년 동안이나 유배지에 고립되었다. 그 긴 세월을 무슨 생각을 하며 견디어 내었을까? 왜 내게 이런 불행이 찾아들었나? 과연 나에게도 미래의 희망이 주어질까? 그렇게 희망과 절망 사이에서 고뇌하다가 또 어느 날 갑자기 방면되어 53세의 나이로 복관되었다. 어떤 이는 소재가 정승으로서 소극적 행보를 보인 것에 대해 유배 기간 중에 젊은 시절의 포부나 기상이 완전히 소진되었기 때문이라고 말한다. 사람은 곤경을 통해 성장한다고 한다. 괴로움을 겪고 나면 시야가 넓어지고 생각이 깊어지는 법이다. 소재가 정치적으로 온건하고 소극적 노선을 걸었다면, 거기에는 그럴 만한 이유가 있었을 것이다. 그리고 그것은 다분히 고단하고 지루한 유배체험을 통해 깨달은 '기다림'과 '인내' 그리고 '절제'라는 삶의 지혜에서 유래했다고 할 수 있다.

18) 4대 조정을 섬긴 원로대신, 쓸쓸한 죽음을 맞다

소재는 1590년 4월 7일 서울 집에서 향년 76세로 세상을 떠났다. 양자로 계후한 노대해가 고향 화령으로 시신을 운구해 돌아갔다. 옛 선비들의 장례 풍속인 유월장踰月葬을 치른 것 같다. 죽은 지 거의 3개월이 넘은 7월 10일 원천리 선영에 먼저 떠난 부인과 함께 묻혔다. 생전에 남긴 「자명」에서 "작은 일에는 흐리어 혹 죄가 되었으나, 큰 뜻이 분명하니 참으로 부끄러움 없도다!"라고 했다. 큰 허물없이 세상을 살았다는 자기평가였다.

소재가 서거하자 그 이튿날 승정원에서 선조에게 소재의 죽음을 알렸다. 파직된 사람은 서계書啓하지 않는 것이 전례이지만 대신을 지낸 사람이므로 감히 아뢴 것이다. 선조는 소재의 죽음을 맞아 "해야 할 일이 있는지 전례를 상고해서 아뢰라"라고 했을 뿐 그 후 아무런 조치도 하지 않았던 것 같다. 대신에 대한 예장禮葬도 명하지 않았고 치제문致祭文도 내리지 않았다. 4대 조정을 섬긴 원로대신이었지만 불명예 퇴진을 했기에 그동안 쌓은 공이 모두 수포로 돌아가고 만 것이다.

그렇게 매사에 조심하던 소재였지만 단 한 번의 실수로 마지막 가는 길이 너무나 쓸쓸하게 되고 말았다. 소재의 경우를 보면서 인사가 만사라는 말이 새삼 실감이 난다. 국왕의 명에 따라 이루어진 정여립에 대한 천거는 당초에 아무런 문제가 없었다. 그런데 그 정여립이 수년 뒤에 기축옥사를 불러올 줄 누가 알았을까? 이 또한 유배에 이어 찾아온 두 번째 불운이었다. 그로 인해 죽어서도 국가로부터 대신에게 주어지는 예우도 받지 못했고, 선조의 묘정廟庭에 배향되지도 못했다.

소재의 삶은 늘 물결처럼 요동쳤다. 초년의 장원급제, 중년에 맞은 을사사화와 20여 년의 순천 · 진도 · 괴산 유배, 해배와 복관, 만년에 오른 영의정, 기축옥사와 선조의 내침, 그리고 쓸쓸한 죽음으로 내닫는 과정이 너무나 드라마틱하다. 치욕과 영광, 오르막길과 내리막길을 여러 차례 오고 간 인생을 본다. 이러한 이유로 해서 필자는 소재를 한 사람의 학자나 시인으로 논하려는 시각에 반대한다. 소재는 조선 중기를 빛낸 사상가요 시인임에 틀림없다. 그러나 이제는 정치인 노수신의 인간상에 대한 새로운 조명이 필요한 때이다.

3. 소재종가 직계 후손들의 행적

여러 차례 언급했듯이, 소재의 혈손은 진도에서 단양우씨에게서 얻은 3남 1녀와 그 후예들이다. 그들은 지금도 화령의 사곡과 황산을 중심으로 세거해 오고 있으며, 문중 일에도 적극적으로 참여하여 소재 후손으로서의 도리를 다하고 있다.

1894년 갑오개혁 이후 적서 차별이 없어졌고 과거제도가 폐지되었으며 과부개가가 허용되었다. 그러나 소재 시대 조선은 '양천제良賤制' 에 의해 운영되는 계급사회였다. 그 부산물이 바로 서얼庶孼이다. 서자와 얼자를 줄여 말하는 것이 '서얼' 인데, '서' 는 양첩의 자손을, '얼' 은 천첩의 자손을 뜻한다. 이들의 출신을 기술할 때 '측실側室' (첩)의 소생이라고 적었다.

조선시대 서자는 적자에 비해 여러 가지 차별을 받았다. 대부분의 서자들은 과거응시나 벼슬길이 막혀 있었다. 간혹 서자가 과거를 통하거나 음직으로 벼슬길에 나간다고 해도, 올라갈 수 있는 벼슬의 높이와 일할 수 있는 관직의 종류에는 제한이 있었다. 이를 '한품限品', '한직限職'이라고 한다. 서자의 자손들은 서파庶派라 하여 적자의 자손들인 적파嫡派를 어른이나 상전처럼 섬겨야 했다. 적자와 대등하게 맞서거나 나란히 앉을 수조차 없었고, 나란히 말을 타고 가도 안 되었으며, 조상 제사에도 당에 올라 제관 노릇을 하지 못하고 마당에서 절을 해야 했다. 심지어 서자를 아들로 보지 않고 노비처럼 보아 이름도 지어 주지 않고 문에 발조차 들이지 못하게 하는 경우도 있었다. 서얼의 사회적 지위는 양반과 상민의 중간에 놓여 있었다. 후대로 내려갈수록 천대를 받는 서자들의 수효가 많아졌으므로, 어느 집안이든 늘 적서간의 긴장 관계가 지속되었다.

소재가 첩자(서자)를 어떻게 대우했는지는 구체적으로 언급한 기록이 없어 상세히 논할 수는 없다. 소재의 개방적 사유에 기초해 볼 때, 혈육에 대한 애정이 매우 깊었을 것으로 보인다. 그렇다손 치더라도 그 역시 당시의 관행을 외면할 수 없었을 것이다. 종법제도가 엄격했던 조선시대에는 "적장자嫡長子에게 후사가 없으면 중자衆子, 중자에게 후사가 없으면 첩자妾子가 봉사奉祀한다"라고 하여, 제사 잇기와 가산 상속, 혼인과 같은 중요한 사적 영역에서도 서자는 차별되거나 배제되었다. 소재 당대만 하더라도, 적자가 없는 경우에도 첩자는 기피 되어, 동성同姓을 계후繼後로 삼거나 심지어 외손에서 봉사를 명하는 예도 있었다. 첩자를 기피하는 표면상 이유는 종법 유지에 있었지만, 실제 이유는 서자를 후사로 삼을 경우 그 후손들이 사회적 차별을 받아 가문의 품격을 떨어뜨릴까 우려한 데 있다. 소재 역시 첩자에게 제사를 잇도록 하지 않고 질항姪行, 즉 조카가 이어 종가 제사를 받들도록 했다. 따라서 종법계통상 직계를 논하게 될 때 측실 소생의 혈손은 제외될 수밖에 없었다.

이제 소재 직계 후손들의 행적을 소개하고자 한다. 여기서 '직계 후손' 은 종법상 양자로 들어와 소재의 제사를 받드는 이들을 주로 지칭하는 것이다. 소재종가는 이 직계 후손들이 중심이 되어 가문의 정체성을 계승하고 가풍을 수호해 나갔다. 필자가 소재 문중에 문의해 본 결과 문집을 남긴 후손이 많지 않았다. 중간에 산일散逸된 경우도 있었겠지만 족보상에서도 유집遺集이 있다고 기록된 인물은 두서너 명에 불과했다. 자료가 부족하여 직계 후손들의 행적을 구체적으로 진술하기가 매우 어렵다. 이러한 현실을 우선 고백하고, 가능한 범위 안에서 논의를 이어 가기로 한다.

【소재의 직계 계통】

- 수신守愼 영의정
  - 대해大海(繼後) 군수
    - 도형道亨 군수
      - 석명碩命 생원
        - 사영思永
        - 사성思聖 현감
        - 사겸思兼 참봉
        - 천주天籌
      - 준명峻命 부사
      - 경명景命 감찰
      - 우명佑命 참봉
      - 女 심대부沈大孚 대사간
      - 女 류덕구柳德耉
      - 女 이항李杭 현감
      - 女 이홍석李弘奭 진사
    - 도명道明 주부
    - 도흥道興 판관
    - 도경道慶
  - ① (庶)계래戒來
  - ③ (庶)계난戒難
  - ④ (庶)계후戒後
  - ② (庶)女 허징許澂 목사

- 극신克愼 첨정
  - ② 대하大河 부사
  - ③ 대해大海(백부 出繼)
  - ① 女 심희수沈喜壽 좌의정
  - ④ 女 김명현金命賢 도사
  - ⑤ 女 김료金璙 참봉
  - ⑥ (庶)女 김수백金壽百 진사

* 번호는 소재 친필본 『광산보략』에 의한 출생 순서

사실 소재는 적손을 두지 못했지만 그의 아우 후재 노극신에게는 혈손이 많았다. 박승임이 찬술한 소재 부친 노홍의 신도비명 말미에 나오는 자손 인명은 측실 소생인 아들 여섯을 빼고 모두 노극신의 혈손이요 외손들이다. 더욱이 노극신의 장남인 노대하는 8남 5녀를 두어 자손이 크게 번성했다. 오히려 직계 종손에서 뻗어 나간 지손의 수효는 상대적으로 노대하 집안에 비해 미약했다. 상주에 거주하는 상당수의 광주노씨는 노대하의 자손들이다.

어떤 기록을 보면, 광주노씨는 조선시대에 문과에 3명, 무과에 1명, 사마시(생원 · 진사)에 9명 등 모두 13명의 과거 급제자를 배출했다고 한다. 그 수효가 타성에 비해 많다고 할 수 없다. 그중 소재 계통에서 배출된 문과 급제자와 사마시 입격자는 손으로 꼽을 정도로 드물다. 대체로 음직으로 벼슬에 나간 경우가 많다. 『옥연지』에서는 『상산지商山誌』에 수록된 광주노씨를 소개한 바 있다. 『옥연지』를 참고하여 화령 입향조 노상인 이래 행적이 두드러진 인물들을 제시해 본다.

【상주를 빛낸 광주노씨들】

처화處和: 음서, 청주목 판관

덕기德基: 음서, 동지중추부사

희선熙善: 음서, 돈령부 판관, 합천 군수

희숙熙淑: 음서, 금산 군수

경장敬長: 음서, 돈령부 참봉

후珝: 음서, 간성 군수, 풍저창 수

홍鴻: 음서, 활인서 별제

수신守愼: 생원, 진사, 문과 장원, 대제학, 영의정

극신克愼: 음서, 돈령부 첨정
(호: 厚齋)

대하大河: 음서, 이천 도호부사, 진무원종공신
(극신 아들, 호: 素軒)

대해大海: 음서, 영천 군수
(극신 아들, 출계 백부 수신, 호: 難老堂)

도형道亨: 음서, 예천 군수, 선무원종공신
(대해 아들, 호: 秋潭)

도립道立
(대하 아들, 호: 野老堂)

도남道南: 음서, 사복시정
(대하 아들)

도응道凝: 병자호란 순국, 증직 군자주부
(대하 아들)

도일道一: 음서, 함열 현감
(대해 아들)

석명碩命: 생원
(도형 아들)

준명峻命: 진사, 문과, 안변 도호부사
(도형 아들)

경명景命: 음서, 봉화 현감
(도형 아들, 호: 龍湖)

익명翼命: 생원
(도립 아들, 호: 履素軒)

사성思聖: 음서, 적성 현감, 허목 문인
(준명 아들, 호: 芝嶺)

사현思賢: 생원, 제릉 참봉
(준명 아들, 호: 晴沙)

시겸思兼: 음사, 익릉 참봉, 허목 문인
(경명 아들)

사효思孝: 진사, 충주 거주
(경명 아들)

사제思齊: 생원, 의금부 도사
(경명 아들)

하정夏鼎: 진사 장원, 정시한 문인
(사성 아들, 호: 雪汀)

계원啓元: 진사, 후릉 참봉, 이만부 문인
(하적 아들, 호: 芝陰)

계심啓心
(하경 아들, 도립 후손, 호: 瓶臺)

광서光瑞: 이소원 거주
(이문 아들, 도립 후손, 호: 志構齋)

항경恒敬: 진사, 황산 거주
(광엽 아들, 생부 광찬, 사겸 후손)

여경輿敬: 음서, 의금부 도사
(광석 아들, 사영 후손)

병대炳大: 창릉 참봉, 한말 의병장, 옥중 단식 순국, 건국훈장 독립장 추서
(종구 아들, 도립 후손, 호: 錦園)

위에 제시한 인물 가운데 노도응은 소재의 방계지만 소개할 만한 인물이다. 노대하의 아들 노도응은 1620년 무과에 급제하였으나 평소에 공명을 세워 이름이 세상에 알려지는 것을 일삼지 않았다. 1636년 병자호란이 일어나자 모친에게 말하기를 "아들이 이미 나라에 몸을 허락했으니 의리상 응당 위난에 처한 현장에 나아가야 합니다"라고 하고, 아우에게는 "너는 어머니를 모시고 조심해서 오랑캐를 피해 있거라!"라고 했다. 그러고서 말에 오르니 견마잡이 할 노복이 모두 달아나고 없었다. 충복忠福이라는 노복이 떨치고 나와서 "주인님이 죽음을 피하지 않거늘 어찌 노복이 되어 도망쳐 살기를 구하겠습니까!" 하며 따라가겠노라고 하는 것이었다. 노도응이 충복과 함께 광주廣州(오늘날 성남시 판교)에 이르렀을 때 오랑캐가 남한산성을 포위하고 있어 들어가 국왕 인조를 호위할 수가 없었다. 이에 충청도 관찰사 정세규鄭世規(1583~1661) 진영에 들어가 아장牙將이 되어 포위된 남한산성을 향하여 진격하다가 용인 험천險川에서 적의 기습으로 대패하여 충복과 함께 전사했다. 조정에서 그의 죽음을 애석히 여겨 사후에 군자주부軍資主簿를 증직했다.

이제 소재 직계 후손 가운데 특이할 만한 행적을 남긴 이들을 소개하기로 한다. 광주노씨 문중에서는 노대해 · 노도형 · 노준명 · 노경명 · 노사성 · 노하정 그리고 노계원 정도를 소재 후손을 대표할 만하다고 생각하는 듯하다. 필자 역시 문중의 견해가 적절하다고 생각한다. 노준명과 노경명 형제가 소재종가를 지탱하는 데 가장 큰 역할을 했다고 생각하여 두 사람과 그 후예를 중심으로 논의해 볼까 한다.

1) 봉선고를 만든 직언하는 선비, 안변공 노준명

노준명盧峻命(1596~1652)은 예천 군수 도형과 해주최씨 사이에서 차남으로 태어났다. 정이正而는 그의 자이다. 어려서부터 집안 어른들의 촉망을 받았다. 1624년 사마시에 입격하였다. 1630년 이조 판서로 있던 우복 정경세가 문학으로 그를 천거하여 활인서 별제가 되었다. 4년 후에는 의금부 도사가 되었고, 1634년에는 사옹원 직장으로 옮겼다. 그해 별시문과에 급제하여 승문원에 잠시 있었다가 제용감 직장이 되었는데 병자호란이 일어나 인조를 호종하여 남한산성에 들어갔다. 1637년(정축) 봄 인조가 서울로 돌아올 때 겸참군兼參軍에 임명되었다가 곧 병조 좌랑으로 승진했다. 그 뒤 사간원 정언이 되어 김류와 윤방의 죄를 다스려야 한다고 직언을 했다가 체직되었다.

그로부터 8년 후 홍원 군수가 되어 선정을 베푼 지 1년 뒤에 윤방의 아들 윤이지가 순찰사가 된 것을 보고 바로 벼슬을 버리고 돌아왔다. 1647년 성균관 전적에 임명되었다. 1648년 여름에 직강이 되었다가 그해 겨울 울산 부사로 나가 고을의 재정과 부역, 군역 등을 잘 관리하였다. 1651년 어떤 일에 연좌되어 파직당했다. 그러나 그가 원님을 역임한 홍원과 울산의 백성들이 송덕비를 세워 그를 기렸다고 한다. 1652년 여름 다시 상례에 임명되었고 얼마 후 안변 도호부사가 되었는데, 병으로 임지에서 세상을 떠났다. 향년 57세였다. 그는 여러 번 사간원, 사헌부, 시강원, 홍문관 등에 추천되었으나 끝내 낙점을 받지 못했다. 그가 너무나 강직했기 때문이다. 자형인 범재泛齋 심대부沈大孚(1586~1657)도 노준명을 의리가 아니면 말하기 어려운 선비라고 했다.

노준명은 백씨 석명이 일찍 세상을 떠났고 집안 살림이 가난하여 조상 제사를 받드는 데에 부족함이 있을까 염려하여 '봉선고奉先庫'를 만들어 사전에 재물을 모아 두었다. 그래서 일이 닥쳐도 씀씀이가 부족하지 않게 되었다. 그는 두 번째 부인으로 전주이씨 정랑 영립榮立의 딸을 맞이하여 2남 2녀를 낳았다. 두 아들은 현감 사성思聖과 생원 사현思賢인데, 이들이 훗날 노준명을 이어 소재 문중을 부지해 나가는 버팀목이 되었다. 홍문관 대제학으로 있던 하계霞溪 권유權愈(1633~1704)가 노준명의 묘갈명을 찬술했다.

2) 옥연에 상촌 영당을 지은 용호 노경명

노경명盧景命(1609~1667)은 노준명의 아우로 자는 정보正甫, 호는 용호龍湖이다. 7세 때 아버지가 돌아가시자 자형인 심대부에게 나아가 수학하여 명성이 났다. 여러 번 과거에 응시했으나 뜻을 이루지 못했다. 40세가 되자 과거를 단념하고 집에서 본분을 지키며 형제간에 우애하고 자제들을 가르치는 것으로 낙을 삼았다. 안변 도호부사로 나갔던 중씨가 임지에서 졸하자 1년 동안 여막에서 지내며 집안 출입을 하지 않았다. 1658년 서울 건천재乾川齋(건천동에 있던 서재)에 있던 상촌 노숭의 영정을 상주 화령으로 모시고 내려와 영당에 봉안했다.

1660년 현종 즉위 초년에 전현의 후손을 벼슬에 임용하라는 명에 따라 선공감역에 임명되어 벼슬길에 나갔다. 얼마 후 사헌부 감찰을 역임한 뒤 봉화 현감 겸 안동진 병마절제도위安東鎭兵馬節制都尉가 되었고, 품계는 통훈대부(정3품 당하관)까지 올랐다. 봉화의 원으로 있을 때 선정을 베풀었으나 지역 세도가의 모함을 받아 파직당했다. 4년 동안 현감으로 있다가 돌아온 뒤 2년 만인 1609년, 향년 59세로 세상을 떠났다. 미수 허목이 노경명의 묘갈명을 찬술했다.

노경명은 고향 종가의 제사를 위해 필요한 자본을 별도로 마련해 두어 세대가 바뀌어도 변함이 없게 하라고 명했다 한다. 기묘명인己卯名人 충암 김정의 후예인 경주김씨 장령 성발聲發의 딸과 혼인하여 5남을 낳았으니, 사겸思兼 · 사민思敏 · 사제思齊 · 사효思孝 · 사동思東이 그들이다.

그중 사겸(1626~1683)은 아버지 노경명에게 수업을 받다가 성장해서는 심대부의 문하에 들어가 학업을 계속했다. 역시 과거에서 뜻을 얻지 못했다. 부모상을 당하자 『주자가례』에 따라 집상을 했다. 1677년 병든 어머니를 모시고 있을 때, 미수 허목이 그를 조정에 천거했다. 그러나 곧이어 부친상을 당하고 이어서 1680년 남인정권이 붕괴되고 서인세력이 정권을 장악하는 경신환국庚申換局이 발생하여 등용되지 못했다. 그러다 탈상 후 1년 만에 익릉 참봉에 임명되었으나 곧 체직되었다. 그는 횡성조씨와 혼인하여 2남 2녀를 낳았는데, 장남 서갑瑞甲(1660~1738, 뒤에 夏瑞로 개명)은 종가로 출계하여 소재의 봉사손이 되었다. 노사겸의 아우 사제(1642~1715)는 의금부 도사를 지냈는데, 일찍이 미수 허목 문하에서 수업하여 문장과 학행으로 일세에 뛰어났다. 74세로 비교적 수를 누린 편이어서 문중의 대소사를 주관하는 입장에 있었을 것으로 본다.

3) 문중의 규범을 세우고자 힘쓴 지령 노사성

노사성盧思聖(1643~1716)은 노준명의 아들로 자는 희천希天, 호는 지령芝嶺이다. 10세에 부친이 함경도 안변安邊 임지에서 세상을 떠나자 계부季父인 노경명을 수행하여 시신을 운구해 돌아왔다. 장성해서는 법도 있는 집안의 자제로서 모친을 효성으로 극진히 섬기고 조상의 제사를 매우 공경히 받들었다. 삭망에 반드시 다례를 행하고 매일 새벽에 사당에 배알하였다. 형제 사이에 우애하고, 종족에게는 돈독했으며, 동복들을 엄하게 부리되 은혜를 베풀고, 벗과 사귈 때는 두 마음을 갖지 않았다.

1664년 충주 남곽南郭으로 거처를 옮겼다. 그 무렵 종형인 노사제盧思齊(1642~1715)와 함께 미수 허목을 찾아뵙고 훈도를 받아 문장력이 생겼으나 과거를 멀리하고 산수 유람을 즐겼다. 1694년 조정에서 소재에게 '문간文簡'이란 시호를 내렸다. 그때 숙종은 제문祭文을 내려 주면서 동시에 소재의 자손을 등용하라는 명을 내렸다. 이에 노사성은 조상의 음덕으로 감역監役(종9품)에 제수되었다. 그 뒤 1697년에는 금오랑金吾郎(의금부 도사, 종6품)으로 승차되어 왕명을 받고 제주도에 들어갔다가, 경기의 중림도 찰방重林道察訪으로 옮겼다. 1699년에는 경기도 적성積城(현 파주시)의 현감縣監(종6품)에 임명되었다. 그래서 문중에서는 그를 '적성공'이라고 부른다. 그는 74세의 수를 누리고 충주에서 세상을 떠나 충주 남면 관주동에 묻혔다. 2002년 묘를 소재 묘소 왼편으로 옮겼다.

노사성은 소재 문중의 규범을 세우고자 노력한 인물이다. 1705년 정월 모친상을 당했는데 복을 마친 후 백종형 되는 노사겸盧思兼(1626~1683)과 함께 제례祭禮를 강론하고 유훈遺訓을 손수 써서 후손에게 남겼다. 그 내용인즉 선대에서 3대까지 제사를 받들던 관행을 바꾸어 고조까지 4대 봉사하기로 정하고, 기사忌祀(선조의 기일에 집에서 지내는 제사)나 묘사墓祀(주로 10월에 5대조 이상의 산소에 가서 지내는 제사)에 헌작獻酌하는 법도와 제수祭需 마련하는 규정을 정하여 영원토록 지켜 나가도록 명시한 것이다.

4) 「요결」 18조를 남긴 천재, 설정 노하정

노하정盧夏鼎(1669~1695)은 자는 기부器夫, 호는 설정雪汀으로, 노사성의 아들이며 노하적盧夏績(1671~1699)의 형이다. 서울에 거주하면서 1693년 25세로 사마시에 장원으로 합격하여 진사가 되었으나, 포부를 펴지 못한 채 27세로 요절했다. 나주정씨羅州丁氏 도보道普의 딸과 혼인했는데, 처조부는 저명한 재야학자 우담愚潭 정시한丁時翰(1625~1707)이었다.

노하정은 원주 법천法泉에서 처가살이를 하면서 10여 년 동안 처조부인 정시한에게 수학했는데, 이른 나이에 두각을 나타내어 세인들의 주목을 받기도 했다. 여러 차례 담질痰疾로 고생하다가 죽은 뒤 원주 법천 동쪽 산 우담정愚潭亭 좌측에 묻혔다. 부인 정씨 역시 지나치게 슬퍼한 나머지 병을 얻어 이듬해 소상小祥을 치르기도 전에 세상을 버리고 부군 옆에 묻혔다. 장사를 치른 지 9년이 되는 해에 외재畏齋 이식李栻(1659~1729)이 스승 정시한의 명을 받고 노하정의 묘지명을 썼다. 그 무렵 노사성이 아들의 묘를 상주로 반장하려 했던 것 같으나, 족보에는 관련 기록이 보이지 않는다.

정시한은 「노하정을 위한 제문」(祭盧壻夏鼎文)에서 "자네가 우리 집에 더부살이할 때부터 사람들은 모두 훌륭한 사위를 얻었다고 축하했으며, 나는 늙고 병든 마당인지라 자네에게 의지하여 함께 지내면서 서로 얼굴을 마주하고 생각을 나누며 참으로 보탬이 많았다네. 어찌 이제 늙은이는 살아남고 젊은이가 죽으리라 생각이나 했겠는가!"라고 했다. 뜻하지 않은 노하정의 죽음이 끼친 충격의 여파를 짐작하게 하는 표현이 아닐 수 없다. 재종형 역락재亦樂齋 노하주盧夏冑(1652~1704)도 노하정을 '학문이 독실하고 행실이 뛰어나다'고 하여 깊이 경애했다. 그래서 말하기를 "이 아우가 바로 나의 스승이다. 한 집안 안에 사우師友가 있으니 외부에서 벗을 구할 필요가 없다"라고 했을 정도로 노씨 일문의 기대가 컸던 것이다.

소재는 사마시에 합격한 뒤 25세가 되는 1539년에 금강산 유람을 다녀왔는데, 문집에 보면 그때 지은 시 71수가 『유산록遊山錄』으로 갈무리되어 있다. 노하정도 서울에 있으면서 사마시에 합격한 뒤 26세 되는 1694년 8월 금강산을 유람하고 난 뒤에, 그때 지은 시편을 『유산록』으로 갈무리했다. 그리고 그 이듬해 세상을 떠났다. 노하정은 이렇게 소재가 걷던 길을 그대로 따라갔던 것이다. 아마 당시에 소재 문중에서는 진사에 장원한 노하정에게서 소재의 환생을 보는 듯했을지도 모른다. 아니 그렇게 기대했을 것이다. 노하정 역시 늘 마음속에 소재를 간직하고 그처럼 되고자 염원했을 것이니, 소재가 가던 길을 따라가고자 한 그 마음이 얼마나 갸륵한가? 그러나 아쉽게도 그의 요절로 제2의 소재는 나오지 않았다.

노하정이 세상을 떠난 뒤 그의 아버지 노사성은 벼슬을 그만두고 낙향해 있었다. 마침 이만부도 상주로 내려와 있을 때여서 간간이 서로 만날 수 있었다. 노사성은 이만부를 만날 때면 아들의 『유산록』(금강록)을 보여 주면서 이렇게 말하곤 했다고 한다. "우리 아이의 뼈가 이미 흙이 되었겠지만 남은 자취라곤 오직 이것뿐이라오. 보는 것도 차마 못하겠고, 보지 않고 그냥 내버려 두는 것도 차마 못하지만, 쥐가 쓸고 좀이 먹게 그대로 두는 것은 더더욱 차마 못하겠더이다. 그대가 만일 볼 게 없다고 여긴다면 그만이거니와 그렇지 않다면 한마디 적어서 죽은 놈의 뜻을 펴주면 좋겠소." 기대가 크면 실망도 크고 회한도 깊어지는 법이다. 앞서 떠나간 아들의 유품을 앞에 두고 아비로서 몸 둘 바 몰라 하는 정황이 여실히 드러나고 있다. 노사성의 한 맺힌 부탁을 이만부는 거절할 수 없었다. 얼마 후 「금강록발金剛錄跋」을 써서 노사성에게 부쳤다.

노사성은 아들을 향한 그리움을 손자를 키우는 즐거움으로 메워 나갔다. 손자 노현수盧玄壽(1693~1710)는 요절한 노하정의 첫째 아들이다. 노사성은 끝내 그를 이만부의 사위로 보내어 대성하기를 바랐다. 이만부는 어려서 "묵墨아!" 하고 불렀던 젊은 사위를 사랑으로 가르쳤다. 그러나 그 역시 수를 누리지 못했다. 18세로 요절하고 말았다. 노하정과 이만부는 생전에 만난 적이 없다. 『유산록』을 읽고 이만부는 역시 생전에 재능이 출중했던 노하정과 만나 교유하지 못한 것을 유감으로 여겼다. 이만부는 발문에서 공자의 말을 인용하여, 노하정을 '이삭은 팼으나 열매를 맺지 못한 자'(秀而不實者)라고 했다. 역사에 가정은 없다지만, 만일 노하정이 수를 누렸다면 어떻게 되었을까? 돌이켜 보면, 노하정이 요절함으로써 소재 문중은 새로운 역사를 쓸 수 있는 소중한 기회를 잃은 것이 아닐까?

노하정은 자신의 문집 말미에 「요결要訣」 18조를 남겼다. 이는 소재로부터 백여 년을 지나오면서 자연스럽게 형성된 광주노씨 일문의 가풍을 집약해 놓은 것이 아닐까 한다. 그 내용을 조금 풀어서 간략히 소개하면 다음과 같다.

제1조 효부모孝父母(부모에게 효도하라): 사람의 행실 중에 효보다 위대한 것은 없다. 그러므로 부모님께 효도하는 것을 앞세웠다.

제2조 우형제友兄弟(형제 사이에 우애 있게 지내라): 부모님은 내가 출생하게 된 근거요, 형제는 나와 함께 나온 존재이다. 그러므로 형제 사이에 우애 있게 지내는 것이 그 다음

이다.

제3조 화실가和室家(집안사람들끼리 화목하게 지내라): 집안이 잘 못되는 것은 부부가 화목하지 못해서이다. 처와 자식이 화목하게 느끼고 형제들이 마땅하다고 생각할 수 있게 한다면, 부모님이 즐거워할 것이다. 그러므로 집안사람끼리 화목하게 지내는 것이 그 다음이다.

제4조 훈자손訓子孫(자손들을 잘 가르쳐라): 부모에게 효도하고 형제가 우애 있게 지내며 집안사람끼리 화목하게 되면 집안 법도를 제대로 일으킬 수 있다. 그러나 글 잘하는 집안이 되자면 훌륭한 자손이 나와야 한다. 그러므로 자손을 잘 가르치는 것이 그 다음이다.

제5조 목종족睦宗族(종친 사이에 화목하게 지내라): 부모와 형제 그리고 처자에 대한 도리를 다한 다음에 종친들에게 마음을 써야 한다. 그러므로 종친 사이에 화목하게 지내는 것이 그 다음이다.

제6조 후친의厚親誼(친척들을 도탑게 대하라): 종친은 성이 같은 골육이요, 친척은 성이 다른 골육이다. 그러므로 친척을 도탑게 대하는 것이 그 다음이다.

제7조 휼인리恤鄰里(이웃을 잘 보살펴라): 친척을 생각했다면 그 연장에서 관계가 먼 사람에게도 관심을 가져야 한다. 그러므로 이웃을 잘 보살피는 것이 그 다음이다.

제8조 신교우愼交友(벗 사귐을 신중히 하라): 자기의 덕성을 더 증진시키려면 반드시 벗의 도움이 필요하다. 그러므로 벗 사귐을 신중히 하는 것이 그 다음이다.

제9조 대간복待幹僕(수완이 있는 일꾼을 잘 대우하라): 덕성을 향상시키기 위해서는 벗의 도움을 받아야 하고, 집안을 잘 다스리려면 수완이 있는 일꾼 종을 잘 골라 써야 한다. 그러므로 수완이 있는 일꾼을 잘 대우하는 것이 그 다음이다.

제10조 근상제謹喪祭(상례와 제례를 삼가서 치르라): 앞에서 말한 인륜의 도리가 밝혀지고 나면 상례와 제례의 예법이 또한 중요하게 된다. 그러므로 상례와 제례를 삼가서 치르는 것이 그 다음이다.

제11조 중분묘重墳墓(조상의 산소를 소중히 모셔라): 묘소를 잘 가려서 편안히 모시는 것은 상례와 제례 가운데서 큰일이다. 그러므로 조상의 산소를 소중히 모시는 것이 그 다음이다.

제12조 원음사遠淫祀(예법에 없는 부정한 귀신에게 제사 지내는 일을 멀리하라): 상례와 제례 그리고 조상의 묘소를 편안히 모시는 것을 신중히 해야 마땅하다. 그러나 만일 부정한 귀신을 아첨하며 섬긴다면 이성을 잃어버렸다 할 것이다. 그러므로 부정한 귀신에게 제사 지내는 일을

멀리하는 것이 그 다음이다.

제13조 무본업務本業(본업에 힘쓰도록 하라): 복을 주고 화를 면하게 해 준다는 무당들의 현혹에 넘어가 놀고먹는 젊은이들이 많다. 그러므로 본업(사 · 농 · 공 · 상)에 힘쓰도록 하는 것이 그 다음이다.

제14조 수전조收田租(논밭에 대한 세금을 잘 거두어라): 본업에 힘쓰고 나서는 또한 전세에 힘써야 한다. 그러므로 전세를 잘 거두는 것이 그 다음이다.

제15조 숭검박崇儉朴(검약하고 소박하게 생활하라): 전세를 잘 거두는 것은 집안을 운영하는 근본이고, 생활을 검약하게 하는 것은 자기 몸을 바르게 세우는 근본이다. 그러므로 검약과 소박한 생활을 숭상하는 것이 그 다음이다.

제16조 징분노懲忿怒(분노를 억제하라): 검약하고 분수에 맞는 생활을 한 뒤에는 또한 사납게 폭발하여 억제하기 힘든 분노를 예방해야 한다. 그러므로 분노를 억제하는 것이 그 다음이다.

제17조 진기황賑飢荒(흉년에 굶주린 이들을 잘 돌봐 주어라): 바르게 처신하고 남을 잘 대우할 수 있게 되었다면, 또한 힘써 남을 도와 덕을 쌓아야 한다. 그러므로 흉년에 굶주린 이들을 잘 보살피는 것이 그 다음이다.

제18조 적음덕積陰德(남이 모르는 덕을 쌓아라): 흉년에 굶주린 이

들을 구휼할지라도 남몰래 도움을 주어야 한다는 생각을 늘 마음에 간직해야 한다. 그러므로 음덕을 쌓는 것이 그 다음이다.

노하정이 제시한 18가지 삶의 원칙은 오늘날 새로운 해석을 거쳐 수용할 대목이 적지 않을 뿐 아니라 장차 소재종가의 가훈과 가풍을 새롭게 정립하는 데도 크게 참고가 될 것이다.

5) 식산 이만부의 고제, 지음 노계원

노계원盧啓元(1695~1740)의 자는 백춘伯春, 호는 지음芝蔭으로 노하적의 아들이다. 문중에서는 '지음공'으로 불린다. 일찍이 하빈河濱 신후담愼後聃(1702~1761)은 노계원의 부음을 접하고 애사哀詞를 지은 바 있다. 신후담은 신수근愼守勤(1450~1506)의 8세손으로 모친이 우계이씨羽溪李氏였고, 노계원의 모친 파평윤씨의 외가 또한 우계이씨였다. 노계원 모친의 외조부가 송곡松谷 이서우李瑞雨(1633~1709)였고, 이서우의 외증손이 신후담이었다. 아마 이런 관계로 인해 신후담은 스스로 말하기를 노계원과는 척戚형제간이라고 하면서 노계원을 척형戚兄이라 불렀던 것인가 보다. 또한 이런 인연으로 노계원의 부친 노하적의 광지壙誌(묘지명)를 이서우가 찬술한 것으로 보인다.

여기서 잠시 이서우와 노하적의 관계를 설명하고 넘어가는 것이 좋겠다. 이서우는 현종 때 문과에 급제하여 벼슬길에 나아가 인조반정 뒤에는 대북 출신으로는 처음으로 청직에 올랐고 숙종 때는 벼슬이 예문관 제학에 이르렀다. 그는 예송을 거치면서 남인이 청남과 탁남으로 분열할 때, 미수 허목, 만성晩醒 이수경李壽慶(1627~1680), 박천博泉 이옥李沃(1641~1698) 등과 함께 청남에 속했다. 일찍이 번암樊巖 채제공蔡濟恭은 다산 정약용에게 "우리의 시맥詩脈은 호주湖州 채유후蔡裕後(1599~1660)와 동주東州 이민구李敏求(1589~1670) 이후로 오직 송곡 이서우가 그 종지宗旨를 얻었다"고 말한 바 있다.

'우리의 시맥'이란 바로 남인의 시맥을 말한다. 이서우가 남인 시맥의 적통을 계승한 인물이라는 것이다. 따라서 당시 남인계 젊은 문사들, 예컨대 희암希菴 채팽윤蔡彭胤(1669~1731), 연초재燕超齋 오상렴吳尙濂(1680~1707), 성호星湖 이익李瀷(1681~1763) 등이 이서우의 문하에 출입했다. 1688년 노하적은 부친 노사현의 손에 이끌려 과천 청계산 기슭 철곡鐵谷으로 찾아가 이서우에게 집지執贄(제자가 폐백을 스승에게 바쳐 경의를 표하는 예)했다. 그런데 얼마 후 윤휘창尹彙昌이 장인 이서우를 뵈러 왔다가 노하적을 보고 반했다. 이서우는 중매를 자청했다. 이렇게 해서 노하적은 윤휘창의 사위이자 이서우의 외손서가 된 것이다. 그 뒤 노하적은 장인을 따라서 경기도 여주로 내려가 과거 준비를 했으나 여의치 않았던가 보다. 노하적은 한동안 조부와 조모, 생부와 생모, 양부와 양모를 봉양하는 일에 정성을 쏟았다. 그러다 나중에 생부 노사성의 임소인 적성에서 전염병에 걸려 세상을 떠난 후 여주 처가 쪽으로 반장되었다.

이제 권태을 교수의 논문 「지음 노계원의 기행시 소고」를 참고하여, 노계원의 생애를 소개하기로 한다. 노계원은 어려서부터 기상과 모습이 침착하고 도량이 있었다. 그래서 조부 노사성이 늘 "이 아이가 장차 문중을 빛낼 것이다"라고 하며, 큰 기대를 걸었다고 한다. 5세에 부친상을 당했는데, 그 애통해 함이 성인과 같았다. 그 이후 모친 파평윤씨를 따라 여주 외가에 가서 수학하여 약관에 이미 큰 성취를 보였다.

1717년 여름 노계원과 신후담은 서울에서 함께 과거공부를 했다. 그때 신후담의 느낌에는 노계원이 과거를 통한 벼슬살이를 달갑게 여기지 않는 것 같았다고 했다. 노계원은 1719년, 신후담은 1723년, 각기 진사시에 합격했다. 노계원은 1718년 식솔을 모두 데리고 낙향했고 다음 해에 진사시에 합격한 뒤 학문에 뜻을 두어 상주 화령 본가로 돌아왔다. 서실 벽에 송조오현의 영정을 걸어 두고 사숙했으며, 「사물잠四勿箴」과 「숙흥야매잠夙興夜寐箴」 등을 좌우에 써 붙이고 마음공부의 자료로 삼았다. 그때 당대를 대표할 만한 학자 식산 이만부가 상주 노곡魯谷에서 북곽北郭으로 옮겨 와 살고 있었다. 이에 노계원은 이만부를 찾아뵙고 배움을 청한 뒤 본격적으로 성리학 연구에 진입했다. 신후담 역시 과거를 달갑게 여기지 않아 성호 이익의 문생이 된 뒤 학문에 전념하여 저명한 실학자로 성장해 갔다.

1718년 상주로 내려온 뒤 노계원은 문중 일을 돌보는 입장에 있었던 것 같다. 노계원은 족형인 노섭원盧燮元과 10여 년 동안 한결같이 문중의 대소사를 상의하여 처리했다. 노섭원은 후재 노극신의 7세 종손이었다. 때문에 소재 집안의 일을 주관하는 입장에 있던 노계원과 자주 만나 광주노씨 문중사를 논의해 나갔던 것이다. 그런데 마침 대두大痘(마마)가 돌아 노섭원의 아우와 세 아들이 감염되는 일이 벌어졌다. 다행히 아들 셋은 무사했지만 아우 노경원盧經元은 그만 세상을 떠나고 말았다. 이에 노섭원은 아우를 잃은 슬픔으로 넋을 잃고 지내다가 병을 얻어 1727년 야로당野老堂에서 세상을 떠났다. 노계원은 노섭원을 위한 제문에서, "우리 광산노씨 문호의 운세가 막힌 것이 정말로 지극하도다!" 라고 했고, 노경원을 위한 제문에서는, "만일 공이 살고 백씨가 죽었다면 가호家戶가 파괴되지는 않았을 것이고, 백씨가 살고 공이 죽었다면 종문宗門이 지탱되었을 것입니다. 하루아침에 두 공의 목숨을 앗아 가니, 하늘의 뜻이 반드시 공의 가호를 멸망시키고 우리 종문을 뒤엎고 나서야 그치려나 봅니다" 라고 했다. 이처럼 노섭원의 죽음은 상주의 광주노씨 문중으로서는 큰 손실이 아닐 수 없었던 것이다.

이만부가 1727년 8월 냉천冷泉과 속리산을 유람할 때, 봉산에서 황익재黃翼再(1682~1747), 이한진李漢鎭, 황침黃沈(1688~?) 등과 만나 수행했다. 이때 노계원은 함께 간 일행 5인을 '상안오객商顔五客' 이라고 불렀다. 이만부 역시 화령에 있는 노계원의 초당에서 여러 날 머물며 학문을 강론하는 등 서로 사제의 인연을 돈독히 이어 나갔다.

30대에 들어서면서 노계원의 학문이 성숙하게 되자, 주위에서 그를 찾는 선비들이 많아져 갔다. 노계원은 집의 왼쪽에 재실을 지어 '진수재進修齋'라 이름 하고 문생들이 머물러 수학하도록 했다. 1731년(37세)에는 화령면 장로들이 그에게 상주향교 화령면 책을 맡겼다. 이때 이만부가 상주지역 도훈장都訓長이 되어 노계원에게 화령면 훈장을 맡아 달라고 청한 것 같다. 같은 해 경상감사로 온 조현명趙顯命(1690~1752)과 이만부가 상주향교에서 강론할 때 주요한 역할을 수행했다. 노계원은 문생들에게 가을과 겨울에는 강학하고, 봄과 여름에는 작문하도록 했다. 초하루와 보름에는 문회文會를 열어 향풍을 쇄신하고 학풍을 진작시켰다.

1732년에는 스승 이만부의 임종을 지켰다. 그때 이만부는 노계원에게 사후의 일을 부탁했다. 고제高弟로서 노계원은 스승의 유지를 받들어 실천했다. 이만부의 「가장家狀」을 닦았고, 스승의 학문을 온전히 계승하기 위해 성호 이익과 긴밀히 상의했다. 점차 그의 학행이 널리 알려지게 되었다. 1735년 6월 성주에 있는 누이를 문병하러 갔다가 홍우구洪禹龜(1701~?), 홍취원洪就源, 오언빈吳彦賓(1693~?), 김성시金聖時(1692~?) 등과 함께 회연서원, 가야산 등을 둘러보았다.

1735년 노계원은 신후담의 처소로 찾아가 담소를 나누었는데, 영남의 산천을 논하는 가운데 지리산을 이렇게 예찬했다. "영남의 산 가운데 지리산이 가장 위대하다. 지리산에는 뛰어난 경관이 있을 뿐 아니라 온 산이 모두 기름진 흙이어서 정상에다 오곡을 뿌려 먹을 수 있고, 신령스런 약초나 좋은 대나무와 재목들과 같이 민생을 구제할 재료가 모두 여기에서 나오니, 정말 '덕이 있는 산' 이라고 해야 할 것이다." 노계원의 지리산 예찬을 들은 신후담은 지리산이 재덕을 갖춘 어질고 뛰어난 인물을 배출한 것에 주목했다. 당시에 '영남에는 인재가 없다' 는 이야기가 나돌았던가 보다. 신후담은 그런 소문을 근거가 없다고 말하고, 영남에는 여전히 훌륭한 인물이 많지만 1728년(영조 4) 무신란戊申亂 이후 중앙정계에서 소외당해 유능한 인물이 등용되지 않았을 뿐이라고 개탄했다. 1735년 이후 노계원과 신후담은 국포菊圃 강박姜樸(1690~1742)의 집에서 다시 만나 회포를 나누었다. 강박은 송곡 이서우의 외손자였다. 그리고 그 후로는 서로 만나지 못한 듯하다.

1737년 노계원은 조현명의 천거로 전주 경기전 참봉慶基殿參奉에 임명되었다. 그가 경기전 참봉으로 부임했을 때, 마침 크게 흉년이 들어 전주의 임소任所에서도 굶어죽는 사람이 속출하자,

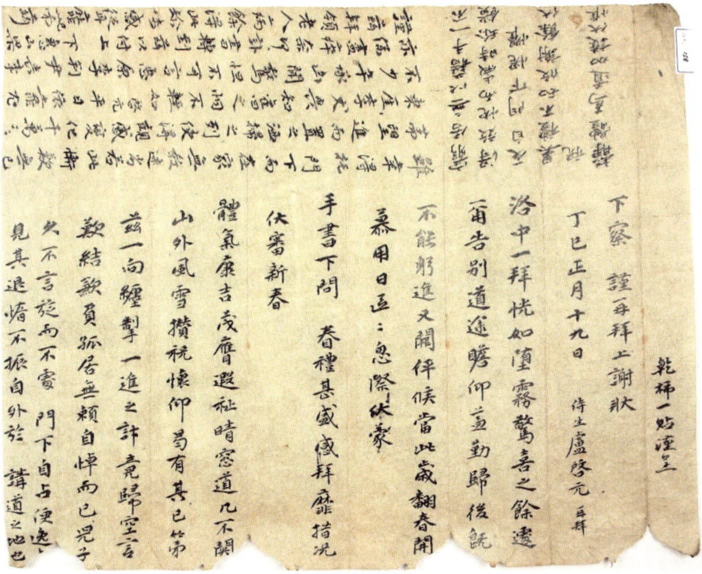

1737년에 옥천 조덕린 종택으로 보내는 노계원의 간찰. 한양에서 한 번 뵌 이후 만나지 못해 그립다고 하며 인편도 없어 소식을 전할 수 없었다고 했다. 이러한 결례에도 불구하고 서찰을 보내 주어 고맙다고 하며 봄을 맞은 여러 가족의 건강을 기원했다.(한국국학진흥원 소장)

노계원은 자신의 봉록을 털어 전졸殿卒들을 상당수 구휼하였다. 1738년 경기전 참봉 임기가 만료되자 다시 후릉 참봉厚陵參奉으로 옮겼는데 얼마 후 노모를 봉양하기 위해 말미를 얻어 낙향했다가 이내 사퇴하고 말았다.

노계원의 아들 노재문盧在文(1716~1754)은 옥천玉川 조덕린趙德鄰(1658~1737)의 손녀사위였다. 노계원은 일찍이 조덕린에게 선세의 묘갈명을 청해 승낙을 받아 놓은 적이 있었는데, 조덕린이 1737

년 노론의 탄핵을 받고 제주로 유배 가던 중 강진에서 죽음으로써 수포로 돌아가고 말았다.

노계원은 1739년 겨울에는 충주 남곽南郭으로 주거를 옮겼다. 이는 충주에 있던 팔순이 넘은 조모 경주이씨(1657~1747)와 여주에 있던 모친을 좀 더 가까이에서 모시기 위해서였다. 그때 이웃에 살던 홍성洪晟(1702~1778)을 만나 학문을 논하기도 했다. 그러다 『예설禮說』을 집필하던 중 1740년 8월 갑자기 병을 얻어 성남城南 우사寓舍에서 세상을 떠났다. 향년 46세였다. 그해 상주 사곡 선영 아래로 반장返葬했다.

1787년 영남유림은 상촌 영당을 옥연사로 승격시키면서 노계원을 함께 향사했다. 그는 「오행설五行說」, 「정성서의定性書義」, 「대학장구견의大學章句見疑」, 「심의설深衣說」 등을 논했으며, 필사본 『지음유집芝陰遺集』 3책을 남겼다.

6) 소재의 괴산 적거 유적을 수호한 경은 노성도

노성도盧性度(1819~1893)의 자는 치평穉平, 호는 경은敬隱으로, 지음 노계원은 그의 고조부이다. 그는 소재의 11세손으로 선대의 계통을 보면, 소재－대해大海－도형道亨－준명峻命－사현思賢－하적夏績－계원啓元－중문重文－광승光升－익경翼敬－성도로 이어진다. 상주 화령 옛집에서 가정의 훈도를 받으며 성장하였다. 타고

난 성정이 번잡하고 화려한 것을 싫어했기에 조용하고 깨끗한 산수를 찾아서 즐겼다. 중년에 원래 거주하고 있던 화령을 떠나 괴강 상류, 천장산 아래 산막리로 이사했다. 그곳은 소재가 진도에서 양이量移되어 온 괴산 유배지였다. 산막리의 경치가 너무도 아름다워 사람들은 그곳을 연하동문煙霞洞門이라 불렀다.

1864년 작성된 호구단자戶口單子에는 "동상면東上面 사오랑리沙五郎里 제5통第五統 제4호第四戶, 유학幼學 노성도盧性度 나이 46세 기묘생 본향은 광주"라고 했다. 또한 "노복 차금은 마흔 살로 을유생이고, 두성은 서른한 살로 갑오생이다. 모두 경상도 상주 화서에 거주한다"고 했다. 노복이 상주 화서에 살고 있던 것으로 봐서 노성도는 문중사를 논의하기 위해 괴산 동상면과 상주를 자주 왕래했을 것이다. 따라서 그가 괴산으로 이주하게 된 것도 소재의 적거지를 수호해야 한다는 문중의 여론에 따른 것일지도 모른다는 생각이다.

연하구곡과 같은 아름다운 산수자연을 벗하며 안빈낙도安貧樂道하는 군자의 길을 가려했던 노성도는 연하동에 수월정水月亭을 지어 선조의 유적을 수호하고 단壇을 만들어 선조를 향한 존모의 염을 표현하였다. 한편 연하구곡을 설정하여 「연하구곡가煙霞九曲歌」를 창작하였다. 그의 「구곡가」는 주자의 「무이도가武夷棹歌」를 본뜬 것으로 선조를 존모하는 정신에 기반하여 창작된 것이 특징이다. 그는 마음을 아리게 하는 「술회시」 25수를 지었고 주변의 선비들과 화답한 시도 많이 남겼으며, 22인이 참여한 '동경계同庚契(나이가 같은 사람끼리 친목을 꾀하기 위하여 맺는 계) 좌목座目(명단)' 도 남겼다. 향년 75세로 졸하여 동상면東上面 피란곡避亂谷에 묻혔다가 후손이 묏자리가 좋지 않다고 여겨 1986년 2월 충북 괴산군 불정면 세평리 오른편 산기슭으로 면례했다. 이복李馥이 노성도의 묘갈명을 찬술했다.

이상주 박사가 조사한 바에 의하면, 노성도는 유교 경전의 내용에 대하여 자신의 견해를 밝혀 놓은 『선집요결譔集要訣』 5책과 『선집요결별록譔集要訣別錄』 1책을 남겼다. 그 가운데 「여민락서與民樂序」와 「악해樂解」가 있어 노성도의 악학사상도 일부 살필 수 있다고 한다. 얼마 전까지만 해도 결락缺落되어 10장만 남은 시고詩稿가 전하고 있었다. 시고에는 「연하구곡운烟霞九曲韻」 등의 시편과 「수월정상량문水月亭上樑文」도 일부 들어 있었다. 그런데 근년에 와서 현손 노덕균盧德均이 집안에 소장하고 있던 노성도의 저작을 포함하여 지음 노계원 대에서부터 대대로 전해 오던 다른 귀중한 문적들을 도난당해 모두 잃어버렸다고 한다. 너무나 안타까운 일이 아닐 수 없다.

4. 소재종가 인물들의 대표적인 통혼권

이 글에서는 종손을 중심으로 소재종가의 통혼권을 알아보기로 한다. 먼저 '소재 종손의 혼반관계' 를 제시해 본다.

1세에서 3세까지는 영남권에 연고가 없는 광릉이씨나 해주최씨와 혼인하고 있는 데 비해 4세부터 14세까지는 거의 모두 영남권 출신 인물들 후예를 며느리로 맞고 있음을 알 수 있다. 이는 소재 후손들이 서울 거주를 끝내고 점차 화령으로 내려와 정착하는 추세와 연관이 있을 듯하다. 4세인 석명 대에 오면 서울 건천동 집을 처분하게 되는바, 같은 상주 우산에 터를 잡고 세거한 우복 정경세 집안과 혼사를 맺고 있는 것이 주목된다. 우복 집안과의 혼인은 12세 재찬에 와서 한 차례 더 이루어졌다. 의성김씨와

【소재 종손 혼반관계】

(1세) 수신守愼—광릉이씨廣陵李氏, 부 탄수 이연경: 외조 원주이씨
　　　　　　—단양우씨丹陽禹氏(1537~1609)
(2세) 대해大海—광릉이씨, 부 광계군 이호약, 조부 탄수 이연경: 외조 경주김씨
　　　　　　—충주최씨忠州崔氏, 부 중추부사 최선경,
　　　　　　　　　　　　　　조부 호조 참판 최영조: 외조 안동김씨
(3세) 도형道亨—해주최씨海州崔氏, 부 해성부원군 월담 최황: 외조 양천허씨
(4세) 석명碩命—진양정씨晋陽鄭氏, 부 우복 정경세: 외조 진성이씨
(5세) 사영思永—의성김씨義城金氏, 조부 동강 김우옹
(6세) 하서夏瑞—초계정씨草溪鄭氏, 증조 동계 정온: 외조 나주나씨
(7세) 계업啓業—반남박씨潘南朴氏
　　　　　　—안동권씨安東權氏
(8세) 식문式文—밀양박씨密陽朴氏: 외조 순천박씨
(9세) 광석光奭—반남박씨
(10세) 여경輿敬—의성김씨, 학봉 김성일 후손: 외조 전주최씨
(11세) 성만性萬　연안이씨延安李氏: 외조 월성최씨
(12세) 재찬載瓚—진양정씨, 우복 정경세 후손
　　　　　　—경주김씨慶州金氏: 외조 파평윤씨
(13세) 헌구憲九—안정나씨安定羅氏: 외조 류성룡 후손
(14세) 병학炳學—여주이씨驪州李氏 진숙珍淑

도 두 차례 혼인이 이루어졌다. 동강 김우옹은 소재가 정승으로 있을 때 선조에게 장래성 있는 인재로 천거한 인물이다. 비록 사상적으로는 소재와 길을 달리했지만, 소재는 김우옹의 인간됨을 좋게 평가했던 것이다. 아마 이러한 인연이 토대가 되어 5세 사영의 혼처가 김우옹의 손녀로 정해진 것이 아닐까 한다. 대개 조선시대 혼인은 세의世誼에 의존하는 경향이 높다. 선대의 인연이 후대로 계속 이어지면서 특정한 집안과 혼사가 반복되는 예를 발견하게 되는 것도 이 때문이다.

6세인 하서 이후 혼반을 맺은 집안은 모두 영남의 명문가들이다. 세세하게 부연하지 않아도 좋을 듯하다. 다만 예안의 진성이씨나 광산김씨, 영해의 재령이씨, 소호의 한산이씨 등 소위 안동, 예안에 속한 집안은 소재종가의 통혼권에서 벗어나 있다. 이른바 퇴계학파의 핵심 그룹과 인적 교류가 드물었다는 데서 혼반관계의 성립이 어려웠을 것으로 생각한다.

요컨대, 소재는 17세에 탄수 이연경의 사위가 되어 강유선, 심건과 함께 그의 문생이 되었다. 을사사화 이후 20여 년의 유배생활에서 풀려나 복직한 후 영의정에 오르기까지 선향 상주 화령은 조상의 제사를 받드는 의례적 공간에 불과했다. 때문에 한동안 혼처를 구할 때 그의 시야는 영남권으로 확대되지 못했다. 그로부터 4세나 5세를 지나면서 화령에 정착하기 위한 혈연적 기반을 강화할 필요를 느끼게 된다. 영남의 명문가인 진주정씨, 의성김씨, 초계정씨 등이 선택된 것도 그 때문이다. 그리고 세대가 내려갈수록 영남 토착가문과 더욱 빈번하게 혼인이 이루어져 갔던 것이다.

소재의 경우와 마찬가지로 소재의 후손들은 혼인을 통해 처가의 학문을 전수 받은 예가 종종 있었다. 노석명은 진주정씨 우복 정경세의 사위가 되었는데, 그로 인해 그의 아우 노준명이 정경세의 문하에 출입할 수 있었다. 노준명의 4세손인 노현수(1693~1710)도 연안이씨인 식산 이만부의 사위가 되어 사제의 연을 맺었고, 지음 노계원도 이만부의 고제가 될 수 있었다. 또한 노사성의 아들 노하정은 우담 정시한의 손녀사위가 되어 그의 문하에 들어갔다. 이 밖에도 혼반을 통하지는 않았지만 노사제가 미수 허목의 문생이 됨으로써 광주노씨 소재 문중의 문화적 지체를 가져오지 않을 수 있었다.

소재 문중의 원로이신 노서구 선생은 "화령은 지역적으로 외진 곳이라서 멀리 있는 집안과 통혼하기가 쉽지 않다"고 한다. 그래서 진주정씨 우복 정경세, 풍산류씨 낙파 류후조, 풍양조씨 검간 조정, 장수황씨 방촌 황희, 상산김씨 등 상주권 명인들의 후예와 통혼하는 예가 많다는 것이다. 더구나 소재는 양명학 성향이 강해서 퇴계 문도에게 배척을 당했기에 그쪽 집안과 통혼하는 일은 거의 없었다. 다만 서애 류성룡은 퇴계의 학설을 추종하면서도 소재의 학설을 비판한 적이 없다. 또한 그의 부친 류중영과 소재는 동갑내기로 가까운 친구 사이였다. 류성룡은 서울 건천동에 이웃해 살면서 소재를 부친 대하듯 각별하게 모셨을 것이다. 게다가 그의 아들 수암 류진이 상주에 정착하면서 선대의 세의를 기반으로 소재 집안과 더욱 가까워질 수 있었던 것이다.

5. 소재종가의 전승 문헌과 선조 유품

문중에서 전하는 이야기를 옮겨 본다. 선조 연간의 명승名僧 선수善修가 7년 동안 서울 건천동에 있는 소재의 서재를 출입하며 책을 읽었다고 한다. 그때 서재에 비축된 장서 규모가 어떠했는지 짐작할 만하다. 건천재에는 김생의 글씨도 수장되어 있었다고 한다. 장서 규모가 커서 서울에서 상주로 옮기기가 어려웠다. 그래서 증손자 대까지 내려오다가 서울 집을 매각하면서 화령으로 옮겨졌다고 한다.

일찍이 식산 이만부는 "소재 선생의 시대로부터 백여 년이 지나는 동안 사건이 많았고 전란으로 인한 소실을 겪어 옛집에 있던 모든 문적이 그 자손에게 전해진 것이 극히 드물다"라고 했다. 이만부의 진술을 신뢰한다면, 이미 18세기 초반에 소재가 남긴 유물이 상당수 소실되었을 것으로 보인다. 그런데 설상가상으로 지금부터 2백여 년 전에 소재종가가 화재를 당해 전소됨으로써 그나마 남아 있던 유물들이 거의 다 사라졌다.

또한 옥연사 영각에 비치해 두었던 책 3백여 권과 소재문집 판목版木도 1983년에 도난을 당해 거의 다 잃어버렸다. 판목 일부와 필사본 정도가 겨우 남아 있을 뿐이라고 한다. 목판은 소재의 손자 노준명이 심대부와 함께 교정을 본 뒤 만든 제2차 문집의 목판인데, 폭은 64.6㎝이다. 남아 있는 문적과 유물은 한국학중앙연구원과 상주박물관에 기탁해 놓은 상태이다. 옥연의 유물관(유장각)에는 문적을 중심으로 복사본이 전시되어 있다.

이 글에서는 몇 가지 중요한 자료를 중심으로 종가 전승 유물을 살피고자 한다. 소재종가에서 소장하고 있는 「노숭영정盧嵩影幀」, 「기영회도耆英會圖」와 「송조오현도宋朝五賢圖」는 소재와 직접적으로 관계있는 유물로써 종가의 전통과 정신을 살피는 데 매우 긴요한 자료이다. 특히 「송조오현도」는 소재의 수택이 남아 있는 유품으로 그 제작 시기가 15세기 말로 추정되는 가장 오래된 예술품이다. 이 그림은 아직 학계에 정식으로 소개된 적이 없다. 따라서 미술사학계에 새로 소개하는 의미도 크다. 나머지 유물에 대해서는 간략한 설명으로 그친다.

1) 「노숭영정」

「노숭영정」은 조선조 태종 때 검교 우의정을 지낸 상촌 노숭의 영정이다. 본래 종가가 아닌 상촌공의 막내아들 집에 있던 것을 가져다 소재가 1568년 서울의 건천재로 옮겨 봉안했다. 소재는 「모여서 의정공의 영정을 배알하고 집안으로 옮겨 봉안하다」(會謁議政影子, 移安于家)라는 제목의 시에서 "세월이 삼월 삼일이 되었기로, 비조鼻祖의 진영을 옮겨 봉안했다네. 상복 입지 않는 먼 친척들 불러서, 열세 사람이 차례로 배알하였네. 버들은 어둡고 청파는 저물었는데, 하늘은 개이고 백악은 봄이로구나. 뉘라서 알까 모임을 가진 이유가, 부모 잘 모시도록 권하는 데 있음을"(歲月幷臨辰, 移安鼻祖眞, 招要袒免服, 序拜十三人, 柳暗靑坡晩, 天晴白岳春, 誰知修事, 所以勸親親)이라고 했다. 그리고 그 아래에 문집을 엮은이가 "3월이다. 선생 8세조 상촌 선생 숭의 영정이다"라고 주석을 달았다. 즉 1568년 3월 서울 건천동 집으로 옮겨 봉안하면서, 서울에 있던 종친 13인이 모여서 차례로 배알한 것이다.

임진왜란 중에도 영정은 잘 수호되었다. 1658년, 11세손 봉화 현감 노경명이 상주 화령 옥연에 사당을 짓고 서울에 있던 영정을 옮겨 봉안했다. 이후로 상주의 상촌 후손들은 춘추로 영정을 모셔 놓고 제사를 올렸다. 18세기에 들어와 상주 도남서원 유림들이 상촌 노숭의 영정뿐만 아니라 위판도 함께 모시자고 발의

하여 각 서원에서 논의에 들어갔다. 1727년 8월 초하루 봉산서원 분향 모임에서 본격적으로 추진할 것을 상주의 각 서원에 통고하였고, 그해 9월 도회가 열려 상촌과 배향으로 노계원의 위판 봉안고유를 마침으로써 영당影堂이 사당으로 승격되었다. 사당을 '옥연사玉淵祠' 라 하고 유림들이 춘추로 향사를 모시고 학궁學宮(강당)을 유지해 왔으나 1870년대에 서원철폐령으로 훼철되었다. 한국전쟁 때에는 옥연사에 모셔져 있던 영정을 모시고 멀리 피난했다가 다시 현 위치로 모시는 수난을 겪었다.

「노숭영정」은 두루마리로 되어 있어 궤에 걸었는데, 위쪽의 용두龍頭 한 쌍은 1980년에 분실했다고 한다. 영정을 평소에 보관했던 함(108×13×9.5㎝)은 남아 있다. 함의 뚜껑에는 적성 현감을 지낸 지령 노사성이 음광陰光을 쐬며 기록한 글이 남아 있다. 그 내용을 보면 이렇다.

> 상촌 선조께서 고려조에서 가선대부였을 때 그린 화상은 없어졌고, 지금 집안에서 소장하고 있는 것은 조선 태조조에 순성보조공신에 책록되고 자헌대부에 올랐을 때의 영정이다. 이는 고조이신 소재 선생의 수기手記(손수 기록한 것)에서 나왔다. 후손들이 이에 의거하여 알게 되었으니 참으로 다행스러운 일이다. 1710년 7월 30일 배접褙接(종이, 헝겊 또는 얇은 널조각 따위를 여러 겹 포개서 붙이는 일)하고 포쇄曝晒(젖거나 축축한 것을 바람을

쐬고 볕에 바램)할 때, 13세손 노사성은 삼가 기록하다.

桑村先祖考, 前朝嘉善時畵像亡, 卽今家藏本, 太祖朝, 純誠補祚功臣, 資憲時, 影幀也. 此出於高祖考穌齋先生手記, 後裔依此識之, 幸甚. 庚寅七月三十日, 後裭曝晒時, 十三世孫, 思聖謹誌.

이를 보면, 고려조에서 벼슬하여 가선대부에 올랐을 때 최초로 상촌 노숭의 영정이 제작되었음을 알 수 있다. 물론 고려조에서 만든 영정은 전하지 않는다. 현재 전하는 영정의 원본은 태조조에 자헌대부로 있을 때 제작한 것이다. 만일 고려 말이나 조선초에 제작된 영정이 지금까지 전해졌다면 국보급 가치를 지닌 문화재로 평가되었을 것이다. 소재는 이 같은 사실을 손수 기록으로 남겨 후손들이 알 수 있도록 했다. 현재 소재의 기록을 문집에서 찾아볼 수 없는 것이 유감이다.

태종 2년에 그린 옛날 영정은 함에 넣어 보관했는데, 쥐가 들어와서 갉아먹어 훼손이 심해 걸어 놓을 수 없다. 현재 액자로 표구한 영정은 2백여 년 전에 다시 모사模寫한 것이다. 원본의 길이는 104cm이고, 모사본은 119×179cm(액자), 92×155cm(그림)이다. 현재 모사본은 상주박물관에 소장되어 있다.

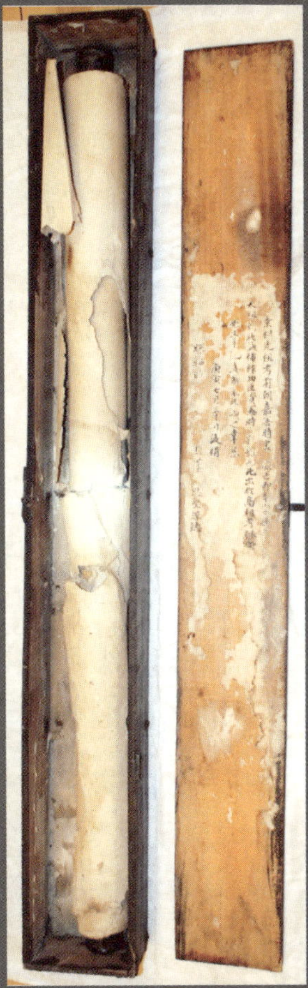

상촌 영정함과 덮개. 함 속에 있는 것은 원본이고, 덮개 안쪽에 노사성이 영정의 내력을 밝힌 글이 보인다.

상촌 노숭의 영정. 조선 태조 때 그린 영정을 1710년에 노사성이 다시 배접했다.

2)「기영회도」

심수경沈守慶(1516~1599)의 『견한잡록遣閑雜錄』을 참고하여 '기로회耆老會'의 성립 과정을 알아보면 다음과 같다. 중국 당송시대부터 있었던 기로회 풍습이 고려조에 유입되었다. 고려 신종 1년(1198) 정안공靖安公 최당崔讜(1135~1211)이 벼슬을 그만두고 영창리靈昌里에 쌍명재雙明齋를 지었는데, 1203년 사대부 가운데 늙어서 유유자적하는 이들을 불러 모아 날마다 시주詩酒와 거문고, 바둑으로 함께 즐겁게 지냈다. 호사가들이 이를 그림으로 전하여 '해동기로회도海東耆老會圖'라 하고, 조통趙通이 이 일의 전말을 기록하였다고 한다. 최당에 의해 개인적으로 시작된 기로회 풍속은 조선조에 들어와 공식화되어 정착했다.

태조는 조정의 지원을 받는 경로기구로서 기사耆社 또는 기로소耆老所라는 공식 관청을 설치하고 직접 가입하여 기로·기영의 모임을 활성화시켰다. 숙종과 영조도 기사에 참여한 적이 있다. 기로회와 기영회는 거의 같은 의미로 사용되었다. 70세 이상의 문과 출신자 가운데 정2품 이상(종2품도 참여시킨 예가 있음) 실직實職을 지낸 자만이 모임에 참석할 수 있었으니, 관료로서 원로 사대부가 되어 기로소에 들어가는 것은 더할 수 없는 영예였다. 다만 인원수가 너무 적거나 임진왜란, 정유재란 등 국가적 재난시기에는 열리지 않았다.

국가에서는 매년 3월 3일과 9월 9일에 훈련원이나 반송정盤松亭에서 기로소 노인들에게 잔치를 베풀어 주고 왕이 술과 1등급의 풍악을 내렸다. 기영회는 처음에는 주로 산이나 강가에서 열었으나 16세기 이후에는 건물 안으로 장소를 옮겼다. 그리고 이를 기념하기 위해 화원을 시켜 연회의 장면을 그림으로 그리도록 했다. 이러한 그림은 기념과 기록을 목적으로 하는 만큼 화공에 의해 참가자의 수효만큼 제작되어 각기 소장하는 것이 관례였다.

전문가의 설명을 빌려 「기영회도」의 회화적 특징을 알아보기로 하자. 화면을 주선朱線으로 구역을 지은 소재종가 소장본(135×71㎝)은 전체 구성이 세 단락으로 나누어진다. 상단 맨 윗부분에 전서篆書로 '기영회도耆英會圖' 라는 모임의 명칭을 쓰고, 중단에는 연회의 장면을 그림으로 그렸다. 앉아 있는 좌석을 보면, 위쪽 오른편에 좌의정 소재 노수신, 위쪽 왼편에 우의정 임당林塘 정유길鄭惟吉(1515~1588), 왼편에 서애西崖 원혼元混(1505~1588), 오른편에 팔계군八溪君 정종영鄭宗榮(1513~1589), 왼편 중간에 청천당聽天堂 심수경沈守慶, 오른편 중간에 송월당松月堂 강섬姜暹(1516~1594), 왼편 아래에 죽애竹崖 임열任說(1510~1591)의 7현이 보인다. 하단은 다시 2단으로 나뉘는데, 그 상단에는 참석자들의 자필 찬시가 있고, 그 하단에 참석자 7인의 인적사항(이름, 자, 호, 본관, 품계와 관직)을 앉은 순서대로 적어 놓았다. 이들은 당시 모두 70세 이상의 고관들이었다. 소재는 「기영회도」에 "누가 못난 나를 불러 여섯 현인들의

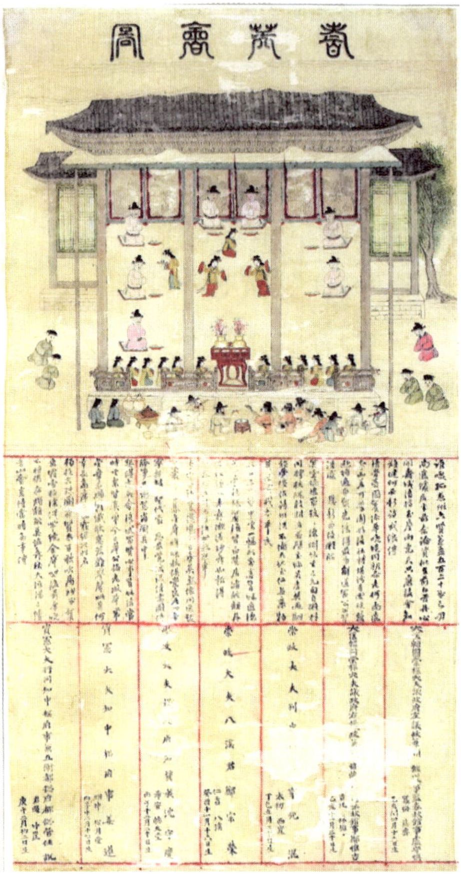

상주 옥연사 종가 소장 「기영회도」(상주박물관 제공)

자리에 앉게 했나? 나이를 헤아리니 모두 5백2십 세로세"(誰喚孤愚班六賢, 籌盈五百二十年)로 시작되는 시를 남긴 바 있다.

「기영회도」는 조선시대의 일반적인 계회도축稧會圖軸의 형식을 따른 것인데, 종래 알려진 「기영회도」보다 건물 밖 모습에 큰 비중을 두고 있는 것이 특징이다. 원래 비단 위에 채색을 가하여 족자 형태로 제작되었다. 그런데 서울대박물관 소장본은 화첩畵帖(59.2×40.3㎝)으로 꾸며져 있다. 소재종가와 동일본으로 추정되는 서울대본을 보면, 그림 왼쪽에 '만력기유맹추萬曆己酉孟秋'라는 묵서墨書가 쓰여 있어, 종가본 「기영회도」도 1585년(선조 18) 초가을(7월)에 제작되었음을 알 수 있다. 이 두

「기영회도」. 왼편에 '만력기유맹추'라는 글씨가 보인다.(서울대박물관 소장)

보물로 지정된 「기영회도」(국립중앙박물관 소장)

본은 그림의 형식 · 찬시讚詩 · 좌목座目 등에서 모두 일치한다. 하지만 그림의 세부 묘사 · 필선 · 색채의 사용 등에서 볼 때 소재종가 소장본이 서울대본보다 훨씬 우수한 정본精本으로 판단된다.

선조 을유년(1585) 7월에 그렸던 원본 「기영회도」는 현재 전하지 않는다. 원본은 화령 황산에 있는 후손이 가지고 있었는데, 이를 노사성이 모사했다고 한다. 그 뒤에도 세월이 가면서 그림의 모양과 색채가 변질되기 때문에 그때마다 모사본을 그려 옛 모습을 재현해야 했다. 족보에는 적어도 원본 제작 이후 1710년 3월, 무신년(1788년 혹은 1848년 1월), 1987년 3월 등 3차례에 걸쳐 이모移模하여 옥연사에 봉안했다고 한다. 지금 전하는 「기영회도」는 전체 구도는 변하지 않았겠지만 디테일한 부분은 원본과 달리 생략되거나 거칠게 표현될 수밖에 없었을 것이다.

소재가 참석한 「기영회도」 2점이 국립중앙박물관에 소장되어 있다. 그 하나(163×128.5㎝)는 보물 제1328호로 지정되었는데, 현재까지 알려진 「기영회도」 가운데 규모가 가장 크고 채색 사용이나 필치 구사가 뛰어나 16세기 최고 수준의 화원이 그린 것으로 평가된다. 나머지 하나(109.2×61.6㎝)는 종가본과 동일한 것으로 보인다. 보물본은 제작 시기가 서울대본이나 종가본보다 앞선 것이다. 참석자 가운데 심수경과 강섬이 빠지고 홍섬洪暹(1504~1585)과 박대립朴大立(1512~1584)이 들어간 것에서 유추해 보면 그런 결론에 이르게 된다. 보물본은 1584년 이전에 열렸던 기영회를 그려

놓은 것이다. 그림도 2단 구성을 하고 있어 하단에 좌목과 찬시를 나란히 적은 것이 종가본과 다르다.

보물본을 잠깐 들여다보자. 대청 뒷면으로 소나무와 백매白梅가 있는 강가에서 물새들이 노니는 광경을 그린 그림을 배경으로 삼았다. 중앙에는 꽃이 꽂힌 커다란 청화백자 항아리가 놓인 주칠朱漆탁자가 연회의 화려함을 더했다. 연회 참석자들은 흉배胸背(관복의 가슴과 등에 장식한 표장) 없는 담홍포淡紅袍를 입고 호피虎皮 무늬 방석 위에 앉아 주칠로 된 상을 각각 앞에 놓고 있다. 촛불이 켜져 있으므로 연회를 여는 시간은 저녁 무렵이다. 악사들은 다양한 악기들을 손에 들고 음률을 고르는 듯하고, 시녀들은 상을 들여가거나 음식을 준비하는 부산한 모습이다. 시종들은 대청 아래 마당에서 서로 이야기를 나누면서 모임이 파하여 주인을 모시고 돌아갈 때를 기다리고 있다.

서울대본은 악사들의 옷차림이 전부 붉은 색인 데 비해, 종가본은 흰색 · 주황색 · 붉은색의 다양한 색으로 되어 있고, 머리에 쓴 복두幞頭(사모같이 두 단으로 되어 있으며, 위가 모지고 뒤쪽의 좌우에 날개가 달려 있는 모자)와 전립氈笠(돼지 털을 깔아 덮은 모자)에 있어서도 차이가 나며, 춤추고 있는 두 무용수의 옷차림도 종가본이 훨씬 다채롭고 동작도 상세하다. 지붕의 묘사, 주칠탁자, 각종 기물의 묘사에 있어서도 종가본이 훨씬 뛰어나다.

서울대본은 종가본을 모본으로 하여 제작되었을 것으로 생각된다. 서울대본에는 방 가운데 있는 두 개의 촛대에 불이 켜져 있으나, 종가본에는 보이지 않는다. 화면의 구도상 종가본은 세로가 길고 서울대본은 가로로 길게 안배했기 때문이다. 종가본과 서울대본은 모두 정면 3칸의 건물 안에서 연회가 이루어지고 있다. 대청에서 7인의 참석자들은 사모紗帽 뒤에 꽃을 꽂고 각기 독상獨床을 앞에 놓고 술을 마시면서 노래와 춤을 감상하고 있다. 배경 그림이 채색 산수화였던 보물본과 달리 서울대본에서는 수묵산수를 그린 병풍이 나타난다. 당시 유행했던 절파풍浙派風의 산수도다. 서울대본에서 비교적 뚜렷하게 드러났던 병풍 산수도가 종가본에는 거의 보이지 않는다. 아마도 여러 차례 모사하는 단계에서 산수도를 생략한 듯하다. 양식적인 측면에서 보면, 배경의 산수가 강조되던 15세기 전반이나 중엽과는 달리 옥내에서 이루어지는 계회 장면만 부각시키고 있어 변화를 보이고 있다.

3) 「송조오현도」

우리에게 「오현도五賢圖」는 익숙한 그림이 아니다. 일찍이 상촌象村 신흠申欽(1566~1628)은 소광疏廣, 도잠陶潛, 대규戴逵, 소강절邵康節, 왕자유王子猷 등을 그린 「오현도」를 벽에 걸고 존숭을 표한 바 있다. 그러나 소재가 소장하고 있던 「오현도」에는 송나라의 다섯 현자인 주돈이周敦頤(1017~1073) · 장재張載(1020~1077) · 정호程顥(1032~1085) ·

정이程頤(1033~1107) · 주희朱熹(1130~1200)가 그려져 있었다.

「오현도」가 어떻게 소재의 수중에 들어왔는지는 정확한 기록이 없어 뭐라고 단정하기 어렵다. 이만부는 명나라가 융성하던 시절에 우리나라에 유입된 것을 소재가 손에 넣었다고 말한 적이 있다. 소재 문중에서는 외조부 이자화가 중국에서 가져온 것을 손녀사위인 소재에게 전한 것이라고 알고 있다. 이자화가 세상을 떠난 1520년 이전에 중국에서 유입되었다면, 그림의 제작이 지금부터 적어도 5백여 년 전에 이루어졌다고 볼 수 있다. 그럼에도 불구하고 일부분만 손상되었을 뿐 5

「송조오현도」. 상단은 '오현찬', 하단은 '오현상'이다. 상단의 화상찬은 청송 성수침의 글씨다. 오현의 위치를 보면, 주돈이(상중), 정호(상우), 정이(상좌), 장재(하우), 주희(하좌) 순으로 되어 있다.

현의 화상은 온전하게 남아 있다. 소재와 그 후예들이 얼마나 소중하게 간직해 왔는지 알 만하다.

소재는 일찍이 회재 이언적에게서 '존심存心의 요체'를 들었다. 그 후로 존심의 요체를 상세히 논파한 글을 찾아 읽었다. 송나라 성리학자들이 제출한 학설이 담긴 책자를 통해 이해를 심화시켰다. 독서를 통한 공부는 직접 저자의 강의를 듣는 것만 못하다. 그러나 시대가 달라 저자를 만날 수 없다. 소재는 독서와 더불어 도상을 가까이 함으로써 학습의 효과를 높이려 했다. 송대 대현 5인의 모습을 그린 그림을 걸어 두고 바라보면서 그들의 사상을 체인하려 했다. 소재는 「오현도」를 서울 집에 있을 때나 유배지 진도에 있을 때, 심지어 복관된 뒤 정승이 되어 의정부에 있을 때도 항상 가까이에 두고 모셨다. 「오현도」를 보면서 오현에게 질정하여 자신의 말과 행동을 정하였다. 오현의 가르침에 따라 어버이를 섬기고 임금을 섬기며 백성을 다스렸다.

소재 사후 「오현도」는 상주 화령으로 내려와 한동안 다른 사람의 수중에서 수호된 적이 있다. 소재의 4세손 현감 노사성은 「오현도」를 상주에서 은거하며 도학을 연찬한 식산 이만부에게 보냈다. 잠시 맡긴 것이었다. 그는 이만부에게 "이것은 나의 선조께서 공경하게 지키던 것인데, 그대가 응당 서재에 봉안하였다가 나중에 나의 후손에게 돌려주게"라고 말했다. 아마도 노사성은 「오현도」의 진가를 이만부가 잘 알고 있을 것이라고 생각해서 보낸 듯하다. 한편 노사성의 장손으로 요절한 노현수는 이만부의 문생이자 사위였다. 「오현도」는 양가의 학문적 수수를 상징하는 물건으로 이용되었다. 이만부는 서애 류성룡이 사용하던 책상을 선물로 받았고, 우복 정경세가 기거하던 집의 목재를 선물로 받아 자신이 기거할 집을 만들었거니와 다시 소재 노수신이 경모했던 「오현도」를 전수 받아 소장했다. 이런 식으로 상주의 명문가들은 이만부와 세의를 다졌다. 노사성에게서 받은 「오현도」를 이만부는 비단으로 고쳐서 장정한 뒤 함에 넣어 보관했다. 아울러 기문을 지어 「오현도」의 내력을 밝혔다. 그 후 이만부는 자신의 서재인 천운당天雲堂 벽에 「오현도」를 걸어 두고 마치 상제上帝, 즉 하느님을 대하듯이 늘 마음을 엄숙하게 가졌다고 한다.

「오현도」는 크게 두 부분으로 나누어 볼 수 있다. 하나는 '오현찬五賢贊' 이고 다른 하나는 '오현상五賢像' 이다. 오현찬은 「오현도」 위쪽 여백에 청송聽松 성수침成守琛(1493~1564)이 써넣었다. 소재가 당대의 명필 성수침에게 글씨를 부탁하여 받은 것 같다. '오현찬' 은 주자가 지은 「육군자화상찬六君子畵像贊」 가운데서 뽑은 주돈이, 장재, 정호, 정이 4현의 화상찬畵像讚과 주자의 4전제자 초려草廬 오징吳澄(1249~1333)의 주희 화상찬을 말한다. 매산梅山 홍직필洪直弼(1776~1852)도 어떠한 화상찬보다도 오징의 화상찬이 주자를 가장 참되고 절실하게 표현했다고 평한 바 있다.

이만부는 「오현도」에서 오현의 위차를 변별해 냈는데, 염계

주돈이는 중간에 앉아 있고, 명도 정호는 동편에, 횡거 장재는 그 다음에, 이천 정이는 서편에, 회암 주희는 그 다음에 있다고 했다. 정명도와 정이천은 주렴계에게 가르침을 받았고, 장횡거는 정명도와 정이천에게 스승의 자리를 사양했기에 10세 이상의 나이 차가 나지만 옷자락을 같이하여 같은 위치에 앉을 수 있다는 것이다. 남송의 주희는 나머지 4인과 시대가 달랐지만, 한자리에 그려 넣은 것은 도학의 통서統緖라는 관점을 중시했기 때문이었다.

「오현도」를 바라보고 있으면, 필법이 정묘하고 정신과 풍채가 살아 움직이며 의관이 엄정하고 위의가 엄숙하여 오싹하고 소름이 돋을 정도로 경외감을 불러일으킨다. 성수침이 쓴 '오현찬'을 읽어 보면서 오현의 초상을 찬찬히 바라보노라면, 은연중에 오현을 직접 뵙고 훈도를 받는 듯한 착각에 빠져들 수 있다. 이것이 소재나 이만부가 「오현도」에서 추구한 경지가 아니었을까?

이만부는 그림에 대한 안목이 탁월했다. 「오현도」의 결함을 이렇게 지적했다. "오직 그 손 모양이 의심스럽다. 정명도와 정이천은 모두 손을 드러내어 깍지를 끼지 않은 형상이어서 마치 선생님을 모시는 태도가 아닌 듯하다. 그런데 주렴계는 오른손으로 팔뚝을 돌려 점지했으니 부처를 그린 탱화와 비슷한 점이 있다. 아마도 모사한 사람이 그림 솜씨가 있었지만 부처를 숭상하는 시대적 분위기에 익숙하다보니 자세히 살피지 못해서 생겨난 잘못인 듯하다." 이만부의 지적을 듣고 다시 「오현도」를 보니, 정말 그런 것 같다는 느낌이 든다. 그러나 이러한 사소한 결함이 「오현도」의 가치를 떨어뜨리는 일은 없다. 오현의 기상을 너무나 잘 표현했다고 생각하기 때문이다.

이만부는 임종하는 순간까지 「오현도」를 끔찍이 사랑했다. 노계원이 지은 「식산가장息山家狀」을 보자. 식산은 임종을 앞두고 "「오현도」를 펼치라고 명하고 사람의 부축을 받아서 앉아 손을 들어 읍을 하고 부복함이 마치 절하고 이별하는 사람의 모습과 같았다. 그리고 주르륵 눈물을 흘렸다. 이어 다른 장소로 옮겨 봉안하게 했다"라는 대목이 보인다. 이는 마치 퇴계 이황이 임종을 앞두고 매화분(梅兄)에 물을 주라고 한 대목과 그 분위기가 유사하다. 이황에게 매형이 있었다면 이만부에게는 「오현도」가 있었던 것이다.

「오현도」가 소재와 이만부 그리고 노계원에게 주는 의미는 무엇일까? 협애한 조선 성리학의 울타리에 갇히지 않고 자유롭게 송대 성리학의 진수를 자득하겠다는 의지의 표현이 아니었을까? 소재가 그랬고 이만부가 그랬듯이 그들은 한결같이 기존의 학파를 초월하고자 했다. 퇴계니 남명이니 율곡이니 하는 선생의 학설만 앵무새처럼 재잘거리는 현실을 거부한 것이다. 그런 의미에서 「오현도」가 주는 의미는 심대한 것이다.

이만부와 노계원이 세상을 떠나고 나서 「오현도」는 어떻게 되었을까? 그들 사후에 「오현도」는 제자리를 얻지 못했다. 노계원의 문생과 자제들은 고민에 빠졌다. 소재는 생전에 하루도 「오현도」와 떨어진 적이 없었으니 소재가 없다고 해서 「오현도」와 소재를 분리시킬 수 없었다. 그리하여 「오현도」를 옥연사에 옮겨 봉안했다. 그러나 대원군의 서원철폐령이 내려져 부득이 옥연사를 훼철해야 했다. 그에 따라 「오현도」는 또다시 설 자리를 잃었다. 궁여지책으로 「오현도」를 봉암서숙鳳巖書塾으로 옮겼다. 이렇게 독립된 수호처가 없어 「오현도」는 오래도록 떠돌이 신세를 면할 수 없었다. 이러한 문제점을 간파하고 개탄해 마지않은 이는 상주 목사로 부임해 온 민종렬閔種烈(1831~?)이었다. 민종렬은 지역 사림의 협조를 얻어 1888년 「오현도」를 보관하기 위해 소재의 사당 오른편, 옥연사 옛터에 작은 누각을 지었다. 그것이 바로 '오현영정각五賢影幀閣', 즉 '오현영각'이다. 이를 혹은 '오현사五賢祠'라 부르기도 한다. 소재의 후손인 노우성盧禹敬, 노성학盧性鶴이 감독하여 목재와 기와에 흠결이 없었을 뿐 아니라 기둥과 전각이 빛났으며, 문과 담장이 모두 방정하고 단청이 화려하였다.

그로부터 29년이 지난 1916년 김진원金眞源 · 김유金鍮 · 장묵상張默相 등 상주의 유림들이 오현사를 위한 존모계尊慕契를 만들고 계첩을 작성했다. 일찍이 없었던 일이었다. '오현사 존모계'는 송조오현의 글을 강론하는 모임이었다. 소재가 말한 '존심의 요체'는 모두 송조오현의 말씀에서 나온 것이니, 오현의 말씀을 강론하여 무너진 풍속을 부지하는 데 힘쓰는 것이 바로 오현을 잘 섬기는 길이었다. 다만 이 존모계가 언제까지 존속되었는지는 알 수 없다.

소재 11세손 노재구盧載龜(1869~?)가 1916년에 쓴 「옥연오현사존모계서玉淵五賢祠尊慕契序」에는 노계원의 『지엄고芝广稿』에 「오현도」를 봉안하고 수호한 전말을 기록한 글이 수록되어 있다고 했으나, 필자가 현전하는 『지음유집芝陰遺集』을 검토한바, 그러한 기록이 남아 있지 않아 유감이었다.

「오현도」는 본래 영정함(95.5×11×9㎝)에 넣어 보관해 왔다. 그래서 이동할 때도 휴대할 수 있었던 것이다. 현재는 액자에 넣어 상주박물관에서 보관하고 있다. 예전의 영정함도 함께 상주박물관에서 수장하고 있다.

4) 제사 관련 유물들

신주를 모시는 함인 '주독主櫝집'(45×26×54㎝)은 4백 년 전의 작품으로 옻칠을 여러 번 했고 모양이 정교하다. '주독집 덮개'(46×26×51㎝)는 한지를 여러 겹으로 붙여서 밑면을 틔웠다. 앞에는 청색 물감을 사용하여 붓으로 정교하게 무늬를 그렸는데 세련된 솜씨로 보인다.

'제상祭床' 한 쌍이 전한다. 불천위 사당에서 사용했던 제상으로 위패와 함께 4백여 년 전에 정교하고 품위 있게 만든 작품이다. 소재 내외분을 위해 한 쌍으로 되어 있다. '모사기茅沙器' 한 쌍은 불천위 제상의 아래 두었던 사기로 된 그릇이다. 뇌주酹酒를 쾌주(술을 조금씩 나누어 지움)하던 그릇인데, 소재 내외분 제상마다 하나씩 놓아야 하므로 한 쌍으로 이루어져 있다. '교의交椅' 가 있는데, 종가에서 4백여 년 전부터 제사를 지낼 때 사용한 신주神主를 모시는 다리가 긴 의자이다.

'잔반盞盤' 은 옛날 놋쇠로 만든 잔과 잔 받침이다. 4백여 년 전부터 불천위 제사에 사용했다. '뫼그릇' 은 옛날에 놋쇠로 만든 주발과 대접이다. 제사 때 신위神位 앞에 놓는 밥(飯)을 '메' 라고 하는데 '뫼' 가 그 어원이다. 종가에서 불천위 제사에 쓰던 밥그릇과 국그릇을 일러 '뫼그릇' 이라 했다. '탕그릇' 은 놋쇠로 만든 탕을 담는 그릇이다. 그 밖에 제사 때 과일이나 적炙을 담아 놓는 굽이가 있는 목기인 '목제기木祭器' 한 벌(一襲: 7개~12개)도 전한다.

5) 시호교지 등 고문서

강희 갑술년(1694)에 숙종이 내린 '시호교지諡號敎旨' 가 전한다. '대광보국숭록대부大匡輔國崇祿大夫 의정부議政府 영의정領議政 겸兼 영경연領經筵 홍문관弘文館 예문관藝文館 춘추관春秋館 관상감사觀象監事 노수신盧守愼 증시贈諡 문간공자文簡公者 강희康熙 삼십삼년三十三年 구월九月 초오일初五日' 이라고 쓰여 있다. 이 시호교지는 소재의 명예 회복을 알리는 징표로서 그 의미가 깊은 고문서이다.

'명문明文'이란 토지와 노비, 가옥, 소와 말 등 각종 물건의 매매 사유 및 가격이 명시된 문서를 말한다. 소재종가에는 '상속명문相續明文'이 2장 남아 있다. 「노수신별급문기盧守愼別給文記」는 1586년 12월 15일 작성된 분재기이다. 소재가 영의정으로 있을 때, 손자 노도형이 혼례를 올리자 그 기쁨을 표시하기 위해 서울과 지방에 있던 노비와 교하에 있는 논 10마지기, 서울 낙선방에 있는 21칸짜리 기와집, 집 앞의 빈터 26칸, 미나리 밭과 채마밭 등을 특별히 내려 준 것을 증명하는 문건이다. 문서 뒷면에 만력 37년과 41년의 장예원의 입안이 있다. 입안은 별급문기에서 말한 노비 및 그 소생의 매매 사실을 2차에 걸쳐 장예원에서 확인받은 문건이다. 1차는 노도형이 1609년 9월 보안 찰방으로 있을 때이고, 2차는 1613년 4월 예천 군수로 있을 때 각각 작성되었다. 문서를 작성한 필집筆執은 삼촌질三寸姪 이지李沚가 맡았다. 문서에는 소재와 이지의 수결手決이 보인다. 이지는 소재에게 생질(본관 전주, 이요빈의 아들)이다. 크기는 세로 81㎝, 가로 79㎝이며, 행서로 기록되어 있다.

'종제從弟 앞으로 된 명문'은 1675년(강희 14) 종손 사영思永이 종제인 진사 사현思賢(제릉 참봉)에게 모친(좌찬성 崔滉의 딸)의 장례 때 빌려 쓴 은자의 대가를 논으로 허여한다는 명문이다. 입회를 사

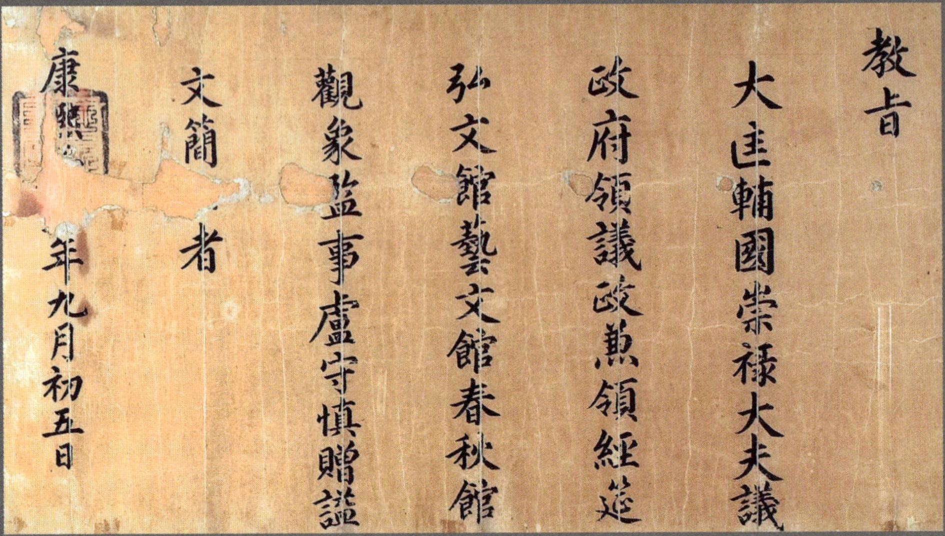

教旨
大匡輔國崇祿大夫議
政府領議政兼領經筵
弘文館藝文館春秋館
觀象監事盧守慎贈諡
文簡者
康熙[illegible]年九月初五日

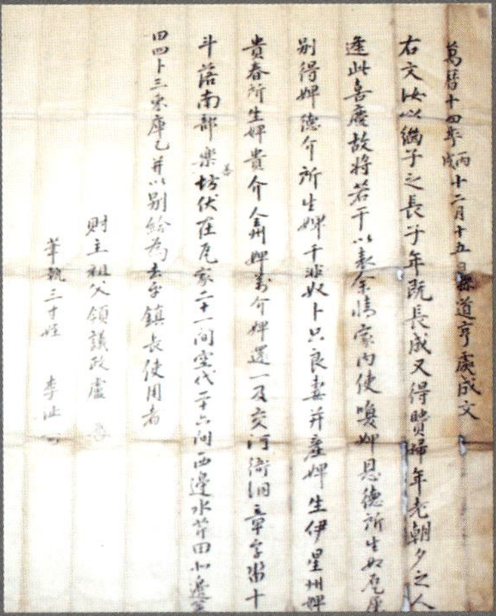

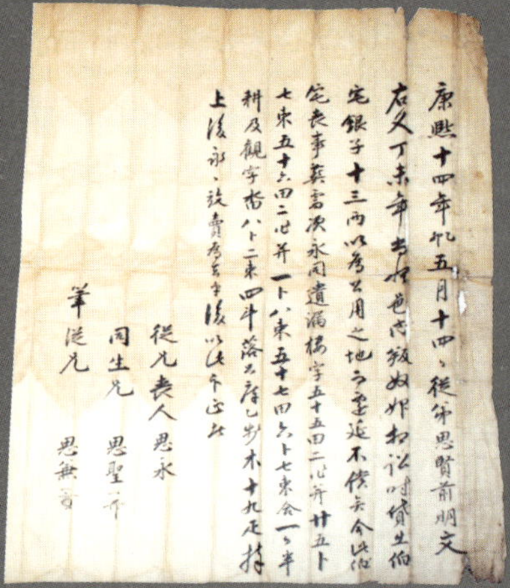

(위) 1694년 소재에게 문간공 시호를 내린다는 내용을 담은 교지
(왼쪽) 소재가 봉사손 노도형에게 재산을 별급한 명문. 서울 낙선방에 있는 와가 21칸을 준다고 했다.
(오른쪽) 1675년 노사영이 종제 노사현에게 빌린 돈을 땅으로 대신 갚는다는 내용의 명문이다.

성思聖이 서고, 글씨는 종형 사겸思兼이 썼다.

혼인할 때에 신랑집에서 예단禮緞에 붙여 신부집으로 보내는 글발을 '예장禮狀' 이라 한다. 영천 군수 난로당 대해大海가 1611년 손자 석명碩命의 배필로 손부孫婦(우복 정경세의 딸)를 보게 되자 사가査家(사돈댁)에 보낸 예장이 남아 있다.

「소재기영회문서穌齋耆英會文書」는 1585년 소재가 기영회에 참석한 것을 기념하여 제작한 「기영회도」와 관련한 낱장으로 된 문서다. 원본 「기영회도」가 후대에 이르러 심하게 훼손되었다. 그러자 이를 염려한 후손들이 떨어져 나간 표제의 글씨 4자를 다시 쓰고, 원그림 바탕에 직접 써넣지 못한 시문을 별도로 옮겨 쓴 것이다. '기영회' 이외에도 소재는 「사간원계회도司諫院契會圖」, 「금오랑계회도金吾郎契會圖」, 「을해동갑계회도乙亥同甲契會圖」, 「신강릉개보도감제명도新康陵改補都監題名圖」, 「관반계회도館伴契會圖」 등 계회도를 읊은 시편을 남긴 바 있다.

「궤장하사시문서几杖下賜時文書」는 1585년 궤장을 하사받고서 국왕의 은혜에 감사하여 지은 소재의 시문이다. 5면의 절첩折帖에 칠언절구 두 수가 적혀 있다.

6) 서산과 『휘초』

'서산書算' 은 글을 읽은 횟수를 세는 데 쓰는 물건이다. 보통

봉투처럼 만들어 겉에 홈을 내어서 접을 수 있도록 하고, 안과 밖의 색을 달리하여 접힌 부분이 쉽게 눈에 띄게 한다. 홈은 대개 열 개를 내며, 접은 눈금을 헤아려 글을 읽은 횟수를 센다. 소재 종가에 전하는 서산은 한 번 읽으면 아래 눈을 접고, 10회가 되면 위 눈을 접어, 50회를 세도록 되어 있다.

『휘초彙抄』는 『시전』·『주역』·『서전』·『논어』·『맹자』·『중용』·『대학』·『좌전』·『예기』·『사략』·『통감』·『소학』·『초사楚辭』·『팔대가八大家』·『풍아風雅』 등에서 긴요한 대목을 뽑아 필사하고, 주요 어휘를 발췌하여 두주頭註 형식으로 제시해 놓은 어휘초록집이다. 문학, 사학, 철학 분야에서 고르게 사대부의 교양을 함양할 목적이거나 아니면 과거공부에 도움을 주기 위해 엮은 것이 아닌가 한다.

7)『광산보략』 등 서책들

『광산보략光山譜略』은 1580~1590년 사이에 제작된 것으로 보인다. 노수신이 직접 광주노씨가의 계보를 그린 족계도族系圖이다. 첩책본帖册本 6장이다. 계통관계를 알아보기 쉽게 하기 위해 붉은 물감을 사용하여 연결선을 표시했다. 책명 옆에 '문간공유묵文簡公遺墨'이라 적어 노수신의 친필임을 나타냈다. 계보 끝에 그가 생존한 시기를 기록해 두었다. 본인과 부인의 이름, 역관歷

官과 과거科擧 사항, 적서嫡庶 여부 등 일반적인 조선 전기 구보舊譜형 기록을 충실히 따르고 있다. 관직명은 품계와 직명, 공신명을 줄이지 않고 온전히 기록했다.

『광주노씨가승光州盧氏家乘』은 광주노씨의 유래를 다룬 「수성원류受姓原流」를 시작으로 「안변공정언시피사安邊公正言時避辭」·「적성공갈명積城公碣銘」·「성균진사지초成均進士誌草」·「통덕랑광지通德郎壙誌」·「지음공가장초芝陰公家狀草」·「중추공치제문中樞公致祭文」·「문간공자명발文簡公自銘跋」 등이 수록되어 있다. 이 밖에 노숭으로부터 20세인 노광점盧光漸에 이르는 광주노씨 주요 인물들의 약력을 기록한 『광주노씨세계光州盧氏世系』가 있다.

『연악문회록淵岳文會錄』은 1622년 상주 목사로 있던 조찬한趙纘韓(1572~1631)이 당시 상주를 대표하는 문사들인 정경세鄭經世(1563~1633)·이전李坱(1558~1648)·이준李埈(1560~1635)·김혜金憓(1566~?)·황정간黃廷榦(1558~1642)·김원진金遠振(1559~?)·강응철康應哲(1562~1635)·김안절金安節(1564~1632)·조광벽趙光璧(1567~1642)·김지복金知復(1568~1635)·이상필李尙弼·강용후康用侯(1590~?)·허충룡許翀龍·김진金縝 등 15인과 함께 연악서옥淵岳書屋에서 시회를 열었는데, 그때 지은 시편들을 모아 참가자 명단과 함께 엮은 책이다. 3백여 년 보존되어 오는 동안 원집에 좀이 슬고 해서 상태가 악화되자 1926년 후손들이 힘을 모아 석인石印했다.

『대학집록大學輯錄』은 간행된 지 오래된 구본舊本이다. 『소재집』에는 수록되지 않았기에 1991년 후손들이 발간한 『속집續集』에 수록되었다. 그 속에는 『대학집록』, 『동몽수지童蒙須知』, 『자훈언해字訓諺解』가 차례로 실려 있다. 『자훈언해』는 송나라 정단몽鄭端蒙이 찬술한 『자훈』을 노수신이 우리말로 언해한 것이다.

『경재잠敬齋箴』은 1첩으로 된 필첩筆帖이다. 소재가 송나라의 주희朱熹가 지은 「경재잠敬齋箴」에 주해註解를 붙인 것이다. 필사한 사람과 필사 시기는 미상이다. 본래 주희가 친구인 장식張栻의 「주일잠主一箴」을 읽고서 자경自警하기 위해 지은 것인데, 소재가 10장으로 나누어 주해하였다. 본첩本帖의 원문은 4언 40구로 160자인데 대자로 썼고 주해는 4언 4구마다 단을 나누어 한 자씩 낮추어 소자로 적었다. 규장각에 소장되어 있다.

『시강록侍講錄』은 필사본(31×21.8㎝)으로 1책 49장이다. 인종이 세자로 있을 때, 소재가 1544년(중종 39) 2월 14일부터 5월 27일까지 37회에 걸쳐 『강목綱目』·『서경』·『근사록近思錄』 등을 진강進講한 적이 있다. 진강 후 3년이 되던 해인 1547년(명종 2) 9월에 소재는 진도로 유배를 가게 되는데, 적소에서 진강한 내용을 다시 검토하여 정리한 것이다. 규장각에 소장되어 있다.

소재의 문집은 1602년 최초로 간행된 후 천안본, 성주본, 봉화본, 계축본(현재 영인) 등 여러 번 중간되었다. 표지에 을중乙中 공칠共七이라고 쓴 『문집본초文集本草』는 소재의 수록본手錄本으로 후손가에 보존되어 왔다. 소재 사후 이 『본초』를 바탕으로 하여 문집이 편찬되었을 것으로 보인다. 80여 편의 시문 중 78편이 3간본인 봉화본 『소재집』 권2에 수록되어 있다. 집필 연대는 명종 초년으로 진도 유배 생활의 참상을 사실적으로 묘사한 시가 많다. 무신 정월 난고亂稿 21수, 2월 난고 40수 및 「옥주이천언沃州二千言」 등이 있다. 크기는 세로 24㎝, 가로 14.2㎝로 한지장본이며, 면마다 8행의 초서草書로 기록되어 있다. 1행은 평균 16자이다. 김광순 선생의 연구에 의하면,

소재의 문집 초고. 모두 7책 중 '을중' 한 권만 남았다. 주로 진도 유배 시 지은 작품들이 수록되어 있다. 그 가운데 「옥주이천언」은 장편고시로 소재 유배한시의 백미로 꼽힌다.

종가에 비장되어 온 필사본 『소재집』 2권(15×23㎝)이 남아 있었다고 한다. 65면으로 된 1권과 106면으로 된 2권에 수록된 한시가 모두 약 600수였으며, 그중 68제 78수가 기존 문집에 없는 것이라고 하여, 미수록 시편들을 논문을 통해 공개한 바 있다. 『선조비정경부인만사先祖妣貞敬夫人挽詞』는 소재의 생모인 성주이씨가 세상을 떠나자 당시 중앙조정에서 활동하던 명사 24인이 써서 보내온 것을 모아 놓은 것이다. 만사를 보낸 이들의 이름을 들어 보

면, 류전柳塡(1531~1589) · 정탁鄭琢(1526~1605) · 김우굉金宇宏(1524~1590) · 권덕여權德輿(1518~1591) · 구사맹具思孟(1531~1604) · 박민헌朴民獻(1516~1586) · 이양원 · 강사상姜士尙(1519~1581) · 이헌국李憲國(1525~1602) · 이이李珥(1536~1584) · 손식孫軾 · 박근원朴謹元(1525~1585) · 이준민李俊民(1524~1590) · 윤탁연 · 심수경 · 이순인 · 류성룡柳成龍(1542~1607) · 홍연洪淵 · 구봉령具鳳齡(1526~1586) · 박순朴淳(1523~1589) · 심희수沈喜壽(1548~1622) · 정지연鄭芝衍(1525~1583) · 홍적洪迪(1549~1591) · 송인宋寅(1517~1584) 등이다. 크기는 세로 29㎝, 가로 23㎝이며, 모두 8매 16면으로, 해서楷書로 기록되어 있다.

8) 『춘추관일기』 등 일기

『춘추관일기春秋館日記』는 노수신이 홍문관 수찬으로서 춘추관 수찬을 겸임한 1543년 11월에서 1544년 11월까지를 기록한 춘추관 근무일지이다. 이 밖에 소재의 친필 초서가 분명하지만 표지가 떨어져 나가 표제를 알 수 없는 일기 1책이 있다.

『정청일기政廳日記』 2책은 괘선을 그은 지면에 단정하게 해서체로 필사했다. 정청이란 인사권을 가진 이조와 병조의 관원이 모여 인사발령과 관리의 고과考課(근무평정)를 매기는 회의장소다. 소재는 유배에서 풀려난 뒤 복관되어 1571년에 대사헌이 되었다. 그리고 이듬해 이조 참판이 되었는데, 이즈음부터 정청회의에 참석하여 64세에 좌의정에 오르기까지 6년 동안 이조 판서를 역임했다. 아마 그때부터 정사에 관한 기록을 일기로 써 내려갔던 것이 아닌가 한다. 그래서 후대에 붙여진 이름이 '정청일기'다. 일기의 제1책은 1571년 2월 초1일부터 1581년 9월 30일까지의 기록이고, 제2책은 1588년 영의정 시절부터 부인이 죽은 1590년 3월 11일까지의 기록이다. 제1책은 정사에 관한 내용이 주를 이루는 정무일기로서의 성격이 강하다면, 제2책은 국왕의 병환을 돌보는 과정에서 쓴 간병일기의 성격이 짙다. 때문에 제2책은 잠자리의 상태, 음식명과 분량 등 식사에 관한 정보, 대변의 횟수, 방문자의 성명, 약방문 등을 꼼꼼하게 기록했다. 제1책은 세로 24.8㎝, 가로 25.8㎝이며, 모두 228매 456면이다. 제2책은 세로 24.5㎝, 가로 25.6㎝ 이며, 모두 143매 286면이다.

9)『선현유묵』 등 유묵

『선현유묵先賢遺墨』은 소재가 조정에 있을 때 교유하던 문인들의 친필 시문을 모아 놓은 첩이다. 소재의 5세손 노하정이 쓴 서문에 의하면, 종손 노도형이 죽자 가장되어 오던 전적들이 흩어질 위기에 처했는데 이를 안타깝게 여긴 동생 노도홍盧道興이 나무 상자를 만들어 보관했고, 그 후 1693년 노하정이 상자 속에 있는 시문을 정리하여 2첩으로 만들었다고 한다. 제1책에는 윤

장원尹長源, 권용權容 등의 시문이 보이고, 제2책은 초반에 소재가 관동지방으로 떠날 무렵 수창한 홍응길洪應吉, 홍인지洪仁趾, 손식孫軾, 윤장원 등의 시문, 후반에 기대승奇大升 등과 왕래한 간찰 등이 수록되어 있다. 『형적形跡』은 원나라 승려인 설암雪菴의 대자 해서를 목판으로 찍은 필첩이다.

『십청정시첩十青亭詩帖』은 윤탁연尹卓然(1539~1594) · 유홍兪泓(1524~1594) · 김명원金命元(1534~1602) · 권벽權擘(1520~1593) · 황정욱黃廷彧(1532~1607) · 이산해李山海(1538~1609) · 이양원李陽元(1533~1592) · 이후민李後民(1624~1590) · 김홍민金弘敏(1540~1594) · 심수경沈守慶 · 류근柳根(1549~1627) · 김귀영金貴榮(1519~1593) · 이충원李忠元(1537~1605) · 이성임李聖任(1555~?) · 이순인李純仁(1543~1592) · 강복성康復誠 · 류영길柳永吉(1538~1601) · 이성중李誠中(1533~1593) · 허성許筬(1548~1612) · 임열任說 등이 1586년에서 1588년 사이에 십청정 시를 써서 보낸 친필본을 모은 시첩이다.

소재는 만년에 서울 집 앞에다 돌을 모아 산을 만들고 소沼를 파서 물을 가둔 다음, 그 옆에 겨울이 되어도 푸른빛을 잃지 않는 회檜 · 백柏 · 송松 · 삼杉 · 해송海松 · 진송眞松 · 두충杜沖 · 비자榧子 · 황장黃楊 · 적목赤木을 심어 합해서 '십청정'이라 명명하고, 평소에 알고 지내던 후배들에게 '십청정'을 시로 읊어 빛내주기를 청한 바 있다. 평소에 소재의 기호嗜好가 어떠했는지 알 만하다. 창석 이준이 쓴 「제십청정시권후題十青亭詩卷後」에 의하면, 소재는 이 첩을 한 질로 만들어 책장에 놓아두고 감상했다. 그래서 귀중한 문화재들이 대부분 소실된 임진왜란을 당했어도 손상을 입지 않고 완벽한 형태를 유지했다. 그 후 상주 목사로 왔던 강복성이 이 첩을 잘 간직하여 가보로 삼았다고 한다.

『정사수록呈辭手錄』 1책은 소재가 만년에 좌의정과 영의정으로 재임하면서 사직을 청하기 위해 쓴 서장 및 정사를 모은 것이다. 소재의 친필본으로 선조의 비답批答을 첨부하고 있다. 세로 27.5㎝, 가로 22.5㎝로, 모두 118면이며 면마다 12행이고, 해서楷書로 기록되어 있다. 필력이 곧고 바르며 먹빛이 새로 쓴 것 같은 느낌을 준다.

10) 『야사』 등 역사기록물

『야사野史』 1책은 1691년부터 시작하여 숙종비 민씨의 복위에 관한 사실, 사육신의 관작 복구에 관한 야사, 단종 복위에 관한 이야기, 장희빈과 장희재에 관한 일화, 장희빈의 사사賜死 과정 등이 담겨 있다. 18세기 초에 소재 후손들이 필사해 놓은 것 같다.

『옥연지玉淵誌』 1책은 옥연사의 내력을 기술한 글이다. 옥연사는 상촌 노숭과 지음 노계원의 위패를 모시고 유림들이 춘추로 향사하기 위해 1658년에 세워졌다. 그 후 건물이 퇴락하고 유품과 문적의 보관이 어렵게 되자 1987년부터 정부의 보조와 각계의 협조로 성역화 사업이 추진되었고, 1991년 상주시의 지원으로 유물 전시관인 유장각이 들어서게 되었다. 이를 기념하기 위해 세전하는 자료 일부를 선정하여 출판한 것이 『옥연지』이다.

『문간공면례시전말文簡公緬禮時顚末』은 소재의 묘소를 옮겨 장사 지내게 된 내력과 역사役事의 과정을 기록한 책이다. 소재의 10세손 노항경盧恒敬(1805~1878)이 썼다.

『상소문上疏文』 1책은 우복 정경세의 「무술사영남방백소戊戌辭嶺南方伯疏」, 동계 정온의 「척화소斥和疏」와 「계문啓文」, 백사 이항복의 「차자箚子」 등을 초서체로 필사해 놓은 일종의 정론문政論文 모음집이다.

『봉산서원복원시참고서류철鳳山書院復原時參考書類綴』은 1901년(고종 5) 봉산서원 강당을 중수할 때 남긴 「중수일기」와 20세기 이후 복원 시에 있었던 공사관계 문서들을 책으로 엮은 것이다.

11) 『두시』 등 미확인 소재 유묵들

이만부가 쓴 「서소재선생수서두시후書穌齋先生手書杜詩後」를 보면, 소재가 엮은 2책으로 된 『두시杜詩』가 있었다고 한다. 『두시』는 소재가 두보의 오언, 칠언, 장단長短과 잡체雜體를 가려 뽑아 손수 쓰고 책머리에 인장印章을 찍어 놓았다. 그런데 한 책은 자손에게 전해졌으나 한 책은 잃어버려 찾지 못했다. 1706년 소재의 증손자인 상사공이 우연한 기회에 김해 합포에서 한 시골 선비를 만난다. 그런데 그가 말하기를 자기 집에 필사본 소책자 『두시』가 있는데 인장을 살펴보니 소재의 것이 확실하여 소중하게 간직해 왔다는 것이 아닌가. 합포 선비가 간직하고 있던 『두시』는 바로 소재의 필사본 가운데 잃어버린 반쪽이었다. 그래서 인쇄본 『소재집』을 주어 사례하고 『두시』를 가져와 종가에 소장하게 되었다고 한다. 그러나 현재까지 전하는지는 확인하지 못했다.

또한 퇴계 이황과 소재가 주고받은 친필 편지글을 노준명이 수집하여 『양선생서첩兩先生書帖』을 엮어 창석 이준의 발문을 받아 가장했다고 하나 현재까지 남아 있는지는 확인할 수 없다. 1569년 소재와 퇴계 이황이 국가의례와 고금사실에 대해 문답한 내용을 필사한 『문답록초본問答錄草本』이 전하는데, 『양선생서첩』과 관련성이 있는지 모르겠다.

제3장 소재종가의 의례 및 생활문화

종가를 다룬 어떤 인터넷 코너에서 소재종가를 이렇게 소개하고 있었다.

> 소재 노수신 선생의 종택은 화서면 사산리 286번지에 가면 만날 수 있다. 종택은 1470년에 노덕기가 지었으며, 최근 1990년 등 문중에 의해서 몇 차례 중수를 거쳐 지금에 이르고 있다. 종손은 노병학이며, 현재 종손과 그의 어머니가 종택을 지키고 있다. 광주노씨의 시조는 노서, 입향조는 양근공 노상인, 불천위로는 소재 노수신을 봉사하고 있다. 도지정 문화재인 옥연사에는 우의정을 지낸 노숭의 영정을 비롯한 소재 선생 관련 유물들이 사당 및 유장각에 보관되어 있어 찾는 이들의 발걸음을 머물게 한다. 종택에서는 한국 옛 건축의 아름다움을 느낄 수 있을 뿐만 아니라 종손의 어머니가 직접 살고 있어 소재 선생 불천위 제사를 포함한 7번의 기제사와 명절 제사 2회, 15번의 묘제를 지내고, 다양한 종가문화를 간직하고 있어 주목된다.

지금까지 필자의 글을 읽어 온 독자라면 위 소개 내용 중에 문득 이해가 되지 않는 부분이 있을 것이다. 문장의 흐름을 따라가다 보면 1470년 노덕기가 종택을 지었고 그 종택이 여러 차례 중수를 거쳐 현재의 종택이 된 것처럼 느낄 수 있다. 물론 그러한 느낌은 사실과 다른 것이다. 과연 1470년에 노덕기가 종택을 지었는지에 대해서도 명확한 근거 자료가 없거니와 현 종택은 1990년경 새로 지은 것으로 사곡에 있던 타 버린 구 종택과는 아무런 상관이 없다. 또한 소재 관련 유물들은 모두 한국학중앙연구원과 상주박물관에 기탁되어 있고 그 복제물이 유장각에 전시되어 있다. 아마 위 글을 작성할 때는 아직 기탁이 이루어지지 않았던가 보다. '종택에서 한국 옛 건축의 아름다움을 느낄 수 있다' 고 한 것은 조금 지나친 표현으로 보인다. '종택' 을 '옥연사' 로 바꾸는 것이 좋았을 것이다.

이 장에서 알아보고자 하는 것은 '종가의 의례와 생활문화' 이다. 위 글에서는 소재종가에서 '불천위 제사를 포함한 7번의 기제사와 명절 제사 2회, 15번의 묘제를 지내고 있다' 고 했다. 먼저 그 사실 여부에 대해 확인할 필요가 있다. 필자는 소재종가에서 생활해 본 적이 없다. 그러므로 종가의 의례라든가 생활문화에 대해 아는 것이 없다. 종가 구성원으로부터 이야기를 전해 듣고 그 이야기를 정리하여 독자에게 전달하는 것이 필자가 할 수 있는 일이다. 필자는 문중의 원로이신 노서구 선생에게 다시 물어 궁금증을 해소하려 했다. 먼저 종가의 의례 가운데 제례의 횟수, 기일, 제례의 참석 범위, 제례의 의미 등에 대해 포괄적으로 문의하고, 다시 종가에 전해 오는 음식과 그 제조법을 물었다. 뿐만 아니라 문중의 모임(화수회 및 계), 문중 조직 그리고 문중의 경제적 기반이 되는 전답과 같은 위토 등에 대해 물었다. 그의 회답을 통해 종가의 의례와 생활문화가 어떠한 변천을 겪어 오늘에 이르렀으며 향후 어떠한 방향으로 보존해 갈 수 있을지 모색해 보고자 했다.

노서구 선생에게서 돌아온 답변은 다소 의외였다. 매우 겸손하면서도 솔직 담백한 말씀이 오히려 필자를 당황하게 만들었다. 소재종가의 의례문화가 일반 가정의 그것과 크게 다르다고 볼 수 없기 때문이었다. '봉제사奉祭祀' 와 '접빈객接賓客' 이 종손의 의무라고 한다. 어떻게 보면, 조상의 제사를 받들고 손님을 접대하는 과정에서 종가문화가 형성된다고 해도 과언은 아니다. '봉제사' 는 종손의 봉사손奉祀孫으로서의 권위를 표현하는 것이고 '접빈객' 은 종법상 종손이 대외적으로 문중을 대표한다는 상징성을 여실히 보여 주는 것이다. 그래서 종손하면 의례 제사부터 떠올리고 공손하고 규범화된 움직임을 연상하게 된다.

1. 소재종가의 제사와 제례

1) 종손이 올리는 제사의 횟수

본론으로 들어간다. 소재종가에서는 4대 봉사를 하지 않는다. 2대 봉사로 그친다. 10여 년 전부터 그렇게 하기로 고쳤다고 한다. 그 대신 설과 추석에 지내는 명절 차사에는 4대까지 모신다. 매우 합리적이라는 느낌이 든다. 보통 종가에서는 고조고까지 기제사를 모신다. 그렇게 되면 1년에 최소 8차례의 제사를 모셔야 한다. 소재종가에서는 그 절반인 선고 양위와 조고 양위만을 모신다. 종가치고는 상당한 혁신이 이루어졌다고 할 수 있다. 그 이유를 여러 가지로 들 수 있겠으나 더 이상 논하지 않는 것이 좋겠다. 필자의 견해를 묻는다면 2대 봉사에 '찬성' 표를 던지겠다. 세상이 바뀌면 의례도 변해야 하는 것이 순리이다.

사실 4대 봉사가 언제부터 지고지선至高至善한 규범이 되었던가? 종가의 현실이 조선시대와는 천양지차로 달라졌다. 종가문화를 논할 때는 반드시 '실사구시의 정신'으로 돌아가야 한다. 만일 종가의 전통문화를 온존시키는 것이 당위라고 한다면, 그 실천을 가능하게 하도록 하는 환경부터 조성해야 한다. 자유민주체제 아래서 유교적 정치이념에 기반 한 군주국가체제에서 통행되었던 조선시대 종가 규범을 그대로 행하라는 것은 무리이다. 조선시대 종손은 권위와 재력이 뒷받침되었지만 지금은 그렇지 못하다. 오히려 종손도 하나의 민주시민으로서 개인적 권리를 향유해야 한다. 종손의 인권도 생각하면서 종가 의례도 변화될 필요가 있다. 그런 점에서 소재종가는 선구적인 길을 가고 있다.

2) 불천위 제사와 참례 상황

종가 제사가 일반 집과 다른 것은 불천위를 모신다는 점에 있다. 소재종가에서는 불천위인 소재 내외 기일에 맞추어 1년에 2회 제사를 올린다. 기일은 정경부인이 3월 12일, 소재가 4월 7일로 석가탄신일 전날이다. 소재종가 불천위 제사의 특징은 두 가지이다. 첫째는 제를 모시는 시각이다. 소재종가에서는 새벽이 아닌 9시쯤 모신다. 둘째는 모시는 장소이다. 소재종가에서는 사당(도정사)에서 모시지 않고 '출주出主' 즉 신주를 모시고 나와 정침에서 모신다. 이렇게 제례가 변화된 이면에는 '변화된 현실에 적응해야만 종가문화를 보존할 수 있다'는 강한 생존 논리가 반영되어 있다.

【출주고사出主告辭】(사당에서 신주를 모셔 나올 때 읽는 축문)

今以

顯○○代祖考大匡輔國崇祿大夫議政府領議政兼領 經筵弘文館

藝文館春秋館觀象監事 贈諡文簡公府君遠諱之辰

敢請

顯○○代祖考大匡輔國崇祿大夫議政府領議政兼領 經筵弘文館

藝文館春秋館觀象監事 贈諡文簡公府君

顯○○代祖妣貞敬夫人廣陵李氏神主出就廳事

오늘은 ○○대 할아버님 대광보국숭록대부 의정부 영의정 겸 영경연 홍문관 예문관 춘추관 관상감사 증시 문간공 부군께서 돌아가신 날이옵니다.

○○대 할아버님 대광보국숭록대부 의정부 영의정 겸 영 경연 홍문관 예문관 춘추관 관상감사 증시 문간공 부군, ○○대 할머

님 정경부인 광릉이씨의 신주께서 정침행사청으로 나아가기를 감히 청하옵나이다.

전통규범은 두 얼굴을 갖는다. 그것이 종가를 형성시켜 주는 원리로 작용하는 반면 종가의 생존을 위협하는 기제機制가 되기도 한다. 『주역』은 '수시변통隨時變通'이 생명이다. 세상사가 늘 물처럼 매끄럽게 흘러가지는 않는다. 가다 보면 중간에 막히는 경우도 생긴다. 그렇게 궁한 처지에 놓일 때 '시절에 따라서 변하면 통하게 된다.' 그것이 '수시변통'이다. 종가문화도 마찬가지다. 필자는 규범을 조금 느슨하게 적용하라고 권하고 싶다. 그렇게 해서 종가를 유지해 나가는 것이 규범을 교조적으로 강요하여 종가의 문을 닫게 하는 것보다 낫다.

종가 행사가 종인들의 경제활동에 지장을 주면 그만큼 참여자가 줄어들게 되어 있다. 또한 종가 자체의 경제적 형편도 고려해야 한다. 과거 4대 봉사를 할 적엔 1년에 기제사 10회에 묘사(시향), 명절 제사 2회, 불천위 제사 2회 등 총 15회를 치러야 했다. 그 과정에서 제수를 준비해야 하는데, 적어도 돼지를 세 마리 정도는 잡아야 했다. 설령 제물을 마련했다손 치더라도 제수를 차리는 과정이 매우 번거로웠다. 많은 인력과 시간이 들어간다는 말이다. 그러다 보면 매사가 형식으로 흘러 후손의 정성이 줄어들게 마련이다. 공자가 『논어』「팔일八佾」에서 말하지 않았던가?

"예를 행할 때에는 사치스럽게 하기보다는 차라리 검소하게 해야 하고, 상을 당했을 때에는 형식적으로 잘 치르기보다는 차라리 슬퍼하는 마음이 우러나와야 한다."(禮與其奢也寧儉, 喪與其易也寧戚) 예를 행할 때는 시종일관 정성을 다해야 한다는 것이다. 그래서 소재종가에서는 2대 봉사를 하더라도 정성을 다해 확실히 하자고 다짐했다고 한다.

불천위 제사를 사당에서 모시지 못하는 것도 참례자가 적어 제물을 운반할 일손이 부족했기 때문이었다. '집사執事 분정기分定記'라는 것이 있다. 풀이하면, 제례를 올릴 때 제사를 집행하는 데 필요한 사람들의 임무를 나누어 정한 인명록이다. 헌관 3인을 제외하고 최소한 8인이 필요하다. 제례의 실상을 보면, 예를 행할 수 있는 성인이 10인 이상 참여하기가 어려운 현실이다. 솔직히 말해서 종손 내외와 그 자제 한둘, 그리고 원로 종인 한두 명 정도가 참사하는 것이 고작이다. 간혹 10인 이상 참여할 수도 있겠지만 대부분 원로들이고 젊은 종인의 참례는 찾아보기 어렵다. 때문에 불천위 제사에도 부득이 출주해서 정침에서 모시게 되는 것이다.

【출주고사出主告辭】(사당에서 신주를 모셔 나올 때 읽는 축문)

一. 초헌관初獻官: 제주로 향불을 피우고 첫잔을 올리는 사람

一. 아헌관亞獻官: 두 번째 잔을 올리는 사람

一. 종헌관終獻官: 마지막 잔을 올리는 사람

一. 집례執禮: 사회자

一. 축祝: 축문을 읽는 사람

一. 찬자贊者: 제례의 진행을 돕는 사람

一. 판진判陳: 제수 진설 책임자

一. 진설陳設: 제수를 진설하는 사람

一. 진설陳設: 제수를 진설하는 사람

一. 봉향奉香: 향합을 받드는 사람

一. 봉로奉爐: 향로를 받드는 사람

一. 사존司尊: 제주술 책임자

一. 전작奠爵: 좌측에서 헌관에게서 잔을 받아 신위에 올리는 집사

一. 장찬掌饌: 제물을 관장하는 사람

원原: 끝

소재종가의 후손들 가운데 대부분은 대구나 서울 등 대도시로 나가 살고 있어 종가 행사에 참여하기가 쉽지 않다. 과거에 노재찬이 종손으로 있을 때는 촌수가 멀어도 인근에 사는 사람도 왔고, 멀리 울산 쪽에 있는 종인들도 왔으며, 상주 유림들도 참석했다고 한다. 그러나 날이 갈수록 줄어들어 많이 와야 집안사람

십여 인 내외가 참석한다. 세상이 달라졌으니 조상 제례에 대한 인식도 희박해지는 것이 현실이다. 문제는 있지만 개선할 방법이 없으니 그런 현실을 직시하고 대안을 모색할 수밖에 없다.

3) 제사의 제수 진설과 진행 순서

소재종가에서 기제를 올릴 때 원래는 강신降神을 먼저 했다. 불천위 제사에도 강신을 한 다음 참신參神을 했다. 그런데 1970년대에 와서 홀기笏記를 만들면서 참신을 먼저 하고 강신을 다음에 하자고 차례를 바꾸었다. 이는 봉산서원 향사에도 그대로 적용했다. 사당을 이설하면서, 사당에서 제사를 지냈다. 사당을 출입할 때는 내삼문 가운데 동문(우측 문)으로 들어가서 서문(좌측 문)으로 나오는 것이 원칙인데, 노서구 선생의 조부와 증조부는 모두 동문으로 들어갔다가 동문으로 나왔다고 한다. 그 이유가 무엇인지는 자세히 듣지 못했다. 아마도 그렇게 하는 것이 보다 편리하다고 여겼던 것이 아닌가 한다. 그래도 무언가 좀 특이하다는 생각이 든다. 소재가 학문적으로 당대 주류 학설을 따르지 않았던 것처럼, 그 후손들도 세속의 예법을 그대로 고수하지만은 않은 것 같다.

지금은 상주박물관에 기탁해 놓았지만 불천위 사당에 모셨던 신주는 4백여 년 동안 사용된 것으로 덮개의 모양이 특이하다

【진설도陳設圖】

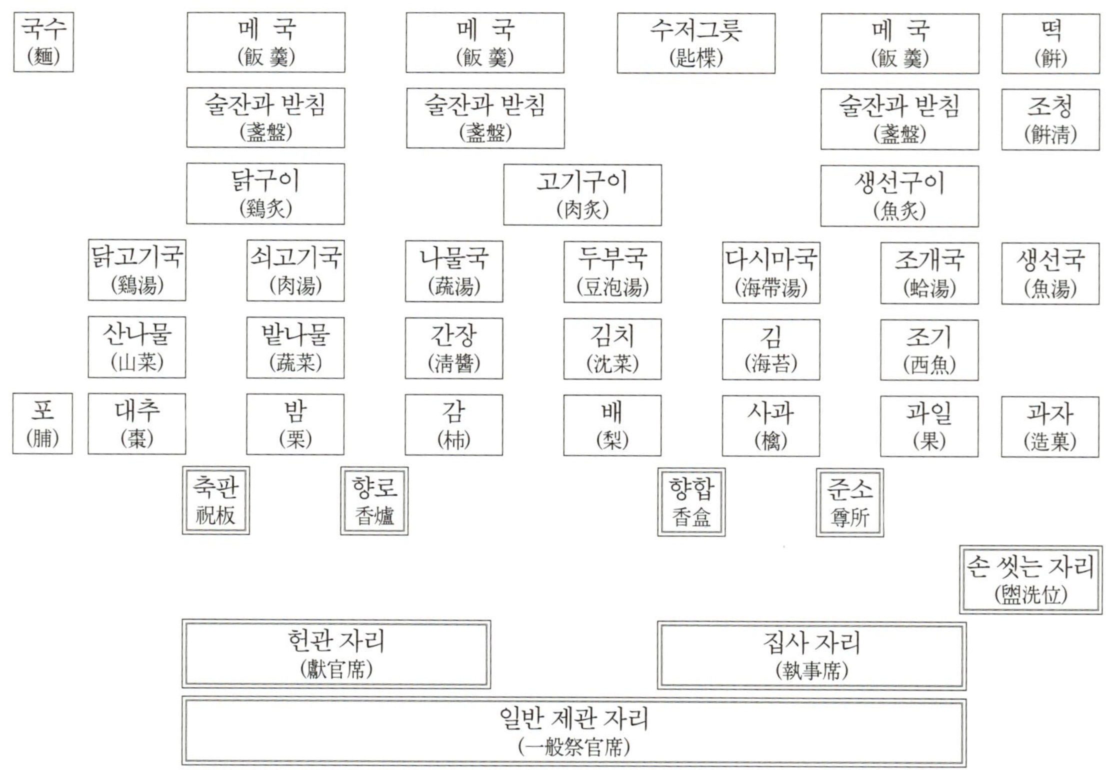

국수 (麵)
메 국 (飯 羹)
메 국 (飯 羹)
수저그릇 (匙楪)
메 국 (飯 羹)
떡 (餠)
술잔과 받침 (盞盤)
술잔과 받침 (盞盤)
술잔과 받침 (盞盤)
조청 (餠淸)
닭구이 (鷄炙)
고기구이 (肉炙)
생선구이 (魚炙)
닭고기국 (鷄湯)
쇠고기국 (肉湯)
나물국 (蔬湯)
두부국 (豆泡湯)
다시마국 (海帶湯)
조개국 (蛤湯)
생선국 (魚湯)
산나물 (山菜)
밭나물 (蔬菜)
간장 (淸醬)
김치 (沈菜)
김 (海苔)
조기 (西魚)
포 (脯)
대추 (棗)
밤 (栗)
감 (柿)
배 (梨)
사과 (檎)
과일 (果)
과자 (造菓)
축판 祝板
향로 香爐
향합 香盒
준소 尊所
손 씻는 자리 (盥洗位)
헌관 자리 (獻官席)
집사 자리 (執事席)
일반 제관 자리 (一般祭官席)

고 한다. 덮개의 색깔이 고위考位(소재)는 적색이고 비위妣位(정경부인)는 자색이다. 비단에 무늬를 놓았는데, 고위 것에는 하늘을 뜻하는 구름무늬가 있고, 비위 것에는 땅을 뜻하는 목련꽃무늬가 있다. 남녀를 천지에 견주어 아름다운 무늬를 덮개에 그려 놓았던 것이다.

제수를 진설하는 방식은 일반 개인 집과 대동소이하다. 제관 쪽에 볼 때 제상 제일 앞 열에는 홍동백서紅東白西니 조율이시棗栗梨柿니 해서 과일을 주로 놓게 되어 있다. 그런데 소재종가에서는 앞 열 좌측 끝에 '포脯'를 놓는다고 한다. 특이한 진설 방법이 아닐 수 없다. 제사는 홀기를 창하는 것에 맞추어 진행된다. 진행 식순에서 특이사항은 보이지 않는다. 소재종가에서는 제사 말미에 행하는 음복례를 철저히 지킨다. 참여한 제관들은 빠짐없이 나누어서 음복을 정확하게 했다고 한다. 그리고 제상에 올라 조상께서 흠향했던 메그릇을 올려놓으면 후손이 잘된다고 믿었다.

소재종가에서 제수를 마련할 때 부피를 크게 하지 않는다고 한다. 제수의 양과 크기를 비교적 얇고 품위 있게 하는 데 치중한다. 녹두와 팥은 껍질을 완전히 벗기어 올리고, 경단과 편을 만들 때는 특별히 정성을 들인다. 역시 예전에는 떡이 매우 귀한 음식이었기 때문에 허투루 만들지 않았던 것이다. 불천위 제사와 추석 차사에는 기지떡(증편)을 올리는 것이 오래된 전통이라고 한다.

제수 차림을 보면 소채蔬菜는 배추, 무채나물, 콩나물을 쓰고, 산채山菜는 고사리나 도라지를 사용한다. 서어西魚는 석어石魚 즉 조기를 말하며, '포'는 말린 대구나 상어, 북어, 문어 등을 포개서 올린다. 어탕魚湯은 명태와 상어의 탕을 올리고, 합탕蛤湯은 열합裂蛤 즉 말린 조갯살을 끓여서 올린다.

4) 불천위 제향을 위한 홀기의 내용

불천위인 소재 기일에 향사하는 식순을 적은 것이 '홀기笏記'이다. 묘제사도 기제사와 대동소이하다. 이 글에서는 기제사 홀기의 내용만 소개하기로 한다.

【문간공文簡公 제향祭享 홀기笏記】(문간공 소재 노수신을 제향하기 위한 홀기)

○獻官以下 皆序立 헌관 이하 모든 제관은 차례로 서 주십시오. ○ 執禮 盥帨 再拜 집례는 손을 씻고 닦은 다음 재배하시오. ○ 就位 唱笏 제자리에 나아가 홀기를 창하시오. ○ 諸執事 盥帨 모든 집사들은 손을 씻고 닦으시오. ○陳設 제수를 진설하시오. ○ 初獻官 點視陳設 초헌관은 진설한 것을 하나하나 살펴보시오. ○還就拜位 돌아와 절하는 자리로 나아가시오.

行參神禮 신주를 뵙는 예를 거행합니다.
○ 獻官以下 在位者 皆再拜 헌관 이하 자리에 있는 제관들은 모두 두 번 절하시오.

行降神禮 신을 맞이하는 예를 거행합니다.
○ 初獻官 詣盥帨位 초헌관은 대야와 수건이 있는 자리로 나가시오. ○ 盥手 帨手 대얏물로 손을 씻고 수건으로 닦으시오. ○ 詣香案前 跪 향안 앞으로 나아가 꿇어앉으시오. ○ 三上香 세 번 향을 올리시오. ○ 執事 跪于初獻官之左 집사는 초헌관의 왼편에 꿇어앉으시오. ○ 以盞盤授獻官 잔반을 가지고 헌관에게 주시오. ○ 獻官 執盞盤 헌관은 잔반을 잡으시오. ○ 執注者 跪右斟酒 집주(술 따르는 일을 맡은 집사)는 오른편에 꿇어앉아 술을 따르시오. ○ 獻官 執盞 三祭于香爐 헌관은 잔을 잡고 세 번 향로에 지우시오. ○ 灌于茅上 모사 위에 부으시오. ○ 執事 受盞盤 奠于考位前 집사는 잔반을 받아서 고위 앞에 놓으시오. ○ 獻官 俛伏 興 少退 再拜 헌관은 머리를 수그리고 엎드렸다가 일어나 조금 뒤로 물러나서 두 번 절하시오. ○ 退 復位 물러나 제자리로 돌아가시오.

行初獻禮 첫 번째 잔을 올리는 예를 거행합니다.
○ 初獻官 詣香案前 跪 초헌관은 향안 앞으로 나아가 꿇어앉으

시오. ○ 執事 奉考位前盞盤 授獻官 집사는 고위 앞에 있는 잔반을 받들어 헌관에게 주시오. ○ 獻官 受盞盤 헌관은 잔반을 받으시오. ○ 執注者 跪右 斟酒 집주는 오른편에 꿇어앉아 술을 따르시오. ○ 獻爵 잔을 바치시오. ○ 執事 受之 奠于故處 집사는 그 잔을 받아 본래 자리에 놓으시오. ○ 執事 奉妣位前盞盤 授獻官 집사는 비위 앞에 있는 잔반을 받들어 헌관에게 주시오. ○ 獻官 受盞盤 헌관은 잔반을 받으시오. ○ 執注者 跪右 斟酒 집주는 오른편에 꿇어앉아 술을 따르시오. ○ 獻爵 잔을 바치시오. ○ 執事 受之 奠于故處 집사는 그 잔을 받아 본래 자리에 놓으시오. ○ 啓飯蓋 메 뚜껑을 여시오. ○ 祝 詣獻官之左 東向跪 축관은 헌관의 왼편으로 나아가 동쪽으로 향하여 꿇어앉으시오. ○ 在位者 皆跪 자리에 있는 제관들은 모두 꿇어앉으시오. ○ 讀祝 축문을 읽으시오. ○ 在位者 皆俛伏 興 자리에 있는 제관들은 모두 머리를 수그리고 엎드렸다가 일어나시오. ○ 獻官 少退 再拜 헌관은 조금 뒤로 물러나서 두 번 절하시오. ○ 詣香案前 跪 향안 앞으로 나아가 꿇어앉으시오. ○ 執事 奉考妣位前盞盤 授獻官 집사는 고위와 비위 앞에 있는 잔반을 받들어 헌관에게 주시오. ○ 獻官 執盞 祭于地 헌관은 잔을 잡고 땅에 지우시오. ○ 以虛爵授執事 빈 잔을 집사에게 주시오. ○ 執事 受虛爵 反于故處 집사는 빈 잔을 받아 본래 자리로 되돌리시오. ○ 退 復位 헌관은 물러나 제자리로 돌아가시오.

行亞獻禮 두 번째 잔을 올리는 예를 거행합니다.

○ 亞獻官 詣盥帨位 아헌관은 대야와 수건이 있는 자리로 나가시오. ○ 盥手 帨手 대얏물로 손을 씻고 수건으로 닦으시오. ○ 詣香案前 跪 향안 앞으로 나아가 꿇어앉으시오. ○ 執事 奉考位前盞盤 授獻官 집사는 고위 앞에 있는 잔반을 받들어 헌관에게 주시오. ○ 獻官 受盞盤 헌관은 잔반을 받으시오. ○ 執注者 跪右 斟酒 집주는 오른편에 꿇어앉아 술을 따르시오. ○ 獻爵 잔을 바치시오. ○ 執事 受之 奠于故處 집사는 그 잔을 받아 본래 자리에 놓으시오. ○ 執事 奉妣位前盞盤 授獻官 집사는 비위 앞에 있는 잔반을 받들어 헌관에게 주시오. ○ 獻官 受盞盤 헌관은 잔반을 받으시오. ○ 執注者 跪右 斟酒 집주는 오른편에 꿇어앉아 술을 따르시오. ○ 獻爵 잔을 바치시오. ○ 執事 受之 奠于故處 집사는 그 잔을 받아 본래 자리에 놓으시오. ○ 執事 奉奠雉炙 집사는 치적(꿩구이)을 받들어 올려놓으시오. ○ 獻官 俛伏 興 少退 再拜 헌관은 머리를 수그리고 엎드렸다가 일어나 조금 뒤로 물러나서 두 번 절하시오. ○ 詣香案前 跪 향안 앞으로 나아가 꿇어앉으시오. ○ 執事 奉考妣位前盞盤 授獻官 집사는 고위와 비위 앞에 있는 잔반을 받들어 헌관에게 주시오. ○ 獻官 執盞 祭于地 헌관은 잔을 잡고 땅에 지우시오. ○ 執事 受虛爵 反于故處 집사는 빈 잔을 받아 본래 자리로 되돌리시오. ○ 退 復位 헌관은 물러나 제자리로 돌아가시오.

行終獻禮 마지막 잔을 올리는 예를 거행합니다.

◯ 終獻官 詣盥帨位 종헌관은 대야와 수건이 있는 자리로 나가시오. ◯ 盥手 帨手 대얏물로 손을 씻고 수건으로 닦으시오. ◯ 詣香案前 跪 향안 앞으로 나아가 꿇어앉으시오. ◯ 執事 奉考位前盞盤 授獻官 집사는 고위 앞에 있는 잔반을 받들어 헌관에게 주시오. ◯ 獻官 受盞盤 헌관은 잔반을 받으시오. ◯ 執注者 跪右 斟酒 집주는 오른편에 꿇어앉아 술을 따르시오. ◯ 獻官 執盞 三祭于地 헌관은 잔을 잡고 세 번 땅에 지우시오. ◯ 獻爵 잔을 바치시오. ◯ 執事 受之 奠于故處 집사는 그 잔을 받아 본래 자리에 놓으시오. ◯ 執事 奉妣位前盞盤 授獻官 집사는 비위 앞에 있는 잔반을 받들어 헌관에게 주시오. ◯ 獻官 受盞盤 헌관은 잔반을 받으시오. ◯ 執注者 跪右 斟酒 집주는 오른편에 꿇어앉아 술을 따르시오. ◯ 獻官 執盞 三祭于地 헌관은 잔을 잡고 세 번 땅에 지우시오. ◯ 獻爵 잔을 바치시오. ◯ 執事 受之 奠于故處 집사는 그 잔을 받아 본래 자리에 놓으시오. ◯ 執事 奉奠魚炙 집사는 어적(생선구이)을 받들어 올려놓으시오. ◯ 獻官 俛伏 興 少退 再拜 헌관은 머리를 수그리고 엎드렸다가 일어나 조금 뒤로 물러나서 두 번 절하시오. ◯ 退 復位 헌관은 물러나 제자리로 돌아가시오.

行侑食禮 더 드시라고 권하는 예를 거행합니다.

○ 初獻官 詣香案前 跪 초헌관은 향안 앞으로 나아가 꿇어앉으시오. ○ 執事 取飯蓋 授獻官 집사는 메 뚜껑을 가져다 헌관에게 주시오. ○ 執注者 跪右 斟酒 집주는 오른편에 꿇어앉아 술을 따르시오. ○ 獻官 以揖授執事 헌관은 읍을 하고 집사에게 주시오. ○ 執事 添酌中酒 집사는 잔에 다시 술을 가득 채우시오. ○ 扱匙 正箸 숟가락을 꽂고 젓가락을 바르게 하시오. ○ 初獻官 俛伏興 少退 再拜 초헌관은 머리를 수그리고 엎드렸다가 일어나 조금 뒤로 물러나서 두 번 절하시오. ○ 退 復位 헌관은 물러나 제자리로 돌아가시오. ○ 獻官以下 在位者 皆俯伏 헌관 이하 자리에 있는 제관들은 모두 엎드리시오. ○ 祝 三噫歆 축관은 가볍게 세 번 기침소리를 내시오. ○ 皆興 모두 일어나시오. ○ 執事 撤羹 집사는 국을 거두시오(물리시오). ○ 進茶 차(숭늉)를 내오시오. ○ 點茶 메를 조금 떠서 차(숭늉)에 마시오. ○ 皆鞠躬 모두 몸을 굽혀 숙이시오. ○ 平身 몸을 펴 바로 하시오.

行辭神禮 신을 보내드리는 예를 거행합니다.
○ 執事 下匙箸 집사는 숟가락과 젓가락을 내려놓으시오. ○ 闔飯蓋 메 뚜껑을 덮으시오. ○ 祝 詣初獻官之左 東向立 축관은 초헌관의 왼편으로 나아가 동쪽으로 향해 서시오. ○ 告利成 '이성'의식을 잘 마쳤음을 고하시오. ○ 獻官以下 在位者 皆再拜 헌관 이하 자리에 있는 제관들은 모두 두 번 절하시오.

行焚祝禮 축문을 불사르는 예를 거행합니다.

◯ 執事 退爵 집사는 잔을 물리시오. ◯ 置于尊所 준소(술잔 놓는 곳)에 두시오. ◯ 祝 引初獻官 詣焚祝位 축관은 초헌관을 인도하여 축문을 불사르는 자리로 나아가도록 하시오. ◯ 北向立 북쪽으로 향해 서시오. ◯ 祝 以版取祝 축관은 판을 가지고 축문을 가져오시오. ◯ 焚祝文 축문을 불사르시오. ◯ 退 復位 헌관은 물러나 제자리로 돌아가시오. ◯ 禮畢 예가 끝났습니다. ◯ 撤饌 제상을 물리시오.

5) 불천위 제례를 위한 축문의 내용

기제사와 묘제사를 위한 축문의 내용을 소개하면 다음과 같다.

【기제忌祭 축문祝文】(기제사를 위한 축문)

維歲次干支　　　　　　　　　　　　◯◯代孫 敢昭告于

顯◯◯代祖考大匡輔國崇祿大夫議政府領議政兼領 經筵弘文館 藝文館春秋館觀象監事 贈謚文簡公府君

顯◯◯代祖妣貞敬夫人廣陵李氏歲序遷易

顯◯◯代祖考(妣)……諱日復臨追遠感時不勝永慕謹以淸酌庶羞

　　恭伸奠獻尙

饗

○○년○월○일 ○○대손 ○○는 ○○대 할아버님 대광보국숭록대부 의정부 영의정 겸 영 경연 홍문관 예문관 춘추관 관상감사 증시 문간공 부군, ○○대 할머님 정경부인 광릉이씨께 감히 밝게 고하나이다.

해가 바뀌어 ○○대 할아버님 할머님께서 돌아가신 날이 다시 돌아오니 선인을 추모하고 계절에 감개하여 영원히 사모하는 마음을 이길 수 없나이다. 삼가 맑은 술과 여러 음식으로 공손히 제사를 드리오니 강림하시어 흠향하옵소서.

【묘사墓祀 축문祝文】(묘제사를 위한 축문)

維歲次干支　　　　　　　　　　　○○代孫○○敢昭告于

顯○○代祖考大匡輔國崇祿大夫議政府領議政兼領 經筵弘文館

　　藝文館春秋館觀象監事 贈謚文簡公府君

顯○○代祖妣貞敬夫人廣陵李氏之墓氣序流易霜露旣降

　　瞻掃封塋不勝感慕謹以淸酌庶羞祗薦歲事尙

饗

○○년○월○일 ○○대손 ○○는 ○○대 할아버님 대광보국숭록대부 의정부 영의정 겸 영 경연 홍문관 예문관 춘추관 관상감사

증시 문간공 부군, ○○대 할머님 정경부인 광릉이씨의 묘소에 감히 밝게 고하옵니다. 절후가 바뀌어 이미 서리가 내렸습니다. 봉분을 바라보고 그리워하는 마음을 이기지 못하겠습니다. 정성을 다해 맑은 술과 몇 가지 음식을 마련하여 삼가 시제세사를 올리오니 흠향하여 주옵소서.

【산신山神 축문祝文】(묘제사에 앞서 산신에게 올리는 축문)

維歲次干支　　　　　　　　　　　　幼學○○敢昭告于

土地之神　　恭修歲事于

顯○○代祖考大匡輔國崇祿大夫議政府領議政兼領 經筵弘文館

　　藝文館春秋館觀象監事 贈謚文簡公之墓維時保佑實賴神休

　　敢以酒饌敬伸奠獻尚

饗

○○년○월○일 유학○○는 토지의 신께 감히 밝게 아뢰옵나이다. ○○대 할아버님 대광보국숭록대부 의정부 영의정 겸 영 경연 홍문관 예문관 춘추관 관상감사 증시 문간공의 묘소에 삼가 시제세사를 닦으려 하옵니다. 항상 돌보아 주신 것은 토지신의 은덕이라고 믿고 있습니다. 감히 술과 음식을 공경을 다해 받들어 올리오니 흠향하옵소서.

6) 봉산서원의 춘향

봉산서원 향사는 유림의 주관하에 거행되는데, 춘향만 거행한다. 제물은 소재종가가 아닌 성씨가 다른 서원 원장의 주관 아래 마련된다. 춘향을 올릴 때는 20여 명 정도가 참례한다고 한다. 서원 향사는 아무래도 개인 집안 향사와 그 규모와 격이 다르다. 봉산서원에는 7위가 배향되어 있기에 관련 문중에서도 참여할 수 있어 그 수효가 많게는 수십 명에 이를 수 있다. 요즘에는 화령에 사는 후손뿐 아니라 대구에서도 일부 오고 마을 사람들도 일부 참여한다고 한다. 1938년생인 노서구 선생의 전언에 따르면, 봉산서원 향사는 1965년 종손 노재찬이 작고한 뒤로 잘 몰라서 중간에 단절되었다가, 유림이 1977년 5월에 모여서 춘향만 지내기로 하고 향사일을 3월 중해일中亥日로 정했다고 한다. 참사에 뜻은 있으나 시간이 맞지 않아 못 오는 이들을 위해서는 향사일을 토요일이나 일요일로 바꾸는 것도 좋다고 본다.

7) 소쩍새 울음과 불천위 제사

노서구 선생은 지금도 두견새(소쩍새) 우는 소리를 들을 때면 불천위인 소재의 제삿날이 떠오른다고 한다. 소재의 기일이 음력 4월 7일이니 그때마다 소쩍새가 슬피 울어 대었을 것이다. 그리고 4백 년이 넘도록 한 해도 거르지 않고 소쩍새의 울음과 함께 소재를 추모해 왔을 것이다. 전통의 관성慣性이라고나 할까, 그것이 소쩍새 소리만 듣고도 소재를 떠올리고 불천위 사당으로 달려가도록 만들었다. '외부에서 힘이 작용하지 않으면, 운동하는 물체는 계속 그 상태로 운동하려고 하고, 정지한 물체는 계속 정지해 있으려고 한다.' 그것이 이른바 '관성의 법칙' 이다. 달리다 멈추면 달리는 방향으로 힘이 가해져 넘어지기 쉽다. 전통이나 규범도 마찬가지다. 소쩍새 소리가 아름답게 들리는 것은 소쩍새 소리가 아련한 옛 추억을 회상하게 해 주기 때문이다. 관성의 법칙이 작용하여 불천위 사당과 소쩍새 소리를 한자리에서 만나게 해 준다. 우리는 후손으로서 어떤 의무감에 사로잡혀 제사에 나간다고 생각한다. 그러나 알고 보면, 보이지 않는 관성이라는 자장磁場이 의무감 너머에서 우리를 강하게 끌어당기고 있다고 하는 편이 옳다.

2. 소재종가의 접빈객과 곶감

종가를 지키는 종손 역시 주업이 있다. 비록 손이 덜 가는 포도와 곶감 농사를 짓고 있지만, 농번기엔 종가를 자주 비울 수밖에 없다. 그래서 '접빈객' 은 종손의 부업으로 바뀐 지 오래다. 실상 소재종가를 찾는 길손도 많지 않다. 화령에 종가가 있다는 이야기를 전해 듣고 찾아오거나 우연히 지나치다가 호기심으로 들어와 보는 정도다. 단체로 버스를 대절해서 찾아오는 경우는 거의 없다고 한다. 왜 그렇게 찾는 이가 없을까? 상주시의 홍보 부족도 한 원인이겠지만 앞서 살펴본 대로 아직 소재종가가 공사중이기 때문이다. 앞으로 종가와 봉산서원이 제모습을 갖추게 되면, 종손의 접빈객이 주업이 될 날도 그리 멀지 않을 것이다.

종택 거실 탁자 위에 있는 곶감과 호두. 필자가 곶감을 바라보며 종손과 담소를 나누고 있다. 백운용 선생과 종가연구팀도 함께했다.

필자가 종택을 찾았을 때, 종부께서 차와 함께 접시에 호두와 곶감을 내왔다. 종손이 곶감 농사를 지어 곶감이 떨어진 적이 없다고 한다. 접빈객한답시고 부산을 떨며 이것저것 내오는 번거로움이 없어 한결 마음이 가벼웠다. 곶감은 가을에 수확하여 만들면 이듬해 여름까지 먹을 수 있는 간식이다. 예전 설화에 호랑이와 곶감 이야기가 있다. 호랑이가 배가 고파서 마을로 내려왔는데, 어떤 집에서 아기 우는 소리가 들렸다. 가 보니 엄마가 계속 우는 아이를 달래고 있었다. 울면 "호랑이가 와서 잡아간다"고 해도 울음을 그치지 않았다. 엄마가 "곶감 줄게 울지 마라"고 하자 아기가 울음을 뚝 그쳤다. 그래서 호랑이는 곶감이 자기보다 무서운 것인 줄 알고 도망갔다는 이야기다. 곶감은 그 어떤 부적보다도 신통력이 있는 물건이다. 아기 울음도 뚝 그치게 만든 곶감에 호두추자까지 내왔으니, 그보다 더 멋진 접빈객 음식이 또 있을까? 이왕이면 다홍치마라고 호두박이 곶감이면 더 좋겠다. 그래서 그것이 오늘날 소재종가를 상징하는 또 하나의 아이콘으로 자리를 굳혔으면 하고 기대해 본다.

3. 소재종가의 모임과 활동

1) 종중 재산과 문중 모임

소재는 생전에 재산에 큰 욕심이 없었다고 한다. 그래서 후손들도 물려받은 재산이 많지 않아 풍족한 생활을 할 수 없었다. 예전에는 종토의 소유권을 종손이 가지고 있었는데, 지금은 문중 명의로 바꾸었다고 한다. 하지만 재산 규모가 크지 않아 여러 사람이 관리할 필요가 없기에 자연 종중 재산을 운영하고 감독할 조직도 필요치 않았다. 위토에서 나오는 곡물을 종손이 가져다가 제수를 마련할 때 사용한다.

정기적인 문중 모임은 없고, 일이 생길 때마다 1년에도 여러 차례 모인다. 종택 인근에 사는 종인들이 주로 참석한다. 다만 매년 11월 첫째 일요일에 상촌공(노숭) 묘사가 있고, 11월 둘째 일요일에는 소재 묘사가 있는데, 그때 참례하는 사람들을 중심으로 문중회의를 갖는다고 한다. 문중 모임을 위해 편의상 회장, 부회장, 총무를 두어 묘사와 서원 향사 등을 주관하도록 하고 있다.

2) 문중의 추진 사업과 활동 계획

근래에 들어와 문중이 주관해서 추진한 사업을 개략적으로 소개해 본다. 1985년도에 『소재문집』을 영인하여 출판했고, 1987년도에는 『광주노씨족보』를 발행했다. 족보를 엮는 일이 얼마나 까다롭고 품이 많이 드는지 편집에 애를 먹었다고 한다. 더구나 적자를 내지 않고 만들다 보니 여러 가지 장애가 많았다고 한다. 2003년도에는 다시 족보를 발행했고, 2009년도에는 봉산서원에서 '소재 선생을 주제로 하는 학술발표'를 개최했다. 2010년 7월 14일에는 상주문화원에서 소재 선생에 관한 학술발표회를 가져 소재의 학술적 위상을 높이고자 힘썼다.

현재는 소재기념사업회를 조직하여 법인화하려는 움직임을 보이고 있다. 기념사업회가 중심이 돼서 학술발표회를 개최하고 홍보 팸플릿도 제작하는 등 지속적이고도 체계적으로 소재의 학문과 사상을 연구할 계획이다. 노서구 선생은 소재가 배향된 충주의 팔봉서원, 괴산의 화암서원 등도 탐방하고 진도 적소에 있는 조대바위도 보았다고 한다. 앞으로 문중 인사들이 정기적으로 모여 소재의 유적지를 순회하며 답사하는 프로그램을 운영하는 것도 조상을 흠모하고 종인들의 우의를 도탑게 다지는 데 많은 도움을 줄 수 있다고 본다. 현재 종가와 봉산서원은 공사 중이라고 했거니와 어느 정도 정리가 되면 봉산서원을 이용하여 예절, 제례, 언어 교육 등을 펼칠 계획이라고 한다. 계획대로 이루어지기를 기대해 본다.

제4장 소재종가의 건축문화

종가는 한 겨레붙이를 대표하는 '집' 이다. 그래서 무언가 예사 집에서 느낄 수 없는 '힘' 을 기대하기 쉽다. 집의 규모라든가 배치 혹은 그 안을 채우고 있을 내용물이 범상치 않을 것이라는 선입견을 버리지 못한다. 영남의 종가를 다녀 보고 얻은 결론은 간단하다. 불천위를 모신 사당과 가묘, 정침과 안채, 사랑채와 문간채가 일정한 동선 안에서 유교의 내외분별 의식에 따라 질서 있게 각기 제자리를 잡고 있다는 것이다. 종가들은 규모에 있어서 서로 그리 큰 차이를 보이지 않는다. 오히려 일반 고택 가운데 수십 칸을 자랑하는 집이 많다. 근래 들어 어떤 종가를 방문해 보고 깜짝 놀란 적이 있는데, 궁궐에 들어온 듯한 착각을 일으킬 정도로 그 집터며 칸수가 방대했기 때문이다. 종가는 종가다워야 한다. 집이 크다고 향기 나는 종가가 되는 것은 아니다. 조상의 고상한 정신을 온몸으로 받아서 맑은 향기를 뿜어내는 종손이 살아야 큰 종가가 될 수 있다.

1. 소재종가의 종택 이야기

종가와 일반 고택을 구분하는 기준은 '불천위 사당'의 존재 여부다. 불천위 사당에는 '도정사'와 같은 당호堂號가 붙게 마련인데, 당호를 보면 주인공의 삶을 유추할 수 있다. 종택 사랑채에도 당호가 붙는다. '충효당'이니 '쌍청당'이니 하는 택호가 그것이다. 택호를 보면 또한 그 집안 대대로 지켜오는 핵심 가치를 알 수 있다. 불천위 사당과 사랑채에 걸린 편액을 읽으면서, 우리는 그 종가의 지난 세월을 기억하게 되는 것이다.

소재종가는 어떠할까? 필자가 화령에서 보았던 소재종가는 고택이 아니었다. 지은 지 그리 오래되지 않은 한옥이었다. 정면 5칸, 측면 2칸의 5량가 팔작집인 정침과 양쪽으로 2칸으로 된 문간채만 들어섰고 사랑채는 보이지 않았다. 아직 공사 중이었다. 사랑채가 없으니 '택호'가 있을 리 만무했다. 노서구 선생은 앞으로 택호를 '효제당孝悌堂'이라고 붙였으면 한다고 했다.

1) 잃어버린 종택

처음 찾아간 종택 거실마루와 대청에는 두 개의 액자가 걸려 있었다. 정면에는 아호가 석산石山인 이가 1991년(신미) 9월에 전서체로 쓴 『명심보감』의 한 구절 '화순和順은 집안을 다스리는 근본'(齊家之本)이었고, 오른편에는 백범 김구가 1947년(정해) 8월에 쓴 '구국간성救國干城'이었다. 소재의 나라 사랑과 가족 사랑을 연상시켜 주는 글귀들이다.

앞서 말했듯이, 현재 옥연에 있는 종택은 1990년경에 새로 지어진 것으로 아직 사랑채 등 부속 건물을 갖추지 못했다. 그래서 소재종택은 문화재에 올라 있지 않다.

원래부터 종택이 없었던 것은 아니다. 최초의 종택은 현 종가에서 서쪽으로 2백여 미터 떨어진 사곡에 있었다. 바깥채는 소재 자제가 지었는데, 나무가 대단히 굵었다고 한다. 문중에서 전해 오는 이야기를 요약하면, 지금으로부터 약 2백여 년 전인 18세기에 적파嫡派에 불만을 품은 서파庶派 중 일부가 종가에 불을 질렀단다. 그때 소재의 문적이 거의 다 소실되었고 뒤에 있던 사

옥연사와 종택(『대동보』에서 옮김)

당채만 남고 사곡루를 비롯한 부속 건물도 모두 불에 타버렸다. 만일 그때 화재를 입지 않고 세전되었다면 어떻게 되었을까? 조선 중·후기의 종가 건축양식을 엿볼 수 있는 귀중한 문화유산이 되었을 것이다. 대대로 전하던 유물과 종택이 불에 타 버려 한동안 소재종가는 와해될 지경에 놓였다. 종가를 상징하는 것들이 모두 사라졌으니 종가의 정체성을 유지하기가 여간 어려운 일이 아니었을 것이다.

종가가 소실된 뒤 백여 년 뒤에 종가의 정체성을 회복하기 위해 노력한 이는 노여경盧輿慶(1842~1911)이다. 그는 양자로 들어와 종손이 되었는데, 옥연사를 중수했다. 옥연사는 상촌 영정을 모신 곳으로 앞에 강당이 있었고 중간에 관리를 위한 고사채가 있었다. 종택이 없던 시절 소재의 종손 집안 식구들은 고사채에 머물러 지냈다. 옥연사가 영당이면서 종가를 겸하게 된 것이다.

이어서 노재찬盧載瓚(1881~1965)이 12세에 양자로 들어와 종손이 되었다. 그는 소재를 위한 사업에 진력했다. 유림과 함께 영각을 세워 송조오현의 영정을 봉안했으며, 봉산에 있는 재실도 중건했다. 소재 문집의 각판刻版 중 글자가 깎이고 판목이 없어진 것이 많았는데, 문제의 판목들을 보완하여 다시 찍어 널리 반포했다. 또한 집안의 족보인 『정해보丁亥譜』도 간행했을 뿐만 아니라 지은 지 오래되어 기울어지고 새는 곳이 있어 1960년대에 종택을 중수했다. 여기서 말하는 종택은 옥연사와 강당 사이에 있던 집(고사채)을 말하는데, 노서구 선생도 거기서 태어났다고 한다. 그런데 옥연사가 1986년 문화재로 지정되고, 풍수학상으로도 그곳은 사당 터이지 사람이 살 터가 아니라고 하여, 마침내 고사채를 뜯어내었다. 그 후 한동안 옥연사 강당에 기거寄居해 오다가 1990년경 문중이 힘을 모아 옥연사 밖에 종택을 신축하였다.

현재 문중에서는 종가의 완전한 복원을 염원하고 있다. 그러나 재정 형편이 어려워 엄두를 내지 못하고 있는 것 같았다. 비록 다소 시간이 걸리더라도 차근하게 복원사업을 추진했으면 좋겠다. 경북유교문화권 사업에서도 소재종가는 관심 밖이었던 모양이다. 종가 복원을 위해 앞으로 상주시청의 관심과 배려가 있기를 기대해 본다.

2. 소재종가의 문화재와 건축물

소재종가의 건축문화를 어떻게 이야기해야 좋을지 고민스럽다. 궁여지책으로 공사 중인 종가는 입에 올리지 말고, 소재와 관련된 문화재와 유적지를 소개하는 것이 좋겠다는 생각이다. 건축문화란 건축의 역사와 특징, 그리고 그 미학적 우수성과 향후 보존 방향 등을 함께 포괄해서 논하는 것으로 안다. 필자는 건축에 대해서는 문외한이다. 따라서 건축물의 내력만 간략히 설명하고 나머지 구체적인 논의는 전문가들에게 맡기기로 한다.

먼저 소재 관련 문화재 지정 현황을 도표로 제시한다.

【소재 관련 문화재 지정 현황】

명 칭	내용	종 목	지정일	소재지
노소재문적盧穌齋文籍	문집본초 1책 정사수록 1책 정청일기 1책 상속명문 1매 선비정경부인만사 1책 매매명문 1매 춘추관일기 1책 예장 1장	경상북도 유형문화재 제218호	1986. 12.11.	경상북도 상주시 화서면 사산리 286
「기영회도耆英會圖」	그림 1폭	상동 제219호	상동	상동
노후盧珝 및 노홍盧鴻 신도비神道碑	노후 신도비 노홍 신도비	상동 제220호	상동	상동
옥연사玉淵祠	오현영각 불천위 사당 강당	경상북도 문화재자료 제179호	상동	상동 외 3필지
노수신적소盧守愼謫所	수월정	충청북도 기념물 제74호	1987. 3.31.	충청북도 괴산군 칠성면 사은리 245

도표에서 알 수 있듯이, 소재와 관련한 건축문화재는 상주의

노후 및 노홍 신도비 2기와 옥연사 3동, 괴산 노수신적소에 있는 수월정 등 3건이다. 유장각과 소재 묘역(묘표와 신도비 포함)과 재실, 아직 공사 중인 봉산서원 등도 소재 관련 건축물로 보고 논의에 포함시키고자 한다.

1) 소재종가의 상징, 옥연사

옥연사玉淵祠는 소재종가의 상징과도 같다. '옥연'의 유래에 대해서는 앞 장에서 설명한 바 있다. 옥연사는 사당의 개념이 강하지만 동시에 옥연사를 중심으로 들어선 화령 '광주노씨의 터전' 이란 뜻도 크다. 역사적 의미가 깊은 옥연사에는 건물들이 자

위에서 내려다본 옥연사 경내. 정남향으로 건물이 배치되어 있다.(『대동보』에서 옮김)

연 지세를 이용하여 포치되어 있다. 전체 구도를 보면 경사진 대지에 3단 구성을 하고 있다. 사당 영역과 유장각 영역 그리고 종택 영역으로 나누어진다. 사당 영역은 남쪽의 외삼문, 재사, 내삼문, 옥연사, 도정사가 동일축선상에 자리 한다. 우측에는 근래에 세워진 유장각과 노후 및 노홍 신도비가 있다. 그리고 하단 중앙에 새로 지은 종택이 자리 잡았다.

【옥연사 배치도】

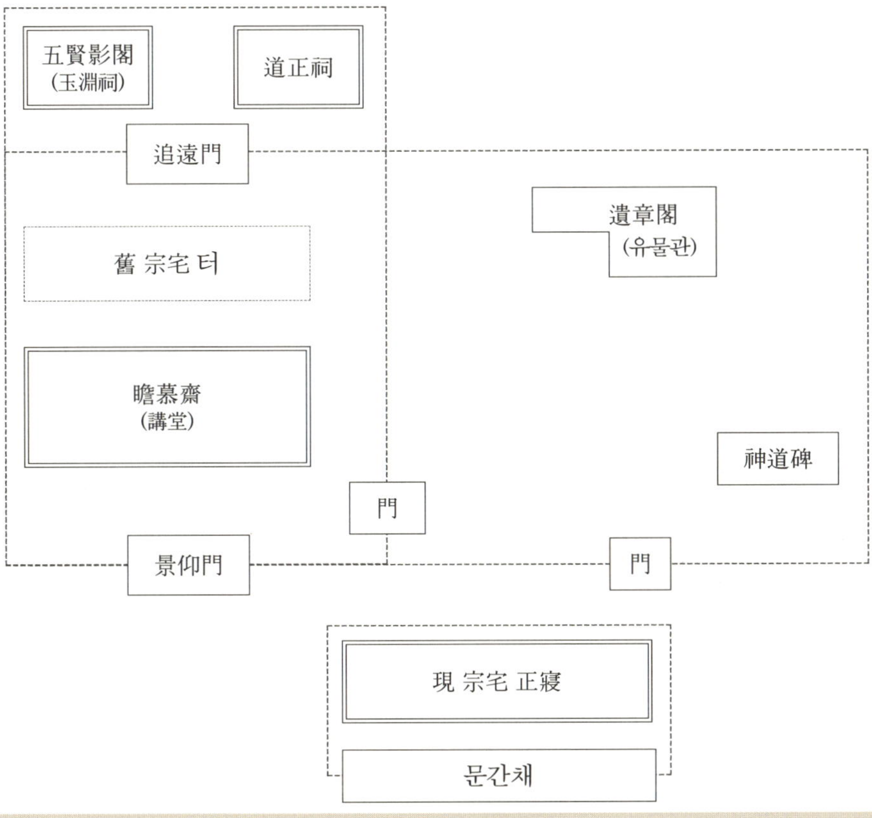

오현영각 및 상촌 노승 영각(옥연사)

소재를 모신 불천위 사당(도정사)

2) 영당에서 사당으로 승격된 옥연사

옥연사는 상촌 노숭과 소재 노수신의 유덕을 기리기 위한 곳으로 사당과 강당講堂이 있다. 옥연사의 건물들은 야산의 남향 사면에 배치되었는데 아래쪽에는 강당이 있고 뒤편 약간 높은 위치에 오현영각五賢影閣과 불천위不遷位 사당祠堂이 있다. 소재의 위패位牌를 모신 불천위 사당은 소재의 아들 대해가 중건하였다고 한다.

처음에 옥연정사는 소재의 증손 노경명이 1658년 서울에서 상촌 노숭의 영정을 모시고 내려와 이곳에 봉안할 때 지었던 영당이다. 1787년(정조 11) 영남유림들이 지음 노계원을 배향하고 '옥연사'로 승격시켜 향사를 지냈다. 강당은 옥연사에 제사 지내기 위해 영각과 함께 건축되었다고 한다. 1868년(고종 5)에 훼철되었으나 1888년에 옥연사 위치에 오현영각이 상주 목사 민종렬에 의해 세워졌다. 그러다가 1912년경 상촌의 영정이 다시 봉안되어 옥연사로 불려졌다. 예전에는 소재의 유물 가운데 문적과 서화를 옥연사에 소장했다고 한다. 옥연사는 원래 문을 들어 올리게 되어 있었다. 수리할 때 편의를 위해 여닫이로 바꾸어 격이 떨어지게 되었다고 한다.

'경앙문景仰門'은 첨모재와 사당으로 출입하는 외삼문으로 중앙 처마에 현판이 걸려 있다. '첨모재瞻慕齋'는 강당의 이름인

오현영각 현판. 노성택의 글씨이다.

옥연사 첨모재. 서원의 강당과 같은 구실을 한다. 때로는 재실 겸 제청으로 사용되었다. 마루 벽에 상주 목사 민종렬이 지은 「오현영각기문」이 걸려 있다.

데, 정면 5칸, 측면 2칸의 5량가 팔작집이고, 재실과 제실 및 강당으로 사용되었다. 강당 벽면에는 1888년 6월에 식산 이만부의 후손 이병상李炳尙이 찬술한 「오현영각상량문五賢影閣上樑文」, 같은 해 7월 민종렬이 쓴 「오현영각기문五賢影閣記文」, 노서구의 「유장각건립 및 청사중수사실」 등의 편액 3개가 걸려 있다. '추원문追遠門' 은 사당(옥연사와 도정사)으로 들어가는 문이다. 현판에 '재윤載允 게판揭板' 이라 음각되어 있다. '도정사道正祠' 는 불천위인 소재를 모신 사당의 이름이고 '옥연사' 는 '오현영각' 을 겸한 곳이다. 노성택盧性澤이 대자로 써서 새긴 '오현영각' 현판은 유장각에 수장되어 있다. 도정사와 옥연사는 모두 정면 3칸, 측면 1칸 규모의 건물로 지붕은 옆면에서 볼 때 '사람 인' (人) 자 모양의 맞배지붕을 하고 있다.

1888년(고종 25) 상주 목사로 부임한 민종렬은 화령 옥연을 방문한 뒤 송조오현의 영정을 봉안하기 위해 '오현영각' 을 지었다. 민종렬과 이병상 등은 훼철된 옥연사 터에 「오현도」를 모시는 영각을 짓는 것이 합당하다고 생각했다. 오현영각을 지을 때, 영각의 모퉁이에 작은 시렁을 만들어 상촌 영정을 걸었고, 또 두어 칸 넓혀서 소재문집 판목도 저장했다. 오현영각을 경영하는 데 수고한 이들의 명단은 다음과 같다. 도도청都都廳 상주 목사 민종렬閔種烈, 도청都廳 이병상李炳尙, 도청 노우경盧禹敬, 사화司貨 노성학盧性鶴, 간역看役 노성일盧性馹 등등.

3) 소재의 유물을 전시하는 유장각

유장각遺章閣은 소재의 유물을 수장하고 전시하는 공간이다. 일종의 유물관인 셈이다. 소재의 문적과 옥연사 등이 문화재로 지정되는 것을 계기로 유물관의 필요성이 제기되었다. 마침 1987년부터 3년 동안 국고의 지원을 받아 옥연사 경내의 정화사업이 진행되었다. 1차에 영각과 사당, 다음에 강당과 담장이 중수되었다. 이어서 소재의 문적과 유물을 영구 보전할 공간을 마련하였다. 문중의 요청에 의해, 당시 노태우 대통령이 유물관의 이름으로 '遺章閣' 이라 쓴 현판을 내려 주었다. 유장각은 사당인 도정사 선돌 아래에서 동남 편에 40평 규모의 'ㄱ' 자형으로 지었다. 콘크리트를 사용했지만 다른 건물과 조화가 되도록 기와를 올려 한옥의 맛을 풍기도록 했다.

옥연사 오른편에 있는 유장각

현재는 복사본을 진열장 안에 비치하여 외부 관람객을 맞고 있다. 그러나 30여 년이 지나도록 제대로 관리가 되지 않아 보는 이의 눈살을 찌푸리게 만들고 있다. 전시 내용은 주로 노서구 선생이 기획하고 구성했다고 한다. 앞으로 유장각 건물을 관리하는 일도 만만치 않거니와 소재의 문학과 사상을 효과적으로 알릴 수 있는 체계적인 전시가 되도록 하는 일도 쉽지 않아 보인다. 문중에서 관계당국의 지원을 받아 향후 발전 계획을 수립하여 추진할 것을 기대한다.

4) 조각이 아름다운 노후 및 노홍 신도비

소재의 조부 노후와 부친 노홍의 행적을 기록하여 1581년(선조 14)에 세운 것이다. 본래 경상북도 상주시 화북면 소곡리所谷里

노후 및 노홍 신도비. 조각이 정교한 이수 부분

노후 및 노홍 신도비각

산11번지에 있던 비석이다. 소곡리는 본래 화령현 지역이었는데, 후에 상주군 화북면 지역에 편입되었다. 지형이 배(舟)처럼 생겨서 배실 또는 주곡舟谷 혹은 소곡所谷이라고 부른다. 1914년 상봉리上鳳里와 맹곡리孟谷里를 합해서 소곡리라고 했다. 비석이 있던 지역은 일명 원천동이라 부르는데 소재의 묘소도 당초에는 이곳에 있다가 봉산으로 이장한 바 있다.

노후 신도비는 통정대부 사간원 대사간 지제교 이산해李山海가 비문을 찬하고, 가선대부 이조 참판 겸 동지경연사同知經筵事 김응남金應南이 비액碑額(비석의 이마)에 비석의 제목을 전자篆字로 썼으며, 석봉石峰 한호韓濩가 비문을 썼다. 비문의 내용은 서두에서 이산해가 글을 짓게 된 동기에 대해 설명하고, 이어서 노씨의 세계世系에 대한 설명이 나온다. 중반부에는 노후의 관직생활에 대해 서술되어 있으며, 뒤이어 호방하고 청렴한 성격에 대한 이야기가 이어진다. 후반부에는 노후의 아들인 노홍盧鴻과 손자 노수신에 대한 이야기가 나온다. 말미에 명銘으로 마무리했다.

노홍 신도비는 숭정대부 의정부 좌찬성 박승임朴承任이 비문을 찬하고, 김응남이 전을 썼으며, 글씨는 석봉 한호가 썼다. 비문 내용의 전개 방식은 노후의 경우와 유사하다. 비석의 규모를 보면, 비신碑身(비의 몸통)의 높이는 137㎝, 폭 17㎝, 두께 19㎝이고, 이수螭首(용머리)는 높이 60㎝, 폭 90㎝, 두께 33㎝이며, 귀부龜趺(거북받침)는 길이 165㎝, 폭 45㎝로서, 2기의 크기가 같다.

앞의 두 신도비는 소재가 서울에서 제작하여 화령으로 내려 보낸 것인데, 비석의 재질이 대리석 계통이어서 5백 년이 넘는 세월을 견디다 보니 비바람에 닳아져 비문 전체를 판독하기는 어렵다. 다만 한석봉의 해정楷正한 글씨를 흐릿하게나마 느껴 볼 수 있다. 신도비는 2품직 이상의 벼슬을 역임한 사대부가 죽었을 때, 장례를 치르고 나서 일정한 시기를 정하여 묘소로부터 동남방 아래에 세우는 것이 원칙이다. 신도神道라는 말이 뜻하고 있듯이, 망자의 귀신이 가는 길목에서 지난 생애를 말하도록 한 것이 신도비이다. 후대에 이런저런 이유로 신도비를 묘소와 멀리 떨어진 곳에 옮겨 놓은 경우가 많았다. 망자에게는 매우 미안한 일이다. 그러나 비석의 손상과 변질을 막기 위해 비각을 세워 봉안한 것은 부득이한 처사라 하겠다. 1990년대 초에 산 위에 있던 비석을 현 위치로 옮겨 오는 과정에서 어려움이 많았다고 한다.

비석의 특징에 대한 전문가의 설명을 옮겨 보면 이렇다. 화강석에 비례가 맞지 않은 도식화된 귀부를 하고 있는데, 귀부의 등 위로 장방형의 비좌碑座를 갖추고 대리석계의 비신을 세웠다. 비신 상부에는 반원형의 이수를 올려놓고 있다. 이수의 정면과 측면, 후면에는 도식화된 반룡蟠龍을 구름무늬와 함께 섬세하게 돋우어 새겨서 조식彫飾하였다. 이수 부분의 쌍룡雙龍 조각이 조선시대 작품으로서는 수려한 것으로 평가된다.

필자 생각으로는 소재가 정승이 되고 나서 세운 비석이어서 그런지 몰라도 당대 최고의 문장가와 명필이 동원된 것 같다. 비석에 조각된 문양도 예사롭지 않은 것으로 보아 당대 최고의 석공이 작업에 참여한 듯하다.

5) 봉산으로 옮겨 온 소재의 묘역, 재실, 신도비

소재의 묘소는 화서면 금산리 산587-1번지에 있다. 이곳에는 묘비와 문인상 등이 있으며, 묘역은 40~50평 정도이고 왼편 아래에 신도비가 있다. 재실齋室은 금산리 산 544번지 인봉산 마을 입구에 있다. 소재의 묘소 바로 아래이다. 안마당을 사이에 두고 서향한 재실과 고직사庫直舍를 'ㄱ' 자형으로 앉혔다. 재실은 가운데 대청 1칸에 왼쪽으로 온돌방 2통칸, 오른쪽에 온돌방 한 칸을 한 중당협실형中堂夾室形이고, 앞에는 툇마루를 놓았다. 기단은 시멘트로 마감하고, 두리기둥은 툇기둥에만 사용했다. 가구는 간략한 3량가에 팔작집을 올렸다. 고직사는 온돌방 3통칸에 앞뒤로 툇마루를 놓았고, 왼쪽 끝에는 부엌과 방 1칸씩을 앞뒤로 배열했다. 가구는 5량가이고, 지붕은 우진각이다.

소재 묘 터가 좋지 않아 자손이 자꾸 끊어진다고 하여 노여경이 1874년(고종 11) 원천에 있던 소재의 묘소를 서원이 있는 봉산으로 옮겨 간좌곤향艮坐坤向으로 앉혔다. '간좌곤향'은 무덤이 동북쪽을 등지고 앉아서 서남향을 바라보는 형국인데, 명당자리로

소재의 묘소. 원천 선영에서 봉산으로 면례했다.

알려져 있다. 당시에 노영경盧泳敬(1845~1929)이 글을 지어 소재 면례 사실을 예조에 보고했고, 좌의정을 지낸 낙파洛坡 류후조柳厚祚(1798~1876)가 도집례를 맡았다고 전한다.

소재와 류중영柳仲郢(1515~1573)은 1515년생으로 동갑내기였다. 류중영이 죽자 류운룡과 류성룡이 행장을 가지고 소재를 찾아와 신도비명을 부탁한다. 소재가 가장 가까운 벗이었다는 이유에서였다. 그래서 1584년 8월에 세워진 것이 현재 경북 안동시

소재 묘소 아래에 있는 재실

서후면 성곡리에 있는 '입암류중영신도비立巖柳仲郢神道碑' 이다. 류성룡은 1590년 소재가 죽자 망인을 위해 치상治喪을 도운 듯하다. 장례를 마치고 6년이 되는 1596년 소재 묘역에 묘표가 서게 되는데, 그 비석 건립 역시 류성룡이 주관한 것이 아닌가 한다. 소재는 생전에 자신의 삶을 7언고시, 56구 392자로 요약한 「자명自銘」을 지어 글상자에 갈무리해 두었다고 한다. 「자명」은 이렇게 끝을 맺고 있다.

손발에 상처 없이 온전하게 흙으로 돌아가 선산의 서쪽 기슭에 편안히 잠들리라. 넉 자 크기 빗돌에 '암실'이라 썼으니, 아름다운 술 향기를 따라서 받으리라. 광릉 이 선생의 딸을 아내로 삼았고, 동생 양성 현감의 아들을 후사로 삼았네. 손자가 순후하고 성실하여 집안을 붙들 것이니, 집안의 문학과 예법을 모두 맡기었노라. 영원토록 노씨 사당에 향사가 끊이지 않을 것이니, 나는 이제부터 조상께 죄를 면하리라.

斂手足形是歸全, 樂哉先丘西麓偏, 題四尺石曰暗室, 尙從與歆殘芬苾, 廣陵老師女爲婦, 陽城寡弟子爲後, 有孫醇恪克扶持, 爰擧詩禮以付之, 百代祀堂不絶盧, 而今而後吾免夫.

류성룡은 상자에서 이 「자명」을 찾아내어 읽어 보고 소재의 생애가 잘 묘사되었다고 생각했다. 소재의 유언에 따라 그대로 묘표 뒷면에 새겨 넣었다. 다만 혹시 후인들의 오해가 있을까 염려하여 다른 문장가에게 묘갈명을 청하지 않은 이유를 밝힌 발문을 적어 「자명」 뒤에 붙였다. 묘표는 병조 판서 허성許筬이 예서隸書로 썼다. 류성룡이 소재의 묘표를 세웠을 때 벼슬도, 예전 류중영의 신도비명을 지었을 때 소재의 벼슬과 같은 좌의정이었다. 공교롭게도 소재와 류성룡은 닮은 점이 많다. 모두 영의정을 역임했지만 만년에 파직을 당해 선조 묘정에는 배향되지 못했다.

류성룡이 묘표의 비음에 「자명」을 새겨 넣은 뒤로 한동안 신

(왼쪽) 소재 묘소 오른편에 있는 묘표. 허성의 예서 글씨다.
(오른쪽) 소재의 신도비. 1674년 미수 허목이 짓고, 1970년 이윤덕이 글씨를 썼다.

도비를 경영하지 못했던 것 같다. 정여립을 천거한 일로 기축옥사에 파직을 당하여, 죽었을 때에도 조정으로부터 예장禮葬이나 사제문賜祭文을 받지 못한 처지에 놓여 있었기 때문이다. 정승을 지낸 이에게는 시호가 내려지는 것이 상례이다. 신도비도 시호가 내려오길 기다렸다가 세운다. 소재 사후 100년이 다 된 1679년(숙종 5)에 비로소 '문의文懿' 라는 시호가 내려졌고, 1689년에 '문간文簡' 으로 고쳐졌다. 아마 시호를 받기 위해서 후손들이 애를 썼을

【비교: 신주神主 위판位版과 모표墓表 내용】

貞敬夫人廣陵李氏

大匡輔國崇祿大夫議政府領議政兼領經

筵弘文館藝文館春秋館觀象監事盧公之墓

顯○○代祖妣貞敬夫人廣陵李氏神主

○○代孫○○奉祀

顯○○代祖考大匡輔國崇祿大夫議政府領議政兼領 經筵弘文館藝文館春秋館觀象監事 贈諡文簡公府君神主

○○代孫○○奉祀

것이다. 그 과정에서 1674년 남인의 종장이자 대사헌으로 있던 미수 허목에게 신도비명을 받았다. 허목은 비액에 새길 전자篆字도 아울러 써 주었다. 노사성은 종형인 노사제와 함께 미수 허목을 찾아뵙고 훈도를 받은 바 있다. 그 무렵 미수에게 청하여 신도비명을 얻은 것이 아닐까 한다.

현재 소재 묘소로 올라가다 보면 오른편에 신도비가 보인다. 글씨는 이윤덕李潤德이 썼다. 전액篆額은 미수의 것을 그대로 사용한 듯하다. 세운 해는 소재 사후 381년이 되는 1970년(경술) 9월이었다. 그렇다면 소재가 원천 선영에 묻힌 이후로 근 4백여 년 동안 신도비 건립이 단 한 차례도 시도되지 않았다는 것이다. 소재에게 너무도 미안한 일이 아닐 수 없다.

6) 시호가 내린 뒤 상주유림이 세운 봉산서원

화서면 사산리 527번지에는 봉산서원鳳山書院이 있다. 봉산마을 야트막한 산자락에 자리 잡은 봉산서원은 뒤로는 우뚝 솟은 봉황산이, 오른쪽에는 천택산이, 왼쪽에는 원통산이 감싸고, 멀리 팔음산과 백화산을 바라보고 정남향을 하고 있다. 이만부는 「속리산기俗離山記」에서 "봉산은 소재 선생께서 소요하던 곳이다. 예전에는 학사學舍가 있었는데 지금은 서원이 되었다. 일송 심공과 판곡 성공을 소재에게 배향하여 향사하고 있다"(鳳山, 穌齋先生杖

봉산서원 현판

屨所也. 舊有學舍, 今爲書院, 以一松沈公, 板谷成公, 配穌齋, 尸祝之)라고 했다. 소재가 노닐던 곳에 학사가 있었고 그것이 승격하여 서원이 됐다는 이야기다. 봉산서원에 대해서는 한국국학진흥원의 '유교문화지도 유적' 코너에서 소개한 내용을 참조했다. 좀 더 구체적으로 봉산서원의 성립 과정과 향사 방식을 알아보기로 한다.

봉산서원의 모체는 명종 때 상주 목사 영천자靈川子 신잠申潛(1491~1554)이 세운 18개 서당 중 하나인 '봉산서당'이다. 소재는 유배에서 풀려나 관인으로 복귀한 뒤 때때로 휴가를 얻어 고향으로 내려와 봉산과 사곡 사이에서 소요하였다. 당시에 봉산서당에도 종종 나아가 학도를 권면했다고 한다. 이러한 연고로 후대의 지역 유림들이 1688년(숙종 14)에 사당을 세우고 이듬해에 강당을 건립한 뒤 예조의 승인을 얻어 1708년(숙종 34) 서당을 서원으로 승격시킨 것이다. 소재가 시호를 받아 나라에서 소재의 사당에 치제를 할 즈음의 일이었다.

서원은 소재를 주향으로 하여 일송一松 심희수沈喜壽, 판곡板谷 성윤해成允諧(1520~1586)를 배향으로 위패를 모셨다. 그 후 성극당省克堂 김홍미金弘微(1557~1604), 매호梅湖 조우인曺友仁(1561~1625), 동원東園 정호선丁好善(1571~1633), 백화재白華齋 황익재黃翼再 등을 추향하였다. 배향 위치를 보면, 사당의 신문神門에서 볼 때, 정면에 소재를 배치하고, 그 오른쪽으로 성윤해, 조우인, 황익재 순으로 모셔져 있으며, 그 왼쪽으로는 심희수, 김홍미, 정호선 순으로 모셔져 있다. 1770년과 1841년에 두 차례의 중수가 있었고, 선현제향과 지방교육의 일익을 담당했다.

대원군의 서원철폐령이 내려지자 1868년 훼철되었다. 1923년 4월 8일 황재식黃在軾을 비롯한 영남유림 72인이 복단추진회를 만들어 제단을 설립하고 중수가 이루어졌으나 향사는 치르지 못했다. 그로부터 50여 년이 흐른 1974년 3월 5일 김원상金元祥 외 63인이 서원복원추진위원회

봉산서원과 연못

선교당 현판

를 결성하고 본격적인 복원을 추진했다. 1977년 묘우가 준공되어 서원으로 복원하였고, 2007년 중건했다.

봉산서원에는 3칸의 묘우, 4칸의 강당, 5칸의 재소, 4칸의 고사가 있다. 내삼문은 묘정을 출입하는 삼문으로, 평삼문으로 지어졌다. '경현묘景賢廟'는 서원 묘우의 이름으로 현판이 정면 처마에 걸려 있다. 강당 뒤쪽에 돌계단을 올라 서원이 위치한 자리에서 가장 높은 곳에 위치하며, 정면 3칸, 측면 1칸 반의 맞배지붕이다. 원래의 묘우가 협소하여 강당 뒤편으로 옮겨서 세웠다고 한다. '선교당宣教堂'은 근래에 신축된 강당 이름으로 현판이 마루 안쪽 가운데에 있다. 강당 벽에는 1975년 장병규張炳逵가 찬술한 「중건상량문」과 2007년 류용우柳龍佑가 찬술한 「중건기」가 걸려 있다. 정면 5칸, 측면 2칸 반의 팔작지붕이다. 가운데 3칸은 마루이며 양쪽에 온돌방이 시설되어 있다.

봉산서원의 향사는 매년 음력 3월 중해일中亥日로 정해져 있고, 가을 향사는 치르지 않는다고 한다. 향사 홀기에 따르면, 향사 전날 유사는 서원 내외를 청소하며 제기도 씻는다. 희생이 서원 문밖에 도착하면 제관들이 복장을 갖추고 살펴보며 부엌에 가서 깨끗이 하는 것을 살펴보고는 처소로 들어가 제향에 대한 연습을 한다. 유사는 헌관의 자리를 묘우 중간에 북면하여 안배하며, 서쪽을 상석으로 삼는다. 제관의 자리는 그 뒤에 차례로 마련한다. 헌관의 문밖 자리는 동문 밖에 북에서 남으로 차례로 안배한다. 관세위盥洗位를 동쪽 계단 아래 동남쪽으로 마련하며, 행사 시작 1시간 전에 장찬자掌饌者는 사당에 들어가 제수를 진설한다. 집사는 잔을 씻어 광주리에 담아 상 위로 가져다준다. 집례자가 차례대로 행사를 시작한다.

봉산서원과 관련한 서류철에는 집회 시에 보낸 통문通文을 비롯하여, 「봉산서원봉향선생명단鳳山書院奉享先生名單」, 「신정규례新定規例」, 신축년 3월에 적은 「봉산서원강당중수일기鳳山書院講堂重修日記」, 1923년 4월 8일 봉암서당회중鳳巖書堂會中에서 만든 「복단회원파임록復壇會員爬任錄」, 1770년 중수 시에 고유高裕가 지은 「봉산서원강당 중수상량문」, 1708년 봉산서원으로 승격된 후 식산 이만부가 지은 「봉사서원 봉안문」, 을묘년 11월 10일에 작성한 「봉산서원 회의석會議席 결의사항」 등이 들어 있다.

봉산서원 앞에는 고려 말에 길이 2,290척을 축조했다는 못이 있었고, 그 못 안에 20여 평 되는 섬이 있었다고 한다. 이 섬을 뜬 섬 또는 '부도浮島' 라고 불렀다. 섬에는 수양버들이 있어서 마치 아름다운 처녀가 머리를 풀고 있는 것 같았다. 이 섬은 한 해에 한 번씩 자리를 옮겼다. 동쪽으로 가면 흉년이 들고, 서쪽으로 가면 풍년이 든다고 했다. 이 봉산못에 연꽃이 만발하면 마을 처녀들이 모여 연꽃놀이를 했다. 그런데 한말韓末 일본에게 나라를 빼앗기자 우연히 부도가 사라졌다고 한다.

봉산서원은 아직 공사 중이다. 현재 문루 등 부속 건물을 확충하기 위해 상주시에 관련 예산을 알아보고 있다고 한다. 서원 창설은 유림이 주도했지만 보수와 관리는 문중이 중심이 되어 해나가고 있다. 현재 서원은 종중 인사들이 모여서 운영하고 있다.

화령이란 지역의 규모에 비해 서원에 배향된 인물의 수효가 많은 것이 아닌가 하는 생각이 든다. 직접적으로 소재와 인연을 맺지 않았지만 지역적 연고가 있어 추향이 이루어진 것이 아닐까 한다. 추향이 늘어난 것은 그럴 만한 이유가 있었을 것이다. 배향 인물의 수효가 많아지면 그만큼 여러 문중이 참여할 것이고, 그럼으로써 서원의 재정 문제도 보다 용이하게 해결할 수 있기 때문이다. 그 결과 상주에서는 봉산서원이 도남서원 다음으로 규모가 큰 서원이 되었다.

7) 괴산 유배지에 있는 추모 공간, 수월정과 연하구곡

충청북도 괴산군 칠성면 달천 중류에는 수려한 군자산(948m)

이 병풍처럼 두른 산막(혹은 산맥)이 마을이 있다. 그리고 '산막이 마을'에는 한국전쟁 당시인 1952년에 착공하여 1957년에 완공된 괴산댐을 바라보는 소재의 적거지 수월정水月亭(칠성면 사은리 245)이 있다. 19번 국도를 따라 괴산 읍내 쪽으로 가다가 괴강삼거리에서 좌회전해서 34번 국도로 들어가면 '산막이 옛길'로 통할 수 있다. 지금도 오지이지만 조선시대엔 더욱 그랬을 것이란 느낌이 들 정도로 접근이 어렵다. 소재는 이곳에서 1565년부터 1567년 유배생활을 마감할 때까지 거처했다. 산막이 마을은 오지였지만 강물이 굽어들며 빼어난 경관을 연출하고 있었다. 그 달래강변의 절경 아홉 곳을 골라 저마다 이름을 붙이고 총칭하여 '연하구곡煙霞九曲'이라 명명한 이는 소재의 11세손 노성도였다.

연하구곡은 괴산군 청천면 운교리 경계로부터 칠성면 사은리 산맥이 마을에 이르는 달래강변에 펼쳐져 있다. 연하동은 풍치가 뛰어나 가히 신선이 별장으로 삼을 만한 곳이었다. 그런데 연하구곡은 여느 구곡과 달리 상류로부터 하류로 내려가면서 구곡을 설정한 것이 특징이다.

이상주 박사의 견해에 따르면, 소재종택이 경북 상주에 있었기 때문에 상류지역을 거쳐 자주 왕래하다 보니 그쪽 방향에 익숙해져 1곡을 상류 쪽에 설정한 것이라고 한다. 현재 연하구곡 가운데 상단부가 물 위로 드러나 보이는 곳으로는 제1곡인 탑바위(일명 족두리바위)와 제9곡인 병풍바위(屛巖)뿐이다. 제1곡 탑바위

(塔巖)는 댐 상류 쪽 운교리 경계 지점인 운교리 아래 아가봉 쪽 산자락에 있고, 제9곡 병풍바위는 댐 하류 왼쪽 절벽에 위치해 있다. 나머지 2곡 뇌정암雷霆巖(벼락바위), 3곡 형제바위(삼형제바위, 쌀개바위), 4곡 전탄箭灘, 5곡 사기암詞起巖, 6곡 무담武潭(무당소), 7곡 구암龜巖(거북바위), 8곡 사담沙潭은 모두 물에 잠겨 볼 수 없다.

괴산댐 호수를 가로질러 건너편 산인 천장봉 끝자락에 다다르면, 밑동을 수십 길 물속에 담그고 병풍처럼 둘러쳐진 커다란 바위가 나타난다. 제9곡 병풍바위다. 종으로 두 줄로 써 내린 '연하수석烟霞水石 정일건곤精一乾坤' 이란 구절의 첫 자가 보일락 말락 한다. 이 구절 옆에 '숭정사을축崇禎四乙丑 동치사년同治四年 을축이월일乙丑二月日' 이라 새겨져 있었다고 한다. 글자를 새긴 날짜를 쓴 것인데, 서력으로 하면 '1865년' 이다. 그즈음 노성도가 연하동으로 들어와 구곡을 정하고 글씨를 새겼던 것이다.

1957년 2월 괴산댐에 물이 차오르면서 잠겨 버린 연하구곡은 2001년 저명한 향토사학자 이상주 박사가 논문을 발표하면서 비로소 알려지기 시작했다. 필자는 2010년에 이상주 박사의 안내를 받아 수월정을 답사하고 후손 노성도의 고귀한 숭조崇祖정신을 알게 되었다.

노성도는 원래 경북 상주 화서면 금산리에 살았었다. 노성도의 호구단자를 보면, 46세인 1864년에 동상면 사오랑리로 들어온 것으로 나와 있다. '사오랑리' 는 훗날 호구단자에서 '연하

전망대에서 내려다본 연하구곡(촬영: 이상주 박사)

동리'로 고쳐진다. 아마도 노성도가 연하구곡가를 지으면서 거주지명 자체가 '연하동'으로 바뀐 것이 아닌가 한다. 그런데 하필이면 1864년에 연하동에 들어가게 되었을까? 10대 선조인 소재가 유배생활을 하던 곳을 관리하기 위해 종중에서 노성도를 보낸 것으로 추정된다.

작고한 노성도의 현손 노덕균盧德均의 전언에 따르면, 노성도는 상주에 있던 농지를 처분하고 연하동으로 들어와 토지를 매입한 것으로 보인다. 그러나 특별한 소득 없이 소재의 유적 보전과 자신의 학문활동을 하는 데 지출하다 보니, 집안 살림이 그다지

여유롭지 못했다고 한다. 주지하듯이 흥선대원군은 1864년(고종 1)에 집권하자 왕실의 권위를 높이고 민폐를 줄이는 한편 병인양요로 궁핍한 국가재정에 도움이 되게 하려는 의도로 서원철폐 작업을 벌인 바 있다. 그에 따라 소재를 향사하고 있던 여러 서원과 사우도 모두 철폐되는 운명에 처하게 되었다. 소재 문중에서는 이를 우려했던 것 같다. 그래서 상주에서 가까운 거리에 있는 괴산의 소재 적소만이라도 제대로 수호하면서 한편으로는 단壇을 만들어 추모제를 올리려고 한 것이다. 공교롭게도 1865년은 소재가 연하동에 유배된 지 3백 년이 되는 해였다. 어떻게 보면 소재의 유배 3백주년을 기념하기 위한 의도도 있었을 법하다. 그러고 보면 노성도의 연하동 입향은 우연이 아니라 매우 의도적이었음을 알 수 있다.

노성도는 일찍이 「연하구곡봉단서烟霞九曲封壇序」에서 "하물며 지금은 서원철폐령으로 인해 각처에서 제사를 받들지 못하게 되었음에랴. 자손된 사람으로 어찌 억울한 마음이 없겠는가?…… 내가 이곳에 단을 세워 우리 선조를 삼가 받들고 산수 사이에 구곡을 정하여 하늘에 계시는 영령을 위로하는 것이 또한 마땅하지 않겠는가? 이곳 연하구곡은 정일精一한 산수이니 곧 사물의 기미를 잘 아시는 정령이신 열조烈祖께서 아름다운 샘과 돌가에서 소요하시며 당신의 서원이 훼철된 원통함을 씻으실 것이니, 어찌 아름다운 일이 아니겠는가?" 라고 했다.

(왼쪽) 수월정 왼편에 경은 노성도가 세운 '문간공소재노선생지단'. 상부에 부러진 흔적이 보인다.
(오른쪽) '문간공소재노선생지단'의 뒷면이다. '십세손 성도명석 근모'라고 새겼다.
공손히 읍하는 형상을 표현한 듯하다.

괴산수력발전소에서 남방으로 3km 떨어진 곳에 있는 수월정에는 여전히 앞면에 '문간공소재노선생지단文簡公穌齋盧先生之壇'이라 하고, 후면엔 '십세손 성도명석 근모十世孫性度銘石 謹慕'(10세손 성도가 돌에 새겨 삼가 추모하나이다)라고 새긴 표지석이 남아 있다. 노성도는 소재를 추모하는 단을 만들고 주변 인사들에게 이를 기념하는 시를 받기도 했다.

눈 내린 수월정 앞에서 이상주 박사(왼편)와 함께

수월정 현판

「서울신문」, 2010년 6월 10일자 19면에서 인용

소재의 적소에 있던 초가집에 '수월정' 이라고 이름 붙인 이도 노성도이다. 「수월정서水月亭序」에 의하면, 노성도는 공자가 말한 "지자요수知者樂水, 인자요산仁者樂山"의 정신에서 '수水' 자를 가져오고, 태음太陰의 정精인 달이 군자가 숨기도 하고 나타나기도 하는 형상을 보여 준다고 하여 '월月' 자를 따서 정자의 이름으로 삼고자 했다.

2010년 12월 필자는 이상주 박사의 안내를 받아 장호중 동학의 승용차를 이용하여 수월정을 찾았다. 산허리를 감아 도는 비포장길이 십여 리는 족히 넘을 것이어서 눈이라도 내릴라치면 영락없이 고립되는 마을이었다. 지금도 수월정은 그렇게 외롭게 강물을 바라보며 서 있다. 다만 옛 자리가 아니어서 소재가 남긴 자취를 찾을 길 없어 아쉬웠다.

본래 노성도가 세운 수월정은 소재의 괴산 적소에 있던 초가집이었다. 1957년 괴산수력발전소 건설로 수월정이 수몰될 위기에 처했다. 소재의 13세손 노병춘盧炳春의 주선으로 원래보다 조금 위로 올라간 현 위치로 옮겨지었다. 연하동 수몰을 전후하여 십수 호에 달했던 광주노씨 일문이 누대에 걸쳐 살아오던 고향을 떠나게 되었다. 수월정을 현 위치로 이전한 뒤 노성도의 후손 노덕균 본인도 칠성면 율지리로 이사했다.

수몰되기 전, 수월정 주변의 경관은 마치 타원형으로 휘어지는 곡선을 그리고 있었는데, 흡사 영월에 있는 청령포와 같았다고 한다. 지금도 협곡을 내려다보면 그때의 홍취를 상상할 수 있다. 광주이씨 이복李馥이 지은 「수월정중건기水月亭重建記」에 의하면, 수월정은 최근에 와서 정비되어 지붕에 기와를 올려 와가로 모습이 바뀌었다. '노수신적소盧守愼謫所'라 하여 1987년 3월 31일 충청북도 기념물 제74호로 지정되면서 제대로 규모를 갖출 수 있게 되었기 때문이다.

'송문로 산막이길 566'이라고 쓴 예쁜 주소판을 달고 있는 수월정은 돌과 흙을 섞어 쌓은 기단基壇 위에 정면 3칸, 측면 2칸 규모에 홑처마 팔작지붕을 올린 물림집이다. 대청大廳 1칸을 가운데 두고 그 좌우로 띠살문이 달린 1칸짜리 방이 있고 툇간에는 툇마루를 달았다. 건물 정면에는 맞배지붕을 올린 1칸짜리 대문이 있고 대문을 기점으로 건물을 따라 기와를 올린 나지막한 돌담이 둘러져 있다. 이처럼 소재의 증손 노경명을 비롯하여 11세손 노성도, 14세손 노병춘 외 후손들의 성력으로 수월정이 유지되어 오다가 당대에 이르러 일신되었던 것이다.

수월정 입구 오른편에는 권세창權世昌이 알기 쉽게 한글로 풀어서 짓고 장병훈張炳壎이 글씨를 써서 1994년 3월에 새긴 '문간공文簡公 소재노선생穌齋盧先生 유적비遺蹟碑'가 서서 강바람을 맞고 있다. 그리고 입구 왼편에는 1994년 12월에 세운 작은 표석이 있는데, 이는 그동안 수월정 중창에 힘쓴 종친들의 명단을 새긴 것이다.

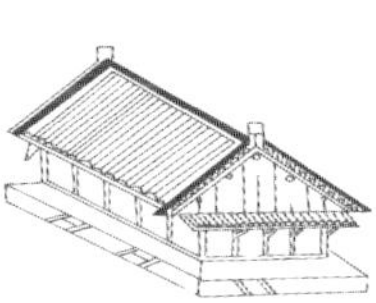

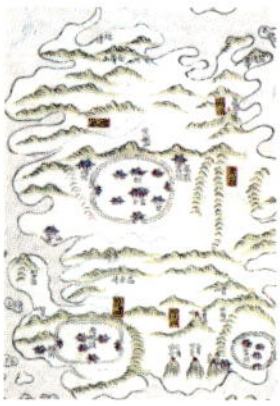

제5장 소재종가, 종손·종부의 일상과 가풍의 전승

1. 대화, 종손과 종부가 생각하는 종가

우리는 앞에서 종택을 구성하는 몇 가지 요소들에 대해 알아보았다. 먼저 '문간공' 이라는 시호를 지닌 불천위 소재 노수신과 그 조상들의 입향 내력에 대해 알아보았다. 이어서 불천위 신주를 모시는 사당 공간과 묘소 등을 살펴보았고, 불천위의 위패를 지키는 주체, 즉 종손의 거주 공간과 종손을 외곽에서 보호하는 지손들의 모임인 문중의 실태에 대해 엿보았다. 이처럼 종가는 이름난 조상, 사당, 종택, 종손, 지손, 문중 등으로 구성된 하나의 유기체이다. 이 중 하나만 빠져도 종가는 불구가 되고 만다. 하물며 종손이 없으면 어떻게 될까? 그래서 종가의 중심은 종손宗孫과 종부宗婦이다.

이 장에서는 종손과 종부의 삶과 의식을 구술을 통해 알아보고자 한다. 종가문화의 최종 수호자인 종손과 종부는 그 종가의 얼굴이자 미래이다. 문답 형식으로 나눈 대화의 내용을 녹취하여 정리했다.

종택 앞에서 종손 노병학과 종부 이진숙

소재종가를 지키고 있는 종손과 종부는 비교적 50대 전후의 젊은 세대에 속한다. 따라서 원숙한 노종손 노종부의 구수한 생애 이야기를 기대할 수 없다. 오히려 21세기 새로운 종가문화를 만들어간다는 측면에 초점을 맞추어 종손 종부의 목소리를 전하는 것이 효과적일 수 있다. 다음은 2010년 12월 4일 토요일, 소재종택에서 13대 종손 노병학(61년생) 및 13대 종부 이진숙(65년생)과 나눈 대화의 녹취록이다. 대화 도중에 나오는 일부 경상도 방언은 표준말로 순화하지 않고 현장 분위기를 전달하기 위해 그대로 노출시켰다.

1) 종손에게 묻다

▶ 양자로 몇 살에 오셨어요?

제가…… 보자…… 스물한 살. 〈다 성장하셔서 오셨는데, 오실 때 아버님께서 해 주신 말씀은?〉 그…… 저희들은 종손이라고 해서 특별하게 그런 게 없었고, 그때만 해도 저희들 대가족이라 해 가지고 다 같이 살았어요. 같이 살아 가지고 뭐 제가 종손이라고 특별한 어떤 의미 같은 건 없었어요. 왜냐면은 그 당시에 다 모시고 있었으니까, 특별한 건 없었어요. 〈양자 오셔 갖고 힘드셨던 점은 없으셨어요?〉 없습니다.

▶ 종손이기 때문에 하고 싶은 일이 있었는데 못하신 거 있으세요? 종손 아니었으면 하고 싶었던 거?

해 봤죠. 해 보고, 해 보고 다 해 봤습니다. 종손이라고 꼭 어떤 일의 제약을 받고 그런 부분은 아니니까…… 옛날처럼 봉제사만 하고 접빈객만 하는 게 아니니까, 그게 나를 옭아매고 이런 부분은 없었어요. 〈보통 종손하시는 분들 보면 공무원이나 교사가 많으시더라고요. 사업하시는 분도 많으시고. 시간 활용이나 집을 지켜야 하니까 멀리 못 나가시고. 선생님은 어떠신데요?〉 저도 뭐 조그만 사업하다가 한 3년 전에 정리하고 들어왔죠. 〈종가와 개인의 삶이 밀착돼 있다는 생각이 드는데요?〉 항상 뭐 나도 멀리는 안 있었고 요 근처에 있었으니까…… 〈집을 지켜야 된다는 생각이 강하지요?〉 예, 이 집도…… 한 거의 7~8년 비어 있었어요. 비어 있다가 한 3년 전에 들어왔죠.

▶ 종손이라서 결혼하실 때 힘든 점은 없으셨어요? 선을 많이 보셨다던지?

선을 많이 봤죠. 근데 선을 많이 봤지마는 그게 잘 안 맞더라고요. 잘 안 맞고…… 결혼도 좀 늦었지요. 제가…… 〈종부님 뵀을 때 결심이 드셨습니까?〉 내가 결심이 드는 게 아니고, 상대방에서…… 사실은 종가에 와 가지고 살려고 하는 여자 분이 별로 없지요. 뭐 그런 부분을 충분히 이해했고, 그래 가지고 결혼하게 됐죠. 〈어떤 점이 제일 마음에 드셨습니까?〉 일단 여기 와서 산다 하는 그거에 대해서 동의를 했었고, 그라고 일단 뭐…… 첫째는 그거죠. 왜냐하면 인자 종가를 나름대로 와 가지고 지키는데, 그렇게 자기도 열심히 같이 노력해 가지고 해 보겠다…… 그런 부분이 인제 결정적이죠. 〈종부님 자랑을 좀 해 주신다면?〉 흐…… 그거는…… 어른들 잘 공경하고 그렇죠 뭐……

▶ 자녀 교육에 특히 신경 쓰시는 부분 있으세요?

저는 그렇습니다. 자녀 교육에 대해서 제가 애들한테 공부를 하라고 강요하고 이런 거는 아닙니다. 아이고, 소재 자손으로 공부에 전력은 안 하지마는 행동에 대해서는 좀 여러 가지 조심을 해야 된다, 뭐 남들처럼 똑같이 할 수는 없다, 그런 부분을 내가 이야기를 하지요.

▶ 봉제사 접빈객에 대해서 선생님께서는 어떤 견해를 가지고 있으신지?

봉제사는, 사실은 그거는 제가 볼 때는 옛날부터 내려오는 좋은 전통이라고 생각합니다. 왜냐하면은 조상이 없는 내가 없으니까, 그런 부분은 저는 좋다고 생각하고, 접빈객 부분도 옛날처럼 그래 손님이 많지는 않습니다. 옛날처럼 그런 부분이 모든 일의 주가 된다 하며는 참 어렵겠지요. 근데 요새는 그게 주가 아니니까, 그거는 부수적인 부분이니까, 크게 힘들고 어려운 거는 없어요. 〈제사 같은 경우에 여기는 많이 개화가 됐는지?〉 그렇지요. 〈앞으로 더 뭐 바꾸고 싶은?〉 근데 이기 앞으로는 어떤 종가든지 다 이렇게 변할 겁니다. 안 변해 가지고는 그렇게 할 수가 없어요. 그라고 지금 젊은 우리…… 영남에서 40대부터 한 60대까지 불천위, 저희들은 국불천위國不遷位 종손들 모임이 있어요. '보인회輔仁會' 라고. 그 모임에 가면 거의 같은 그런 동시대에 사는 종손들이니까, 내하고 똑같은 생각을 하고 있어요. 바꿀 거는 바꾸어야 되고…… 지금 연세가 많이 드신 분들 시대가 앞으로 한 10년이나 지나면 거의 추세가 그쪽으로 아마 갈 겁니다. 요새는 그라고 뭐…… 종손들이 다 사회적으로 활동도 많이 하고 그래요.

▶ 종손으로서 힘든 점은 어떤 게 있으신지요?

제일 힘든 점이요? 암만케도 그래도 봉제사가 제일 힘들죠. 〈준비하시는 과정 아니면 경제적인 측면?〉 아니, 그거보다 이 정신적인 부분이죠. 그게 육체적으로 힘든 게 없지마는 암만케도 어깨가 좀 무겁죠. 예, 그런 부분……

▶ 종손으로서 보람 느끼실 때는?

어데 가도 소재 종손이라 카면 다 인정해 줍니다. 그게 제일 보람이고……

▶ 지역사회에서 활동하시는 거 있으세요?

지역사회에서 활동하는 거는 없습니다.

▶ 이 종가에 강점이나 자랑이 될 만한 거 소개해 주고 싶은 거 없으세요?

저희들이…… 크게 자랑할 만한 게 없는데…… 종가라 하면 거의 다 비슷하니까. 〈특색 있게 아까도 문중 특별히 교류하고 그런 거는?〉 딴 집안하고요? 〈여기 후손들 간에 교류가 많은 그런 거는 아니시고요?〉 그거는요, 가까이 있으니까, 그런 모임은 어디든 다 있을 겁니다. 인자 일 년에 두 번씩 정기적으로…… 〈화수회처럼?〉 그런 모임은 있죠. 〈후손들 교육 같은 거, 한문교육이나?〉 저희 고거는 계획 중입니다.

▶ 혹시 어린 시절에나 크셔 가지고 문중 어른들한테 소재 선생님에 대해서 들으신 이야기 없으세요? 불천위 조상님이시니까 본받아야 할 정신이라고 할까요? 종가의 정신?

저희들은 효제孝悌입니다. 그러니까 부모에게 효도하고 형제간에 우애 있고, 인자 고게 자라 오면서 항상…… 또 소재 할아버지가 부모님한테 효도가 아주 극진하셨고, 형제간에 우애가 대단하셨으니까 그런 이야기는 계속 들었지요. 〈소재 선생님에 대해서 저희가 알고 있는 게 적은 게 사실이거든요. 소개해 주고 싶은 선생님의 인품을 드러낼 수 있는 어떤 이야기 같은 거?〉 소재 할아버지에 대해서요? 〈구전으로 전해 내려오는 이야기?〉 고거는 책자에 있을 겁니다. 〈집안에만 혹시 내려오는 이야기가 있는가 해서요.〉

▶ 저희가 질문지에 보면 그런 정신을 어떻게 잇고 계시냐고, 어떠한 노력을 하고 있으시냐고 묻거든요. 선생님 댁에서는 효제에 대한 그런 거를 앞으로 계획하고 계신다 하니까, 후손들한테 교육을 어떤 식으로 계획하고 있으신지 소개해 주세요.

이 집안이라 카는 거는 어차피 자주 봐야 되고, 그런 부분이 그…… 너무 요새는 시대가 그렇다 보니까, 이런 쪽으로 관심이 없어질 수밖에 없습니다. 그렇기 때문에 이걸 교육을 할라 카는 부분이 그런 부분이기 때문에, 또 서로 같은 친한 일가끼리 친목을 할라 카는 거고, 그런데 오다 보면 인자 부모에 대한 어떤 공경이라든지, 또 같은 일가 간에 친목이라든지, 형제간에 우애라든지, 이런 부분은 자연적으로 어떤 고런 교육을 함으로써 몸에 밸 수 있는 부분이 아닐까. 그래서 인자 저희들은 그렇게 하려고 계획을 갖고 있습니다. 〈중 · 고등학생들을 주로 대상으로 하십니까?〉 예. 초등학생들부터 이제 하려고……

▶ 종손으로서 이 종가가 어떻게 유지되고 발전됐으면 좋겠다는 바람이 있으시면?

종가는 어차피 인자…… 나라가 없어지지 않는 한 종가는 계속 유지될 겁니다. 뭐 내가 아니 내 대에 지나면 또 내 자식 대에 유지가 될 거고. 근데 종가가 지금 현재로는 유지되기가 어렵습니다. 어렵고, 제일 걱정되는 부분이 인자 산소 부분인데, 산소에…… 사실은 앞으로는 전부 자녀가 하나 아이면 둘인데, 또 묘사 때나 이런 데는 윗대 산소가 제일 걱정입니다. 왜냐하면은 산소가 뭐 한 군데만 있는 거도 아니고, 요새는 또 묘사 때도 우리 묘사도 마찬가지라, 이 소재 할아버지 묘사 때는 제관들이 많은데, 그 나머지 묘사 때는 거의 없습니다. 그러면 결국은 인자 종손 혼자서 해야 된다 모셔야 된다 하는 그런 경우가 생기는데, 근데 바쁘다 보면 산소 부분 관리가 올케 안 되는 부분도 있을 거고, 그런 부분이 제일 걱정이죠. 제일 걱정이고, 어차피 뭐 시대가 바뀌면 옛날에는 산소 이장을 안 한다 카거든요. 또 실전될 소지도 상당히 많고…… 그게 인자 앞으로 제일 문제점이고, 걱정되는 부분이고……, 우리 집뿐만이 아니고 아마 다 그럴 겁니다. 지금 사촌도 잘 없거든요. 자녀가 하나면 사촌이 없잖아, 그죠? 그러니까 앞으로 사촌이 없어지는 가정이 되면 옛날부터 내려오는 혈육 간에 정이라는 이런 부분이 점점 퇴락해지지 않을까…… 그래 될 수밖에 없을 겁니다. 내 생각인데, 그래 안 되겠나. 그런 부분이 또 걱정이 되고…… 그래 제일 좋기는 종가에 종손들은 자녀 많이 낳아도 국가에서 다 교육시켜 준다면, 또 모르지. 그거는 흐흐흐…… 〈그게 바람일 수 있겠습니다. 전통문화를 보존하는 차원에서…… 〉

▶ 젊은 사람들한테 해 주고 싶은 말씀 있으시면?

그래요. 요새 세태가 거의 자기중심적인 쪽으로 자꾸 가다 보니까, 어떤 타인과의 화합이나 융화나 아니면 어른에 대한 공경이나 이런 부분이 좀 상당히 전에 보다는 좀 이래 생각 자체가 관념 자체가 좀 많이 없어지는 그게 좀 인자 걱정이고, 자기밖에 모르니까…… 그런 부분이 상당히 걱정이기 때문에 교육적인 부분이 제가 생각할 때는 종가문화라든지, 이런 거를 학생들이 뭐 꼭 강요하기보다는, 뭐 접할 수 있는 기회가 자주 있었으면 안 좋겠나…… 그런 생각이 드네요. 그 어떤 뭐 정기적으로…… 요새 보면 학교에 학생들 MT 가고 이러잖아요. MT를 뭐 종가체험을 한다든지, 그런 것도 좋은 방법이 아니겠나…… 사실은 그런 데 오면 조심성이 생길 수밖에 없고, 아, 이쪽에 가면 또 이야기를 듣거든. 여기는 행동을 어떻게 해야 되고 또 요런 부분에서는 어떻게 해야 되고, 요새는 그런 게 아니고는 거의 그런 걸 접할 수 있는 기회가 없잖아요. 사학과나 한문학과나 이런 데는 조금 알까나…… 〈고맙습니다.〉

2) 종부에게 묻다

▶ 혼인 어떻게 하시게 되셨나요?

친정엄마 저거 아시는 분, 선보게 됐어요. 선보고 그래 했어요.

▶ 종부님은 형제가 어떻게 되세요?

저는 3남 3녀. 〈몇 째? 종부님께서?〉 넷째.

▶ 종가에 시집올 때 종부님 나름대로 마음가짐이 있으셨을 것 같은데요, 스물일곱 살에 결혼하셨다고 하시니까?

처음에는 종갓집이라고 그라고 이야기는 듣고 왔는데, 친정에서도 제사 모시고 하는 거를 봤거든요. 그래서 그렇게 큰 부담감 없이 왔었거든요. 와서 보니까 우리 일반 생각하는 거보다 대종가에 종손이고 종부라는 걸 알게 됐어요. 처음에는 잘 몰랐는데…… 그래 그냥 하면 다 하겠지 싶어서 아무것도 모르고 시집와 가지고, 배우면서 그냥 이렇게 하게 됐어요.

▶ 처음 시집오셨을 때 시어머님께서 어떤 거 가르쳐 주셨는지요?

이제 뭐 제사 음식 같은 거 하는 거 그거 배우고 가르쳐 주시고, 처음에 와 가지고 제사를 어머님하고 시어머님하고 같이 지냈거든요. 1년은 같이 지내다가 그 다음부터는 우리가 맡게 됐거든요. 제사 음식 같은 거 하고, 예의 같은 거, 그런 거 하고…… 〈'예의'를 조금만 구체적으로?〉 이제 집안 어른들이 많으니까, 촌수 같은 그런 거 하고, 손님 접대하는 데, 뭐…… 이렇게 행동거지라든지……

▶ 소재종택에만 쓰는 제사 음식 같은 거 있습니까?

거의 다 비슷할 거 같은데, 우리는 전 조약 같은 거…… 〈준비하시면서 음식 중에서 신경 많이 쓰시는 그런 거는 없으시고요?〉 그냥 우리는 뭐 음식을 가짓수를 많이 늘리고 그렇게 하는 게 아니고, 그냥 전통적으로 내려오는 음식…… 그게 다른 음식을 또 추가적으로 해 가지고 진설하고 이런 게 아니고, 전통적으로 내려오는 음식을 고대로 그냥 이렇게 진설하는…… 〈특별하게 준비하시면서 힘들고 그런 거는 없으시고요? 음식 양이 많아서 힘드시고 이런……?〉 아무래도 뭐 기제사는 쪼금씩 양을 줄여서 하는데, 사당제사고 묘사 지내고 이럴 때 양을 좀 많이 하고 하니까, 요새 또 뭐 동서들도 있고 해도, 다 자기 생활이 바쁘고 하니까, 주말 아니며는 못 오고 이러니까, 그때 음식 많이 하고…… 이럴 때는 그게 좀…… 〈혼자서 거의 다 하시겠네요?〉 예, 동서들 올 때는 오고, 시어머님은 항상 오셔 가지고 같이 하고……

▶ 종부님 친정 부모님의 성품 같은 거나 친정어머니의 어떤 점을 본받아서 생활하고 있는 점 있으세요?

특별한 거는 없고, 친정엄마가 그냥 활동을 많이 하시거든요. 봉사활동도 많이 하고 부녀회 같은 데 봉사활동을 많이 하시고 그렇거든요. 그러니까 엄마가 항상 성격이 소탈 이렇게 뭐라 그래야 되노? 〈털털하시고?〉 좀 털털하고, 흐흐, 그래 가지고 뭐든지 긍정적으로 생각하시면서 힘들어도 조상 모시는 거 복이라고 생각하고, 그래 잘 모시라고 그러면서 그런 식으로 항상 말씀하시고……, 아버지는…… 친정아버지는 저 어릴 때 일찍 돌아가셔 가지고…… 아버지도 동네에서 뭐 동장 같은 거 많이 하시고 그래 가지고 이름은 많이 알려진 분이라 가지고, 흐흐, 항상 집에서도 뭐 이래 조심스러운 그런 행동이…… 〈종부님 집도 큰집 댁인지요?〉 큰집은 아닌데, 저…… 큰아버지도 계시고 다 계시는데, 아버지가 셋짼데도 우린 그때 집안 형편상 제사를 모셨거든요. 그래서 직접 제가 제사 음식 배우고 그런 건 아니고, 이래 눈으로 보고 이래 했는 그게 산교육인 거 같아요. 〈딸 중에는 몇 짼데요?〉 딸 중에서는 둘째.

▶ 종부님 본이 어디신데요?

여주驪州…… 여강驪江이씨라고.

▶ 친정어머니가 시집오실 때 해 주신 말씀이 제사 잘 모시고?

예, 큰집에 종갓집에 가서 희생한다 생각하고, 흐흐, 제사 잘 모시라고, 어른들 잘 모시고…… 그때 처음에는 뭐 아무 것도 모르고 그냥 와 가지고, 흐흐, 여기 와서 많이 배우고……

▶ 시어머님이 종부님한테 자주 해 주신 말씀은?

요즘 세상에 옛날 같으면 대종가에 종부라 그러면은 이렇게 일 많고 이래도 종갓집 종부라 그러면은 대단한 그건데, 지금은 시대가 이래 가지고 애먹는다고 항상 그렇게 말씀하시고…… 〈시집오셔서 시어머님께 보고 배우는 게 많잖아요? 어떤 거 많이 보시고 배우셔 가지고 하시는지 생활 속에서? 시어머님 성품은 어떠셨습니까?〉 우리가 좀…… 원래 생가는 따로 있고 양자로 왔거든요. 원래 양자 시어머님은 돌아가셨었거든요. 돌아가시고, 큰어머님이 한 분이 여기 계셨어요. 백모님이…… 큰어머님하고 같이 한 5년을 같이 살았거든요. 할머니 그 큰어머님 돌아가시고, 그 큰어머님한테 떡 하는 거 하고 뭐 이렇게 하는 거 많이 배우고…… 성품이 되게 인자하시고 인정 많으시고…… 항상 그 큰어머님은 양반스럽게 행동해야 된다, 그런 거 많이 강조하셨어요. 흐흐흐.

▶ 종부님 자녀가 1남 1녀?

1남 2녀. 〈종부님께서 자녀교육에 특히 신경 쓰시는 점은?〉 인성이 바르고 정직하고 그런 거는 많이 강조하거든요. 거짓말하지 마라 그러고, 흐흐, 윗대 할아버지 훌륭하신 분들이 많고, 아시는 분들은 또 소재 할아버지라 그러면 다 아니까 행동을 바르게 하라고 그러고, 그런 쪽으로 많이 교육을 하는데…… 아직까지는 애들이 많이 어려서 그런지…… 흐흐.

▶ 종부님께서 생각하실 때 결혼생활에서 중요한 덕목이 뭐라 생각하시는지요?

믿음. 서로 믿고 힘들어도 믿음이 중요한 거 같아요. 〈기사를 읽어 보니까 종손께서 자상하신 성품이신 거 같은데?〉 예, 흐흐, 자상…… 〈어떤 분이신지 좀 말씀해 주세요?〉 정이 많고 남들한테 싫은 소리 잘 안 하고…… 흐흐.

▶ 종부님께서 결혼하셔 가지고 가장 힘들었던 점은?

〈종가에 살림 배우고?〉 살림 배우고 종가에서 하는 접빈객 그런…… 〈손님 많이 오셨어요?〉 어른들이 계실 때는 손님들이 많이 오셨거든요. 처음에 여기 유물관도…… 제가 시집와 가지고 유물관도 다 새로 짓고 이래 가지고, 처음에 손님 많이 오셨거든요. 그래 지금은 좀 할랑한데 그때는 좀 많이 와서…… 처음 시집와 가지고…… 그러니까 친정문화하고 여기 시집에 문화하고 많이 다르니까, 친정에서는 그냥 편안하게 제사 같은 거 모시고 이래도 종갓집이 아니고, 그런데 여기 오니까 손님들도 많고 대종가에, 흐흐, 종손이고 종부니까는 배우는 그런 거도 많고, 집안에 가풍도 배워야 되고, 이러니까 제사도 많지, 흐흐, 손님도 많지, 그래 가지고 그게 좀 처음에 오니까 많이 힘들었어요.

▶ 봉제사 접빈객에 대해서 어떤 생각이나 마음가짐을 가지고 있으신지?

근데 저는 제사 지낼 때는 뭐 이렇게 토는 안 달거든요. 뭐 조금 힘들어도 하기 싫다, 뭐 이렇게 군소리, 토는 안 달고…… 제가 이렇게 종갓집에 종부로 시집오는 게 뭐 맞는지는 모르겠지만, 흐흐, 그게 잘 되려고 그랬는지는 모르겠지마는 제사 많다고 해서, 막…… 힘들기는 힘들어도 거기에 대해서 뭐 하기 싫다 이런 거는 없고, 그냥 제가 성의껏 모신다고 생각하고 이제 모시니까 그렇게 싫고 뭐 그런 거는 없어요. 그냥 성의껏 모셔야겠다 하는 그 마음가짐으로 하니까 힘이 생기고…… 〈일 년에 제사가?〉 큰 제사 명절하고 합치면 뭐 열두 번 그 정도죠. 〈접빈객에 특히 신경 쓰시는 거는?〉 특별하게 신경 쓰는 거는 없고 그냥 있는 대로 뭐 손님 오시면 차 같은 거, 다과 같은 거 대접하고…… 〈항상 준비를 해 두셔야겠습니다.〉 예, 항상 뭐…… 저기 우리 집에서 내놓는 곶감이 보통 감하고 조금…… 고종시라고 조금 귀한 감이거든요. 고종시가 옛날에 뭐 고종황제가 드셨다고 해 가지고 진상을 올렸던 감이라서 고종시라고 했다…… 그러더라고요. 그 감나무가 우리 집에 좀 있거든요. 그래서 그거하고 호두나무도 우리 집에 있고…… 그거를 항상 우리는 준비해 놨다가 손님들 오며는 대접하고…… 〈농사를 많이 짓습니까?〉 우리가 여기 들어와서 애기들 어렸을 때 한 5년 살다가, 교육 때문에 상주 시내로 나가서 살다가, 3년 전에 여기로 다시 들어왔거든요. 사업을 하다가…… 지금 집도 빈 상태고, 그래서 들어와서 곶감 같은 거도 직접 하고 그러거든요. 〈특별하게 농사를 많이 짓고 이런 거는 아니시고?〉 포도도 하고 곶감도 하고……

▶ 아드님은 몇 살?

고등학교 2학년. 〈앞으로 종가를 이어 가야 되니까 아직까지는 당부하는 그런 거는 없으시겠습니다.〉 일단은 학생이니까 학업에 열중해야 되니까, 그냥 인제 집안 큰 대소사 이런 데는 참석을 하고, 지금 이제 대학교 가는…… 고등학교, 대학교 가는 게 지금 우선이니까, 이제 대소사에 참석하고 제사에는 항상 이렇게 참여를 시키거든요. 조금씩, 조금씩 이제 그냥 이야기는 하지요. 차종손이니까 조금씩 집안에 이런 그런 거를 조금 배워야 된다고 이야기는 하지요. 〈따님은 몇 살이세요?〉 이제 고등학교 3학년 졸업반.

▶ 종부님으로서 힘든 점은 무엇인지요?

뭐 그러니까 뭐 이렇게 집안 어른들이 많이 오시고 하니까 약간 뭐 세대 차이 같은 그런 거도 있잖아요. 우리도 이제 좋은 거는 받아들이고, 옛날부터 전통으로 내려오는 그런 문화 같은 그런 거를 좋은 거는 받아들이고 인제 그래도 약간의 개선이 필요하다 하는 그런 거는 있는데, 인제 어른들은 항상 전통적인 그런 거를 고집하시니까 약간에 고런 거에 대해서 제사 지내고 힘든 그런 거는 괜찮은데 고런 정신적으로 약간의 부담은 있어요. 흐흐, 고런 부담감이 있죠.

▶ 종부로서 보람은 무엇인지요?

보람은 항상 뭐 힘들고 애먹는다고 주변 어르신들이 큰일하고 나면은 말씀해 주시고 토닥거려 주시면…… 흐흐, 그러면 힘들어도 괜찮아요.

▶ 앞으로 며느리를 맞으면 가르쳐 주고 싶은 것은 무엇인지요?

예, 조금…… 걱정은 많이 되지요. 지금 세상이 전부 다 편하게 살려고 하고 뭐 자식도 하나 놓고 말겠다는 그런 주의니까 어떤 며느리가 들오는 거에 따라서 또 많이 그거 될 건데 걱정은 많이 되지요. 흐흐흐, 제사 이렇게 많은 데 와 가지고 제사 이렇게 지내고 그런 걸 하겠나 싶기도 하고, 그러니까 결혼을 하게 되면 같은 이런 유림에 인제 그런 며느리를 보면 조금은 이해가 안 되겠나 싶은 그런 마음이 있어요. 흐흐흐, 그러니까 다른 종가에 지금까지 전통을 잘 지켜오는 그런 종가에 며느리를 보면 조금 이해심이 안 생기겠나 하는 그런 바람이 있어요. 〈특별하게 가르쳐 주고 싶은 거는?〉 가르쳐 주고 싶은 거는…… 제가 이야기한다고 해서 될는지는 모르겠지만…… 흐흐흐, 그냥 정신적으로 그냥 저거 뭐고 인내하고 그렇게 힘들어도 그렇게 해 줬으면 싶은 그런 거는 있어요.

▶ 종부로서 앞으로 소망이 있으시면?

그냥 개인적으로는 그냥 다들 그런 마음이겠지만 조금은 힘들겠지마는 우리 문화가 우리 이렇게 할아버지의 대대로 내려오는 그런 정신문화 같은 게 밑에 후손들도 잘 지켜서 대대로 인제 밑에 후손들에게 잘 이어 갔으면 하는 그런…… 바람이지요.

▶ 종부님께서도 종부 모임에 가시는지요?

종부 모임에 재작년부터 이렇게 갔는데, 제가 또 바쁘기도 바쁘고 그러고 아직까지는 모임을 두 번 모여 봤는데, 제 또래가 아무도 안 나오고 인제 저 윗대, 제가 인제 우리 집에 우리가 양자로 와 가지고 오니까는 좀 젊은 편에 속하니까 그 우리 윗대 인제 한 대 위에 분들이 많이 오시니까 나이 차이가 많이 나 가지고 대게 부담스럽더라고요. 그래서 인제 제가 거기 모임에 "제가 나이가 더 들고 하면은 그때는 나오겠습니다. 지금은 아직까지는 제가 나오기에는 좀 그렇더라" 면서 그렇게 이야기는 했어요. 그 모임에서 회장님은 자꾸 나오라고 말씀은 하시는데 또래가 없으니까…… 〈여기 우복종택에는 비슷하지 싶을 건데?〉 예, 그 차종부는…… 〈몇 살 어리지 싶습니다.〉 예예, 거기 우리도 불천위 제사 모시는 종손 종부들하고 모임은 하거든요. 그런데 부부 가족 동반해 가지고 가면은 우리 또래의 그 종부들이 많거든요. 거기는 인제 모임에는 나가는데 그 '경부회慶婦會' 라고 인제 경북에 있는 종부들 모임이 있어요. 〈학봉종택 종부님이 회장하시는 거기 말씀하시지요?〉 예예, 그 경부회. 거기는 나가는 게 부담스럽더라고요. 나이가 많으신 연세 많으신 분들이 많아 가지고…… 〈이런 모임에 나가면 배울 점도 많이 있을 것 같은데요?〉 예, 많죠. 보면 뭐 안목도 생기고 음식문화 그런 거도 많이 배우고, 그런 거를 생각하면은 그런 모임에도 자꾸 나가야 되는데…… 뭐 바쁘고 이라니까 그렇다 보니까 조금……

▶ 소개해 주고 싶은 제사 음식 없으세요?

잘하는 거는 별로 없어요. 그냥 하는 대로 하는데, 전번에 한 번 전에 처음 시집와 가지고 얼마 안 돼 가지고 그 전 조약 만드는 그거를 한 번 케이블 티빈가 거기서 와서 한 번 저거 우리 백모님한테 전수하는 과정을 촬영을 했었거든요. 그거하고 증편 만드는 거 그런 거는 했는데…… 〈증편하는 방법을 알려주시면?〉 멥쌀가루를 갈아 가지고 그 막걸리하고 이렇게 설탕하고 섞어 가지고 발효를 시켜 가지고 하루 정도 발효를 시켜 가지고 그 발효시킨 거를 찜기에다가 인제 고명 대추하고 고명 밤 같은 거를 얹어 가지고 이렇게 찌면 그게 증편이거든요. 그거는 제가 한 번씩…… 그게 뭐 기지떡이라고 그러고 그러거든요. 뭐 여름에 먹는 뭐…… 떡이라 해서 뭐 기지떡 뭐 여름떡 이렇다고 하는데, 봄 되면 제가 그냥 한 번씩 이렇게 잘은 못하지만 사당 제사 때는 제가 한 번씩 만들어 가지고 합니다. 〈불천위 제례가 언제? 봄에 있습니까?〉 음력으로 4월 7일.

▶ 종부님, 젊은 사람들한테 해 주고 싶은 말씀 없으세요?

근데 제 주변에 친구들은 전부 다 저보고 그러거든요. "제사 많고 이러는데 흐흐흐 어떻게 시집을 가 가지고 어떻게 그래 그

하냐고 그래 뭐 나 같으면 저 같으면 뭐 못한다"고 그렇게 이야기하거든요. "아이구! 주변에 환경이 닥치면 다 하게 된다"고 그러면서 그렇게 이야기해요. 친구들은 주변에서 "제사 많고 손님도 많은데, 그 어떻게 하냐고 내 같으면 못한다" 이러는데, 다 환경이 닥치면 다 하게 돼 있다고 그러면서 그렇게…… 〈고맙습니다.〉

참고문헌

김몽규, 『진도군읍지』, 진도문화원, 1987.
노계원, 『지음유집』(필사본).
노수신, 『소재집』(목판본).
노응구 편집, 『소재선생속집』, 광산노씨경평공파종친회, 대보사, 1991.
노하정, 『설정부군유고』(필사본).

강효석 편저, 『조선왕조 오백년의 선비정신』, 화산문화사, 1996.
권태을 외, 『소재 노수신 선생의 학문과 사상』, 한국문화원연합회 경상북도지회, 2010.
김정호, 『진도문화』 62, 진도문화원, 2010.8.
노서구, 『경평공 상촌 노숭 선생』, 경평공파 대종회, 2010.
노서구 외, 『광산광주노씨대동보』(전7권), 대동보추진위원회, 평화당인쇄사, 2003.
노서구 편집, 『옥연지』, 평화인쇄사, 1998.
박병술, 『역사속의 진도와 진도사람』, 학연문화사, 1999.
______, 『진도의 시가문학』, 에이엔미디어, 2005.
______, 『옥주골 역사의 오솔길을 찾아서』, 에이엔미디어, 2008.
박병훈, 『향전 박병훈 향토사자료 논 · 문집』, 진도문화원, 2005.
상주산업대학교 상주문화연구소, 『상주의 문화재』, 상주시, 1998.
상주시청년유도회, 『상주의 서원』, 상주시청년유도회, 2006.
상주향토사연구소, 『상주문화유적』, 문창사, 2004.
진도군 · 전남대 한국어문학연구소, 『진도의 유학과 기록문화유산』, 2009.
차용주, 『한국한문학작가연구』 1, 아세아문화사, 2010.
충주문화원, 『충주중원지忠州中原誌』, 충주시 중원군, 1984.

편찬위원회, 『진도군지』(상 · 하), 진도군지편찬위원회, 2007.

권태을, 「지음 노계원의 기행시소고」, 『상주대학교 논문집』 8, 상주대학교, 1998.
김광순 외, 「소재 노수신 연구」, 『한국의 철학』 17, 경북대 퇴계연구소, 1989.
김기현, 「소재 노수신의 인심도심설에 대한 연구」, 『전라문화논총』 2, 전북대학교 전라문화연구소, 1988.
김방룡, 「부휴 선수善修의 사상과 그의 법통관」, 『한국선학』 22, 한국선학회, 2009.
김성언, 「소재 노수신의 유배기 한시에 나타난 동식물 상징에 대하여」, 『한국한시작가연구』 5, 한국한시학회, 2000.
김 호, 「소재 노수신의 병상기록 정청일기」, 『문헌과 해석』 13, 문헌과 해석사, 2000.
박주언, 「진도문학의 원류를 찾아서-2」, 『진도문학』 16, 한국문인협회 진도지부, 1992.
_____, 「진도문학의 원류를 찾아서-3」, 『진도문학』 18, 한국문인협회 진도지부, 1994.
박홍갑, 「16세기 전반기 정국 추이와 충주사림의 피화: 광주이씨 克堪系를 중심으로」, 『사학연구』 79, 한국사학회, 2005.
서수용, 「소재 노수신 시 연구: 유배기의 시작을 중심으로」, 성균관대 석사학위논문, 1984.
신향림, 「노수신의 인심도심설에 내포된 육왕학의 심성수양론」, 『한국한문학연구』 34, 한국한문학회, 2004.
_____, 「노수신 시에 나타난 사상 연구: 주자학에서 양명학으로의 전변」, 고려대 박사학위논문, 2005.
_____, 「16C 전반 양명학의 전래와 수용에 관한 고찰: 김세필, 홍인우, 노수신의 양명학 수용을 중심으로」, 『퇴계학보』 118, 퇴계학연구원,

2005.

______,「소재 노수신의 공부론에 나타난 양명학」,『한국사상사학』 24, 한국사상사학회, 2005.

______,「노수신의 심성론과 양명학」,『유학연구』 16, 충남대학교 유학연구소, 2007.

심재기,「노수신의 교의정부우찬성이황서敎議政府右贊成李滉書」,『한글한자문화』 114, 전국한자교육추진총연합회, 2009.

이상주,「노성도와 연하구곡가」,『한문학보』 4, 우리한문학회, 2001.

이승화,「소재 노수신의 한시연구」, 단국대대학원 석사학위논문, 1993.

이형찬,「16세기 호남사림의 학문 교류 및 논변 고찰: 김인후 · 이항 · 노수신과 교류한 기대승의 학문을 중심으로」,『한국사상과 문화』 48, 한국사상문화학회, 2009.

임준철,「자만시自挽詩의 시적 계보: 조선전기의 자만시」,『고전문학연구』 31, 한국고전문학회, 2007.

장서각국학팀,「상주 광주노씨 소재가문 소장 전적류의 내용과 성격」,『장서각』 4, 한국학중앙연구원, 2000.

정대환,「소재 노수신의 인심도심설」,『대한철학회논문집』 112, 대한철학회, 2009.11.

정순우,「사미헌 장복추의 숙흥야매잠집설夙興夜寐箴集說 연구」,『영남학』 14, 경북대 영남문화연구원, 2008.

조성을,「소재 노수신의 학문과 정치활동」,『남명학연구』 3, 경상대 남명학연구소, 1993.

조희창,「소재 노시신의 시문학」,『한문고전연구』 16, 한국한문고전학회, 2008.

채용복,「소재 노수신의 사상과 학문태도」,『한국의 철학』 20, 경북대 퇴계연구소, 1992.

______,「소재 노수신 시의 연구」, 고려대대학원 박사학위논문, 1993.

황구하,「소재 노수신의 심학」,『양명학』 10, 한국양명학회, 2003.